Research on the Legalization of 5G
Security Technology Standard System

# 5G安全技术标准体系的法治化研究

董宏伟 徐济铭 张亚楠 著

知识产权出版社
全国百佳图书出版单位
——北京——

图书在版编目（CIP）数据

5G 安全技术标准体系的法治化研究 / 董宏伟，徐济铭，张亚楠著. 北京：知识产权出版社，2024.12. -- ISBN 978-7-5130-9553-2

Ⅰ．D922.174

中国国家版本馆 CIP 数据核字第 20242BA758 号

责任编辑：高志方　　　　　　　　　责任校对：谷　洋
封面设计：陈　曦　陈　珊　　　　　责任印制：孙婷婷

## 5G 安全技术标准体系的法治化研究
董宏伟　徐济铭　张亚楠　著

| | | | |
|---|---|---|---|
| 出版发行： | 知识产权出版社有限责任公司 | 网　　址： | http://www.ipph.cn |
| 电　　话： | 010-82004826 | | http://www.laichushu.com |
| 社　　址： | 北京市海淀区气象路 50 号院 | 邮　　编： | 100081 |
| 责编电话： | 010-82000860 转 8512 | 责编邮箱： | 15803837@qq.com |
| 发行电话： | 010-82000860 转 8101 | 发行传真： | 010-82000893/82005070/82000270 |
| 印　　刷： | 北京九州迅驰传媒文化有限公司 | 经　　销： | 新华书店、各大网上书店及相关专业书店 |
| 开　　本： | 720mm×1000mm　1/16 | 印　　张： | 18.5 |
| 版　　次： | 2024 年 12 月第 1 版 | 印　　次： | 2024 年 12 月第 1 次印刷 |
| 字　　数： | 293 千字 | 定　　价： | 98.00 元 |
| ISBN 978-7-5130-9553-2 | | | |

出版权专有　侵权必究

如有印装质量问题，本社负责调换。

江苏省社会科学基金青年项目："5G 安全技术标准体系的法治化研究"（批准号：21FXC001）

# 序　言

　　互联网时代的到来推动着信息技术的快速发展和革新，5G 技术出现并迅速发展，成为社会数字化转型和数字经济发展的重要驱动力。5G 网络作为新一代通信技术，具有高速率、大容量、低时延等特点，为各行各业带来了巨大的发展机遇，5G 产业链也随着逐渐形成。然而，在 5G 网络应用逐渐复杂化的同时，5G 网络的安全风险较以往也更加复杂，如终端安全风险、通信网络安全风险、行业应用安全风险以及数据安全风险等，给国家安全、社会稳定和公民权益带来了严重威胁。为有效应对 5G 网络安全带来的挑战，我国在着力推进 5G 发展的同时，制定了 5G 领域的技术标准和法律规范来保障其安全。

　　从立法的角度来说，技术先行、规则滞后的情况非常普遍，且难以避免。尤其是对于高速发展的 5G 技术，立法滞后现象更为突出。技术标准反映了现实需求中对于 5G 发展在技术层面的专业要求，但只是在行业内予以遵守，其效力范围与效力位阶都较为受限，难以对社会形成有效的规制。对现行 5G 安全技术标准进行归类并抽象，提炼出立法需求，明确相应的立法标准。5G 安全技术标准法治体系是一个庞大的系统工程，涉及多专业、多领域，社会影响大，立法内容丰富。本书在主体、内容、隐私三个维度明确 5G 安全的法律治理标准，为 5G 安全治理体系的构建及完善提供一个相对具体的标准及方向，也为我国 5G 安全技术标准体系的法治化提供理论支持和实践指导，推动我国 5G 网络安全的健康发展，为构建数字中国、智能社会提供坚实的安全保障。

　　从内容上看，全书共包括五章内容，核心以 "5G 安全技术标准体系的法治框架建构"为研究对象，在重点分析5G对经济社会影响趋势研判的基础上，从现有5G安全技术标准出发，抽象出5G安全法律治理的规范标准，探讨5G安全法律治理标准体系的构建，并结合我国实际，以期进一步完善我国5G安全法律治理体系。具体包括，在主体标准上，应明确相关各方责任，细化各方义务；在内容标准上，应逐次递进，全面保障网络安全；在隐私标准上，应强化社会风险治理，完善用户个人信息保护。通过论证，本书一是构建出5G技术标准与法治体系的关联性框架；二是在厘清现有5G安全法律体系的基础上，结合现有5G安全技术标准，提炼出监管层面5G安全的政策需求，分析我国5G安全法律治理存在的问题，并提出应对思路；三是在法律治理层面构建起从主体到内容再到隐私保护三重维度的5G安全标准体系，明确5G安全的法律治理标准，为5G安全治理体系的构建及完善提供一个相对具体的标准及方向。

5G技术日新月异的实践进步，尤其是对5G安全问题的关注与分析，需要结合实际进行理论研究的总结与升华，并加以更深度的阐释与指引。本书作者在网信理论与实务领域从业十余年，有着丰富的经验，并长期进行互联网技术、应用方案、产业合作、最新发展动态方面的研究。本书通过构建5G安全技术标准与法律治理体系转换的具体架构，为后续6G技术与立法的协同发展提供借鉴，对于数字法治研究者与学习者、数字产业管理者与从业人员都具有重要的参考价值。

# 目 录

**第一章 由技术到规范：5G 安全技术标准法治体系构建的价值** …………… 1

 第一节 5G 安全技术标准法治体系构建的价值 ………………………… 1

  一、5G 安全技术标准法治体系对社会经济发展的助力 ………… 2

  二、当前我国 5G 网络安全存在的风险 …………………………… 5

  三、我国 5G 网络安全风险原因分析 ……………………………… 7

 第二节 我国 5G 安全技术标准法治体系的现状 ………………………… 9

  一、技术层面：我国 5G 安全技术标准梳理 ……………………… 10

  二、规范层面：我国 5G 安全法规架构梳理 ……………………… 17

  三、技术与规范的背离：5G 安全技术标准与法律体系有待融合 … 18

 第三节 域外 5G 安全技术标准法治体系的构建方式 ………………… 19

  一、美国有关 5G 安全的政策流变 ………………………………… 20

  二、欧盟有关 5G 安全的政策发展 ………………………………… 22

  三、域外 5G 安全政策总体布局 …………………………………… 25

 第四节 我国 5G 安全技术标准法治体系的制定思路 ………………… 26

  一、立法引领：加强 5G 技术标准与现有网信领域立法的衔接 … 26

  二、位阶转化：深度推进 5G 技术标准融入现有法律规范体系 … 28

  三、国际战略：构建保障性 5G 标准战略布局 …………………… 30

## 第二章　平衡论：5G 安全技术标准体系法治化的构建思路 …… 32
### 第一节　立足数据公共资源的基本特性 …… 32
一、数据公共资源的概念流变 …… 33
二、数据公共资源的基本分类 …… 35
三、数据公共资源的内在特征 …… 37

### 第二节　厘定 5G 安全技术标准应用的保护场域 …… 41
一、数字政府场域 …… 41
二、数字经济场域 …… 45
三、数字社会场域 …… 48

### 第三节　明确 5G 安全技术标准法治化的核心权益 …… 51
一、数字平等权 …… 52
二、数据隐私权 …… 55
三、数字知情权 …… 57
四、个人信息权 …… 60

### 第四节　平衡 5G 安全技术标准体系的利益格局 …… 62
一、国家义务 …… 62
二、企业义务 …… 65
三、个人义务 …… 68

## 第三章　主体标准：推进 5G 安全技术标准法治体系的头部构建 …… 72
### 第一节　行业监管机构层面 …… 72
一、5G 安全技术法治体系现状 …… 73
二、域外 5G 安全监管模式探析 …… 77
三、行业监管层面的顶层设计 …… 80

## 目 录

第二节　设备供应商层面……………………………………… 84
　　一、域内现状 ………………………………………………… 85
　　二、域外做法 ………………………………………………… 89
　　三、应对措施 ………………………………………………… 92
第三节　电信运营商层面……………………………………… 95
　　一、推进运营商加速转型 …………………………………… 95
　　二、国内外代表运营商发展概况 …………………………… 97
　　三、国内运营商面临挑战 …………………………………… 100
　　四、运营商数字化转型破解之道 …………………………… 102

## 第四章　内容标准：推进 5G 安全技术标准法治体系的权责构建 ……… 107
第一节　5G 安全风险与安全保护思路 ……………………… 108
　　一、5G 技术应用安全风险与挑战 ………………………… 108
　　二、5G 安全保护与标准法治化需求 ……………………… 114
　　三、5G 安全保护的基本思路与做法 ……………………… 117
第二节　权利与义务履行的法治构建………………………… 121
　　一、明确权利保障与义务履行的核心 ……………………… 121
　　二、抓住个人信息安全保护的关键 ………………………… 133
　　三、理顺 5G 运营主体的责任与义务 ……………………… 138
第三节　5G 基本安全管理制度建设 ………………………… 142
　　一、5G 安全的整体策略 …………………………………… 143
　　二、5G 安全的常规管理 …………………………………… 146
　　三、5G 安全操作规程管理 ………………………………… 157

四、5G 安全管理制度的修订评审 ⋯⋯⋯⋯⋯⋯⋯⋯⋯⋯⋯⋯ 158

　第四节　5G 特殊安全管理制度建设 ⋯⋯⋯⋯⋯⋯⋯⋯⋯⋯⋯⋯ 159

　　一、设计 5G 网络安全监测预警体系 ⋯⋯⋯⋯⋯⋯⋯⋯⋯⋯⋯ 160

　　二、制定 5G 安全应急处置机制流程 ⋯⋯⋯⋯⋯⋯⋯⋯⋯⋯⋯ 163

　　三、建立 5G 应用场景安全防护体系 ⋯⋯⋯⋯⋯⋯⋯⋯⋯⋯⋯ 168

　　四、完善 5G 数据安全保护体制机制 ⋯⋯⋯⋯⋯⋯⋯⋯⋯⋯⋯ 173

**第五章　隐私标准：推进 5G 安全技术标准法治体系的价值构建** ⋯⋯⋯ 178

　第一节　个人信息保护层面 ⋯⋯⋯⋯⋯⋯⋯⋯⋯⋯⋯⋯⋯⋯⋯⋯ 178

　　一、聚焦敏感数据的界定以及归属主体 ⋯⋯⋯⋯⋯⋯⋯⋯⋯⋯ 179

　　二、厘定数据归属主体的责任与义务 ⋯⋯⋯⋯⋯⋯⋯⋯⋯⋯⋯ 184

　第二节　信息安全防护层面 ⋯⋯⋯⋯⋯⋯⋯⋯⋯⋯⋯⋯⋯⋯⋯⋯ 189

　　一、出台统一的 5G 终端安全认证规则 ⋯⋯⋯⋯⋯⋯⋯⋯⋯⋯ 189

　　二、强化边缘计算规则下的隐私保护 ⋯⋯⋯⋯⋯⋯⋯⋯⋯⋯⋯ 192

　　三、控制不同信任域之间的多实体访问 ⋯⋯⋯⋯⋯⋯⋯⋯⋯⋯ 196

　　四、细化动态数据安全与隐私保护颗粒度 ⋯⋯⋯⋯⋯⋯⋯⋯⋯ 198

　　五、加大对国家级核心数据的重点保护 ⋯⋯⋯⋯⋯⋯⋯⋯⋯⋯ 201

　第三节　风险社会治理层面 ⋯⋯⋯⋯⋯⋯⋯⋯⋯⋯⋯⋯⋯⋯⋯⋯ 202

　　一、识别数据技术加剧风险的不确定性 ⋯⋯⋯⋯⋯⋯⋯⋯⋯⋯ 204

　　二、明确数据开放共享过程的公私主体 ⋯⋯⋯⋯⋯⋯⋯⋯⋯⋯ 205

　　三、维护个人数据权益和自主创新之间的平衡 ⋯⋯⋯⋯⋯⋯⋯ 208

**附录　关于 5G 安全技术较为关键的国家标准和行业标准** ⋯⋯⋯⋯ 217

　一、网络关键设备安全通用要求（GB 40050—2021） ⋯⋯⋯⋯ 217

二、信息安全技术　网络安全管理支撑系统技术要求

　　（GB/T 38561—2020） ……………………………………… 228

三、移动智能终端安全能力技术要求

　　（YD/T 2407—2021） ……………………………………… 236

四、信息安全技术　网络身份服务安全技术要求

　　（GB/T 42573—2023） ……………………………………… 258

后　记 ……………………………………………………………… 282

# 第一章　由技术到规范：5G安全技术标准法治体系构建的价值

5G是经济和社会数字化转型的重要驱动力，正在广泛融入各种行业，并实现各类技术的智能转变。世界上主要国家纷纷努力攀登5G开发的高峰，并迈向5G竞争的新赛道。但5G在带来科技、经济、社会等各个领域深刻变革的同时，也通过其新技术、新应用、新业态带来比以往移动网络更复杂的安全风险，给数据安全带来更广泛、更深层次的挑战。在网络与信息安全成为业界关注焦点的5G时代，相应的行业标准与法律规范则成为各国规制5G安全的重要手段。然而，我国现有的关于5G安全的政策性文本在全面性和前瞻性上均存在不足，不但不能反映5G安全领域的最新国际竞争形式，也缺乏明确的、可操作的指导；并且我国的行业标准与法律规范之间的层级和适用尚不明晰，缺乏整体的规划与衔接，不能很好地应对国内监管问题以及国外施加的风险。应结合自身5G网络发展模式，加强5G技术标准与现有网信领域立法的衔接，进一步将5G技术标准纳入法治体系，尽快构建我国5G网络安全技术标准法治体系，同时构建国际性5G标准战略布局，积极争取世界范围内5G安全领域的话语权和影响力，更好地应对5G时代带来的安全挑战，确保我国在数字化转型的浪潮中平稳前行。

## 第一节　5G安全技术标准法治体系构建的价值

5G作为新一代信息通信技术的代表，已成为经济社会高质量发展的重要驱动力量，随着 5G 网络相关技术的快速发展，工业互联网、车联网等融合应用的深入推进，5G 网络的安全风险主要体现在终端安全风险、通信网络安全风险、行业应用安全风险以及数据安全风险等。究其原因主要在于全球范围内的网络安全形势日益严峻，国际网络信息安全生态环境恶化、我国各地治理组织不健全、5G 法规体系有待加强以及 5G 风险评估防范的体系仍显单一。5G 安全保障体系需要建立，亟待统筹各方力量，明确目标、优化环境、形成合力，持续推动 5G 实现从 1 到 N 的跨越。

2023 年是《5G 应用"扬帆"行动计划（2021—2023 年）》的收官之年。习近平总书记就加快 5G 发展多次做出重要指示，强调要加快 5G 网络等新型基础设施建设，丰富 5G 技术应用场景。《中华人民共和国国民经济和社会发展第十四个五年规划和 2035 年远景目标纲要》提出要"构建基于 5G 的应用场景和产业生态"。

与此前的代际移动通信技术相比，5G 首次以千兆级的带宽、毫秒延迟和超高密度连接性，将通信服务的范围扩展。[1]

2023 年 10 月 20 日，在国务院新闻办公室举行的前三季度工业和信息化发展情况新闻发布会上，工业和信息化部新闻发言人、总工程师赵志国表示，5G 作为新一代信息通信技术的代表，已成为经济社会高质量发展的重要驱动力量。在网络与信息安全成为业界关注焦点的 5G 时代，相应的行业标准与法律规范则成为各国规制 5G 安全的重要手段。

## 一、5G 安全技术标准法治体系对社会经济发展的助力

5G 融合应用正处于规模化发展的关键期。5G 商用两年来，在产业界各方共同努力下，5G 商用发展成效显著，技术产业能力不断提升，网络和用户规模全球领先，应用探索日益活跃，实现了从 0 到 1 的突破。同时要看到，5G 应用的规模化发展仍存在困难。

### （一）助力培育经济增长新动能

5G 牌照发放 4 年以来，我国 5G 在网络建设、用户规模、融合应用发展

---

[1] 王良民，刘晓龙，李春晓，等. 5G 车联网展望 [J]. 网络与信息安全学报，2016，2（6）：1-12.

创新等方面走在了世界前列。如今,5G融合应用加速落地、5G行业应用创新标杆案例不断涌现,5G赋能产业的应用范围不断扩大、程度不断深化、水平不断提高。[①] 截至2023年9月底,我国5G基站已累计开通318.9万座,覆盖所有地级市城区、县城城区,每万人拥有5G基站数达22.6个,千兆宽带用户达1.45亿户,超90%的5G基站实现共建共享。[②] 5G在工业、医疗、教育、交通、能源等领域加速推广落地,创新融合应用全面深化,5G应用已融入67个国民经济大类[③],全国"5G+工业互联网"项目超过7000个,移动物联网终端累计达22.2亿户,5G应用创新案例超过9万个。[④] 5G网络加快向集约高效、绿色低碳发展。5G行业虚拟专网超2万个,为行业提供稳定、可靠、安全的网络设施。

2023年10月19日,上海市政府发布《上海市进一步推进新型基础设施建设行动方案(2023—2026年)》,提出到2026年底,全市新型基础设施建设水平和服务能级迈上新台阶,人工智能、区块链、第五代移动通信(5G)、数字孪生等新技术更加广泛融入和改变城市生产生活,支撑国际数字之都建设的新型基础设施框架体系基本建成。其中,上海提出初步建成以5G-A和万兆光网为标志的全球双万兆城市,成为全球网速最快、覆盖最全、时延最低的城市之一,率先迈入全球双万兆城市行列。

5G的快速发展真正开启了万物互联时代,5G赋能经济社会数字化转型带来超万亿元的巨大市场。5G安全技术标准法治体系的构建能够更好地防范数据流动中的风险,推动5G网络安全保障和5G网络架构演进、网络部署同步实施。[⑤]

(二)助力传统行业高质量发展

作为通用目的技术,5G已在农业、工业以及服务业等领域中得到了应用,同时,5G将推动生产制造的服务体系升级,实现产业链延伸和价值链拓展。

---

① 胡世良. 实施5G"三化"策略 加快5G规模化发展[J]. 通信世界,2022(15):23-25.
② 徐恒. 工信部解读前三季度工业和信息化热点[N]. 中国电子报,2023-10-24(002).
③ 刘欣. 前三季度工业和信息化产业发展总体平稳[N]. 法治日报,2023-10-27(007).
④ 敖阳利. 工业生产稳定增长 恢复发展亮点纷呈[N]. 中国财经报,2023-10-31(001).
⑤ 王秉政,许玉娜. 5G安全与标准化工作思考[J]. 中国信息安全,2020(9):55-57.

国际咨询公司马基特（IHS Markit）预测，在全球范围内，到2035年，5G预计将在各行业创造12.3万亿美元的经济价值。① 5G在工业、矿业、电力、港口等垂直行业应用广泛复制，助力企业提质、降本、增效。基于5G网络的超高清视频、AR/VR等新应用进一步融入生产生活，用户体验不断提升。

一个完备的5G安全技术标准法治体系能够助力5G技术高质量发展，从而有利于实体经济的产能提升。首先，可以确保数据传输的安全性，遏止数据泄露、篡改和滥用等问题的发生；这也将增强用户对5G技术的信任，促进其广泛应用。其次，5G网络的高速度和大容量使得网络安全问题更加突出，5G安全技术标准法治体系可以规范网络运营商和设备制造商的行为，要求他们采取必要的安全措施来保护网络免受攻击和恶意行为的影响，这将提高整个5G网络的稳定性和可靠性，为传统行业的数字化转型提供坚实的基础。最后，一个完备的5G安全技术标准法治体系可以为政府监管部门提供明确的法律依据和指导，使其能够有效监管5G网络和服务的安全运行。该体系还可以为企业提供合规指南，帮助他们遵守相关法律法规，降低合规风险。这将促进传统行业在5G环境下的健康发展。

（三）助力社会服务新方式应用

5G应用于电子政务、智慧交通等领域，以及与虚拟现实、人工智能等技术协同，大规模应用于教育、医疗、体育等公共事业，可产生远程教育、远程医疗诊断、虚拟现实体育赛事直播等新服务、新模式，改善公共服务的用户体验，提升公共服务效率。而在政府与民众的5G交互中，个人信息等隐私问题也会受到一定的挑战，这就有赖于5G安全技术标准法治体系对5G技术使用的限度加以规制，使社会服务方式的创新更加安全高效。对中国而言，3G是跟随，4G是并进，5G则是领跑。截至2024年，中国运营商部署了最大的5G独立组网网络，拥有超过200万个5G基站，并为全球65%的5G用户提供服务。5G发展不再是技术竞争，而是体验竞争，尤其是定义不同场景的体验。只有通过5G的支持实现每个使用场景的内在价值，新的商业模式才能成功。

---

① 王志勤. 5G，为经济发展开辟新增长源泉[J]. 一带一路报道（中英文），2020（6）：15.

然而，在电子政务、智慧交通等领域，以及与虚拟现实、人工智能等技术的协同应用中，大量的个人和公共数据将被处理和传输，有了严格的 5G 安全技术标准法治体系，这些数据将得到妥善保护，防止被滥用或侵犯。此外，5G 安全技术标准法治体系有助于提升公共服务的效率和用户体验，为社会服务新方式提供强大的安全保障，推动公共服务的创新和发展，也为保护用户权益和维护社会稳定发挥重要作用。

## 二、当前我国 5G 网络安全存在的风险

相较于 2G、3G 和 4G 网络，5G 网络在性能指标、应用场景和安全能力方面更趋完善。[1] 随着 5G 网络相关技术的快速发展，工业互联网、车联网等融合应用的深入推进，5G 网络的安全挑战依旧严峻。

（一）设施终端安全风险

以 5G 终端的安全风险为例，5G 网络终端不仅是用户接入的中心，也是网络流量和数据流量的主要载体。随着 5G 网络功能和性能的不断提升，5G 终端类型将更加丰富，用户数量将成倍增长。正是由于 5G 网络接入终端种类繁、数量大，而终端的计算能力和安全防护措施差异又很大，因此，随着终端的海量接入，含有病毒或恶意程序、缺乏基本安全防护功能的假冒劫持终端可以在 5G 网络上传播和延伸终端安全风险。同时，随着 5G 网络在工业互联网、车联网等行业的广泛应用，各行业终端使用的非通用协议的安全风险也被引入 5G 网络。

（二）通信网络安全风险

5G 网络面向服务的架构允许网络功能通过通用接口对外暴露，实现灵活的网络部署和管理，随着接口的开放，通用接口面临身份认证、接入等潜在风险安全解决方案的不足和通信加密设计漏洞，导致泛洪攻击、资源滥用等风险。

此外，边缘计算节点缺乏安全机制或策略配置不正确，会导致边缘计算

---

[1] 朱学芳，李川，刘子溪. 5G 网络环境下我国智慧知识服务体系建设策略探讨［J］. 情报科学，2024，42（1）：2-9，50.

网关被非法访问、边缘节点过载、跨境开放 API 接口被滥用等风险；使用网络切片技术会面临未经授权的用户访问网络切片等安全风险。① 近年来，网络空间主体呈现开放、高速、智能互联的发展趋势。无论是发达国家还是发展中国家，网络安全防御边界进一步扩展，关键信息基础设施发生安全风险的可能性和危险性持续上升。从全球网络安全事件报道来看，各国关键信息基础设施均遭受到不同程度的网络攻击，给国家安全、经济稳定和公众安全带来了巨大损失，也严重影响着各国的国际形象。②

（三）行业应用安全风险

5G 的行业应用安全风险主要包括两个方面。第一，5G 技术在行业内的应用与融合涉及端到端安全、通信网络安全、应用安全、终端安全等问题。例如，终端设备可能存在漏洞或配置错误，导致数据泄露或被恶意攻击；网络基础设施可能存在漏洞或被黑客入侵，导致通信中断或数据篡改；应用平台可能存在漏洞或不安全的代码，导致用户信息泄露或系统崩溃，此时难以界定相关方的安全责任。第二，信息化网络设施和通信网络的安全风险，5G 技术的应用涉及各个领域，包括工业制造、智能交通、医疗健康等。这些应用领域的安全性对行业的稳定运行至关重要，然而，由于安全漏洞、安全配置错误等问题，工业应用可能存在自身的安全风险，从而影响应用的稳定运行。例如，工业控制系统可能存在漏洞，导致生产过程被干扰或控制失效；医疗设备可能存在漏洞或不安全的代码，导致患者信息泄露或设备故障。③

（四）多元数据安全风险

随着 5G 网络的广泛推广和部署，数据安全风险不断多样化。边缘计算导致网络和用户数据下沉到网络边缘，对网络边缘数据安全管理责任和数据

---

① 丁春涛，曹建农，杨磊，等. 边缘计算综述：应用、现状及挑战 [J]. 中兴通讯技术，2019，25（3）：2-7.

② 高原，吕欣，李阳，等. 国家关键信息基础设施系统安全防护研究综述 [J]. 信息安全研究，2020，6（1）：14-24.

③ 史彦军，韩俏梅，沈卫明，等. 智能制造场景的 5G 应用展望 [J]. 中国机械工程，2020，31（2）：227-236.

隔离保护提出挑战；5G 无线网络的开放性和复杂性使其容易受到各种安全威胁。黑客可能利用漏洞或恶意软件入侵网络，进行数据窃取、拒绝服务攻击等行为，虚拟化技术造成的网络边界模糊，增加了数据保护的难度[1]；5G 终端设备包括智能手机、物联网设备等，但由于接入设备数量的快速增长和保护措施能力的不同，导致数据泄露的风险点增加，非法和恶意信息的管控难度增加。此外，5G 与医疗、交通、工业、教育、金融等行业深度融合，各行业的数据范围和量级不断增长，数据高度分散化流动，可能带来具有各行业特点的新型数据安全风险。[2]

## 三、我国 5G 网络安全风险原因分析

### （一）网络安全生态环境恶化

根据中国网络空间安全协会发布的《2023 年网络安全态势研判分析年度综合报告》，2023 年网站安全形势较为严峻。监测数据显示，2023 年累计捕获超过 1200 起针对我国的 APT 攻击活动，APT 组织活动和当前的政治形势、国际关系以及重要漏洞紧密相关，仍以窃取信息和情报，攫取政治、经济利益为目标。

与此同时，美方继续滥用国家权力，对我国网络科技企业实施技术封锁和过度施压。其形式是发布一系列行政命令，斥巨资限制和打压华为、中兴等中国网络科技公司的正常经营活动；在网络新技术领域，美国将对华发动"技术冷战"，筑起"数字铁幕"。[3] 2021 年 11 月，在美国强制全球主要半导体制造商交出客户数据等关键机密信息后，美国商务部迅速将 12 家量子计算机和芯片领域的中国企业列入其"实体清单"。[4] 通过加强中国对技术出口的精准打击和控制，达到对我国网络技术的封锁和追捕、扰乱我国原材料供应

---

[1] 缑文琦，田瑞文，黄德衍."新基建"下，网络安全等级保护趋势及应对措施[J]. 通信世界，2021（8）：14-16.

[2] 蒋龙龙. 中国电信传承红色基因　为数据安全打造"铜墙铁壁"[N]. 通信信息报，2022-09-14（003）.

[3] 磨惟伟. 2021 年国内网络安全风险评估与总体态势[J]. 中国信息安全，2021（12）：39-43.

[4] 陈思翀，王子瑜，梁倚天. 美国对华科技制裁的反向市场冲击：以华为事件为例[J]. 国际经济评论，2022（2）：140-159，8.

的目的。自 2024 年以来，美国对华出口管制的方向开始转向 AI 云计算、数据流通等领域。

加拿大三大运营商 Rogers、Bell 和 Telus 都选用爱立信和诺基亚的 5G 技术而放弃华为。澳大利亚于 2018 年禁止华为为其 5G 网络建设提供设备。新西兰最高情报机构和日本同在 2018 年禁止华为为其 5G 网络建设提供设备。法国制定《5G 网络安全法案》，设立经营审批制度、规定总理审查权力并规定违法惩罚措施。埃及通过 2020 年第 151 号法《个人数据保护法》，规定禁止向外国转移或共享个人数据，违者将被处以罚款。印度内阁批准《2023 年数字个人数据保护法案》，规定敏感数据和重要数据都必须在印度进行存储和处理。2019 年 3 月中旬欧盟通过了第 2019/881 号条例《关于欧洲网络与信息安全局信息和通信技术的网络安全》，并废除（EC）第 526/2013 号条例，旨在确立欧盟网络安全局的永久地位，并设立了欧盟统一网络安全认证系统等。凡此种种，均属于我国在 5G 网信安全生态环境面临的不利因素。[①]

（二）国内外治理组织不健全

从国家内部来看，我国的网络信息安全治理方式正在由政府中心主义向政府主导的多元合作转变。互联网企业、网络服务商、社会组织以及公民正在发挥作用，《中华人民共和国网络安全法》（以下简称《网络安全法》）中明确规定了网络服务商的职责，全国性的网络信息社会组织和地方网络信息社会组织也在不断地健全和完善。

另外，网络信息安全是一个跨越地理界限的全球性问题，大型跨国电信诈骗案件，全球网络病毒的威胁给国家带来了严重的损失。如何深度参与国际网络信息安全治理，形成国与国之间的国际合作关系，推动建立多边参与、多方合作的国际网络信息安全组织体系；建立国际社会中国家与国家之间、政府与国际组织及国际组织之间的网络空间对话协商机制，最终倡导健全各国政府全球网络信息治理的组织架构，合理划分合作治理的界限，探讨国际

---

[①] 杨鸿台. 抢占 5G 时代国际法律战高地的若干对策性思考［EB/OL］.（2022-08-02）［2023-11-03］. http://www.kunlunce.com/gcjy/fzzl/2020-08-02/145782.html.

多边合作机制在信息安全、资源安全等领域中的适用性问题，也是组织体系建设尚未攻克的难题。

### （三）5G 法规体系有待加强

由于法律规范一般较于社会发展相对滞后，新时代往往会发生因为法律制度的滞后导致的新兴社会风险爆发现象。一方面，由于 5G 技术的快速发展和广泛应用，现有的法律规范往往滞后于社会的需求，且法律规范的出台需要经历严格的立法程序，接受公众的参与和监督。在网络信息安全治理方面，正是缺乏专业法律的指导和支持，才导致 5G 安全治理存在制度上的空白。另一方面，细化标准、制定细则、形成配套制度是法律政策落地实施的基础。目前，我国 5G 立法中缺乏相应的配套机制，无法为 5G 的发展提供良好的制度环境。这包括放松各种管制，降低 5G 部署成本；简化行政审批程序，加快频谱管理立法和制度建设速度等。

### （四）风险评估防范体系单一

首先，我国的信息安全评估机制主要是静态评估，没有实现动态评估过程。这种评估方式无法适应 5G 技术快速发展和广泛应用的需求，不能及时有效地识别和应对新出现的安全风险。其次，我国目前的安全评估主要集中在运行阶段，侧重于事中的评估和事后的补救，而前期的安全评估则相对缺失。这可能导致一些潜在的安全风险在早期未能被发现和处理，从而增加了后期的风险防控难度。再次，我国在信息安全评估过程中缺少权威的评估机构和专业的评估人才。这致使评估结果的准确性和权威性受到质疑，也影响了评估效果的实施和应用。最后，我国在评估环节上主要是进行检查评估，由信息安全主管机构或业务主管机构牵头。这种评估方式忽视了信息安全的自评估环节，致使企业和个人在信息安全管理上的主动性和责任感上受到影响。

## 第二节 我国 5G 安全技术标准法治体系的现状

我国正处于从"标准跟随者"向"标准制定者"转型的阶段。在 5G 领域，我国目前正在积极将国内标准进行国际化转变。近年来，我国十分注重关于 5G 安全的国家技术标准和行业技术标准建设，出台了相关法律规范保障 5G 时代下的网络安全和个人信息安全。技术方面，强制性国家标准是我国 5G 安全的基础标准，包括网络安全、数据安全等方面的要求，TC260 推荐性国家标准是由中国通信标准化协会制定的，涵盖了 5G 网络架构、安全需求、安全机制等方面的内容；TC485 推荐性国家标准是由中国电子工业标准化技术协会制定的，主要关注 5G 终端设备的安全要求和测试方法。规范层面，网络与数据安全方面的法规主要包括《网络安全法》《中华人民共和国数据安全法》（以下简称《数据安全法》）等，这些法规对 5G 网络的安全管理、数据保护提出了明确要求。另外，个人信息保护方面的法规主要包括《中华人民共和国个人信息保护法》（以下简称《个人信息保护法》）、《中华人民共和国电信条例》（以下简称《电信条例》）、《互联网信息服务管理办法》等，该类法规对 5G 网络中个人信息的收集、使用、存储等方面进行了规范。然而，技术先行、规范滞后的现状致使我国 5G 安全法律治理中技术与规范出现了背离。例如，某些标准中的安全要求与相关法规的规定存在冲突，导致标准的落地和实施存在一定的困难。因此，需要进一步加强技术标准与法律体系的衔接和协调，确保 5G 网络的安全性得到有效保障。

## 一、技术层面：我国 5G 安全技术标准梳理

工业和信息化部联合中央网信办、国家发展和改革委员会等九部门印发的《5G 应用"扬帆"行动计划（2021—2023 年）》，强调了 5G 应用标准体系构建行动，计划到 2023 年底完成 30 项以上的重点行业关键标准研制。2020 年 7 月，在 5G 标准竞赛中，华为参与的 3GPP 5G 技术正式被接受成为国际电信联盟 ITU IMT—2020 国际移动通信技术标准，且是唯一标准，结束了网络多标准时代。同时，中国活跃于国际标准制定的组织体系（ISO、IEC、ITU 等），借助"一带一路"倡议与其他国家进行标准互认、标准传播，形成了较好的规模效应。我国积极推进 5G 国际标准制定，截至 2023 年 9 月底，我国 5G 标准必要专利声明量全球占比达 42%，为推动全球 5G 发展提供中国方案。

## 第一章 由技术到规范：5G安全技术标准法治体系构建的价值

### （一）我国5G安全国家标准

**1. 官方强制性国家标准**

2022年11月7日，我国第一项关键信息基础设施安全保护国家标准GB/T 39204—2022《信息安全技术关键信息基础设施安全保护要求》正式发布，并于2023年5月1日顺利实施。该标准属于安全保护类标准，针对关键信息基础设施安全保护需求，规定了分析识别、安全防护、检测评估、监测预警、主动防御和事件处置六个环节的安全要求，是各运营者开展安全保护工作的重要依据。

国家标准化管理委员会于2021年2月出台了强制性国家标准GB 40050—2021《网络关键设备安全通用要求》，该标准主要用于落实《网络安全法》中第二十三条中关于网络关键设备安全的规范，为5G网络设备的安全性提供了技术保障和依据。标准的内容囊括了网络关键设备的安全功能需求以及安全保障需求。其中，安全功能需求主要针对的是设备的技术安全能力，安全保障需求主要针对的是网络关键设备供给者对设备使用周期的安全保障能力要求。

**2. TC260推荐性国家标准**

全国信息安全标准化技术委员会（TC260）推出《5G网络安全标准化白皮书（2021版）》，主要囊括了终端安全、应用与服务安全、安全基础共性、IT化网络设施安全、数据安全、安全运营管理等领域，对有关配套规范进行了优化。TC260在5G网络安全领域相关的重点标准包括：

（1）在基础共性方面，GB/T 22239—2019《信息安全技术 网络安全等级保护基本要求》，指出了第一级到第四级保护对象的安全通用规范以及安全扩展规范，用于指导网络运营者根据网络安全等级保护制度，践行网络安全保护义务。

（2）在终端安全方面，GB/T 34975—2017《信息安全技术 移动智能终端应用软件安全技术要求和测试评价方法》、GB/T 30284—2020《信息安全技术 移动通信智能终端操作系统安全技术要求》、GB/T 35278—2017《信息安全技术 移动终端安全保护技术要求》、GB/T 37093—2018《信息安全技术 物联网感知层接入通信网的安全要求》对通用固件和操作系统安全、移动智能终端安全、终端侧应用软件安全作出了规范。

（3）在 IT 化网络设施安全方面，TC260 已发布标准主要聚焦于云平台安全，GB/T 31167—2023《信息安全技术 云计算服务安全指南》、GB/T 34942—2017《信息安全技术 云计算服务安全能力评估方法》、GB/T 35279—2017《信息安全技术 云计算安全参考架构》、GB/T 31168—2023《信息安全技术 云计算服务安全能力要求》，提出了针对云计算服务的安全指南、安全参考架构、安全能力评估手段和安全能力要求。

（4）在网络安全方面，GB/T 42564—2023《信息安全技术 边缘计算安全技术要求》分析边缘计算系统因云边协同控制、计算存储托管、边缘能力开放等引入的安全风险，提出了边缘计算安全参考模型，并从应用安全、网络安全、数据安全、基础设施安全、物理环境安全、运维安全、安全管理等方面提出边缘计算的安全技术要求。该标准可用于指导边缘计算相关方提高边缘基础设施研发、测试、生产、运营过程中应对各种安全威胁的能力。

（5）在应用与服务安全方面，GB/T 37971—2019《信息安全技术 智慧城市安全体系框架》、GB/Z 38649—2020《信息安全技术 智慧城市建设信息安全保障指南》从安全角色和安全要素的视角提出了智慧城市安全体系框架，为智慧城市建设各个环节的信息安全保障机制以及技术建设指明了方向。此外，TC260 正在开展新业务应用领域安全标准研制，涉及的领域涵盖物联网、工业互联网、车联网（智能网联汽车）等。

（6）在数据安全方面，TC260 出台了 GB/T 35273—2020《信息安全技术 个人信息安全规范》、GB/T 37988—2019《信息安全技术 数据安全能力成熟度模型》、GB/T 34978—2017《信息安全技术 移动智能终端个人信息保护技术要求》等文件，用于指导数据和个人信息的保护工作。

（7）在安全运营管理方面，GB/T 36637—2018《信息安全技术 ICT 供应链安全风险管理指南》、GB/T 36958—2018《信息安全技术 网络安全等级保护安全管理中心技术要求》、GB/T 24363—2009《信息安全技术 信息安全应急响应计划规范》、GB/T 38561—2020《信息安全技术 网络安全管理支撑系统技术要求》等文件提出了信息安全事件管理、网络安全管理、应急响应计划和 ICT 供应链安全风险管控等方面的要求。

## 3. TC485 推荐性国家标准

目前，全国通信标准化技术委员会（TC485）出台的 5G 网络的有关条例，主要面向通信网络安全及其基础共性。

（1）TC485 标准《5G 移动通信网通信安全技术要求》主要探究的是 5G 移动通信网中的通信安全整体技术规范，从技术层面保障运营商和监管机构落实 5G 安全方面工作。

（2）TC485 标准《5G 移动通信网络设备安全保障要求 核心网网络功能》主要针对的是 5G 设备安全，从核心网网络功能等视角指明了 5G 移动通信网络设备安全的相关保障规范。

表 1 中国最新 5G 技术标准一览

| 标题名称 | 发布时间 | 标准类型 |
| --- | --- | --- |
| YD/T 3929—2024 5G 数字蜂窝移动通信网 6GHz 以下频段基站设备技术要求（第一阶段） | 2024-03-29 | 行业标准 |
| YD/T 3627—2024 5G 数字蜂窝移动通信网 增强移动宽带终端设备技术要求（第一阶段） | 2024-03-29 | 行业标准 |
| YD/T 4650—2023 5G 移动通信网能力开放（NEF）设备测试方法 | 2023-12-20 | 行业标准 |
| YD/T 4560—2023 5G 数据安全评估规范 | 2023-12-20 | 行业标准 |
| YD/T 4488—2023 5G 移动通信网 安全运维技术要求 | 2023-12-20 | 行业标准 |
| YD/T 4347—2023 5G 消息 配置管理技术要求 | 2023-07-28 | 行业标准 |
| YD/T 4346—2023 5G 消息 个人消息技术要求 | 2023-07-28 | 行业标准 |
| YD/T 4249—2023 5G 数据安全总体技术要求 | 2023-05-22 | 行业标准 |
| GB/T 39204—2022 信息安全技术 关键信息基础设施安全保护要求 | 2022-10-12 | 国家标准 |
| YD/T 4009—2022 5G 数字化室内分布系统技术要求 | 2022-04-24 | 行业标准 |
| YD/T 4010—2022 5G 数字化室内分布系统测试方法 | 2022-04-24 | 行业标准 |
| YD/T 3958—2021 5G 消息 终端测试方法 | 2021-12-02 | 行业标准 |
| YD/T 3961—2021 5G 消息 终端技术要求 | 2021-12-02 | 行业标准 |
| YD/T 3962—2021 5G 核心网边缘计算总体技术要求 | 2021-12-02 | 行业标准 |

续表

| 标题名称 | 发布时间 | 标准类型 |
|---|---|---|
| YD/T 3973—2021　5G 网络切片　端到端总体技术要求 | 2021-12-02 | 行业标准 |
| YD/T 3974—2021　5G 网络切片　基于切片分组网络（SPN）承载的端到端切片对接技术要求 | 2021-12-02 | 行业标准 |
| YD/T 3975—2021　5G 网络切片　基于 IP 承载的端到端切片对接技术要求 | 2021-12-02 | 行业标准 |
| YD/T 3976—2021　5G 移动通信网　会话管理功能（SMF）及用户平面功能（UPF）拓扑增强总体技术要求 | 2021-12-02 | 行业标准 |
| YD/T 3989—2021　5G 消息　总体技术要求 | 2021-12-02 | 行业标准 |
| YD/T 5263—2021　数字蜂窝移动通信网　5G 核心网工程技术规范 | 2021-12-02 | 行业标准 |
| YD/T 5264—2021　数字蜂窝移动通信网　5G 无线网工程技术规范 | 2021-12-02 | 行业标准 |
| YD/T 2407—2021　移动智能终端安全能力技术要求 | 2021-12-02 | 行业标准 |
| YD/T 5258—2021　信息通信网络功能虚拟化（NFV）工程技术规范 | 2021-12-02 | 行业标准 |
| YD/T 2408—2021　移动智能终端安全能力测试方法 | 2021-05-17 | 行业标准 |
| GB 40050—2021　网络关键设备安全通用要求 | 2021-02-20 | 国家标准 |
| HJ 1151—2020　5G 移动通信基站电辐射环境监测方法（试行） | 2020-12-14 | 行业标准 |
| GB/T 30284—2020　信息安全技术　移动通信智能终端操作系统安全技术要求 | 2020-04-28 | 国家标准 |
| GB/T 37093—2018　信息安全技术　物联网感知层接入通信网的安全要求 | 2018-12-28 | 国家标准 |
| GB/Z 38649—2020　信息安全技术　智慧城市建设信息安全保障指南 | 2018-04-28 | 国家标准 |
| GB/T 35273—2020　信息安全技术　个人信息安全规范 | 2020-03-06 | 国家标准 |
| GB/T 38561—2020　信息安全技术　网络安全管理支撑系统技术要求 | 2020-03-06 | 国家标准 |
| YD/T 3615—2019　5G 移动通信网　核心网总体技术要求 | 2019-12-24 | 行业标准 |

续表

| 标题名称 | 发布时间 | 标准类型 |
| --- | --- | --- |
| YD/T 3616—2019　5G移动通信网　核心网网络功能技术要求 | 2019-12-24 | 行业标准 |
| YD/T 3617—2019　5G移动通信网　核心网网络功能测试方法 | 2019-12-24 | 行业标准 |
| YD/T 3618—2019　5G数字蜂窝移动通信网　无线接入网总体技术要求（第一阶段） | 2019-12-24 | 行业标准 |
| YD/T 3628—2019　5G移动通信网　安全技术要求 | 2019-12-24 | 行业标准 |
| GB/T 37988—2019　信息安全技术　数据安全能力成熟度模型 | 2019-08-30 | 国家标准 |
| GB/T 37971—2019　信息安全技术　智慧城市安全体系框架 | 2019-08-30 | 国家标准 |
| GB/T 22239—2019　信息安全技术　网络安全等级保护基本要求 | 2019-05-10 | 国家标准 |
| GB/T 37093—2018　信息安全技术　物联网感知层接入通信网的安全要求 | 2018-12-28 | 国家标准 |
| GB/T 36958—2018　信息安全技术　网络安全等级保护安全管理中心技术要求 | 2018-12-28 | 国家标准 |
| GB/T 36637—2018　信息安全技术　ICT供应链安全风险管理指南 | 2018-10-10 | 国家标准 |
| GB/T 35279—2017　信息安全技术　云计算安全参考架构 | 2017-12-29 | 国家标准 |
| GB/T 34942—2017　信息安全技术　云计算服务安全能力评估方法 | 2017-11-01 | 国家标准 |
| GB/T 34978—2017　信息安全技术　移动智能终端个人信息保护技术要求 | 2017-11-01 | 国家标准 |

（二）我国5G安全行业标准

中国通信标准化协会（CCSA）出台的行业标准主要聚焦于基础共性、IT化网络设施安全、终端安全等方面。CCSA在5G网络安全领域的重点标准包括：

（1）在基础共性方面，YD/T 3628—2019《5G移动通信网　安全技术要求》清晰地指出了对5G SA网络以及NSA网络的基本安全规范，涵盖了安全需求，5G网络安全架构、安全功能实现等方面的要求。此外，还有YD/T

3615—2019《5G 移动通信网 核心网总体技术要求》、YD/T 3616—2019《5G 移动通信网 核心网网络功能技术要求》、YD/T 3617—2019《5G 移动通信网 核心网网络功能测试方法》、YD/T 3618—2019《5G 数字蜂窝移动通信网 无线接入网总体技术要求（第一阶段）》。

（2）在终端安全方面，CCSA 已发布的标准主要关注移动智能终端安全和特定行业专用终端安全，发布了 YD/T 2502—2013《手机支付 移动终端安全技术要求》、YD/T 3627—2024《5G 数字蜂窝移动通信网 增强移动宽带终端设备技术要求（第一阶段）》、YD/T 3958—2021《5G 消息 终端测试方法》、YD/T 3961—2021《5G 消息 终端技术要求》、YD/T 2408—2021《移动智能终端安全能力测试方法》、YD/T 2407—2021《移动智能终端安全能力技术要求》等。

（3）在 IT 化网络设施安全方面，YD/T 5258—2021《信息通信网络功能虚拟化（NFV）工程技术规范》主要聚焦于网络功能虚拟化（NFV）安全技术要求。此外，还有 YD/T 5263—2021《数字蜂窝移动通信网 5G 核心网工程技术规范》、YD/T 5264—2021《数字蜂窝移动通信网 5G 无线网工程技术规范》、YD/T 3929—2024《5G 数字蜂窝移动通信网 6GHz 以下频段基站设备技术要求（第一阶段）》、YD/T 3930—2024《5G 数字蜂窝移动通信网 6GHz 以下频段基站设备测试方法（第一阶段）》、HJ 1151—2020《5G 移动通信基站电磁辐射环境监测方法（试行）》等。

（4）在通信网络安全方面，标准涵盖了 5G 边缘计算安全、5G 移动通信网络设备安全、5G 网络组网安全等领域，其中有 YD/T 3962—2021《5G 核心网边缘计算总体技术要求》、YD/T 3973—2021《5G 网络切片 端到端总体技术要求》、YD/T 3974—2021《5G 网络切片 基于切片分组网络（SPN）承载的端到端切片对接技术要求》、YD/T 3975—2021《5G 网络切片 基于 IP 承载的端到端切片对接技术要求》、YD/T 3976—2021《5G 移动通信网 会话管理功能（SMF）及用户平面功能（UPF）拓扑增强总体技术要求》等。

（5）在应用与服务安全方面，YD/T 4009—2022《5G 数字化室内分布系统技术要求》和 YD/T 4010—2022《5G 数字化室内分布系统测试方法》标准规定了 5G 单模数字化室内分布系统的组网架构、功能、设备形态、无线性能射频指标、网管功能、电磁兼容、安全等技术要求以及测试方法,标准适用于 5G 单模数字化室内分布系统设备的研发、生产和测试。YD/T 4696—2024《5G 业务安全通用防护要求》、YD/T 4715—2024《互联网新技术新业务安全评估要求 基于 5G 场景的业务》分别提出 5G 业务安全通用防护和互联网新技术新业务安全评估的要求。YD/T 3989—2021《5G 消息 总体技术要求》对 5G 消息业务及支持 5G 消息业务的设备做出了总体技术要求。

(6) 在数据安全方面,标准 YD/T 4249—2023《5G 数据安全总体技术要求》从 5G 业务应用、5G 终端设备、5G 无线接入、5G 核心网等方面规定了 5G 数据安全的总体技术要求。

(7) 在安全运营管控方面,在研标准《5G 移动通信网通信安全技术要求》主要关注 5G 移动通信网通信管制技术要求。

## 二、规范层面:我国 5G 安全法规架构梳理

(一)网络与数据安全方面法规

在法律层面,5G 发展首先有《网络安全法》作为整体规划,其次利用 5G 技术以及网络对数据进行采集、存储、分析、运输和处理,必须和《数据安全法》中的规范相符。

在行政法规层面,应按照《关键信息基础设施安全保护条例》部署做好对关键信息基础设施的保障;《电信条例》规定,各个组织或个人不能借助电信网络损害国家安全、他人合法权益以及社会公共利益,行为活动不能对电信网络安全以及信息安全等造成损害;《网络安全审查办法》要求关键信息基础设施的运营者购买网络产品以及服务可能对国家安全造成影响的,需要得到有关部门组织的国家安全审查。

在政策方面,《工业和信息化部关于推动 5G 加快发展的通知》要求强化 5G 网络基础设施安全保障、加强 5G 网络数据安全保护、培养 5G 网络安全产业生态、打造 5G 安全保障体系,并要求开展安全评估,积极防范安全风险。2021 年 3 月,工信部科技司在《2021 年工业和信息化标准工作要点》中明确,将推动落实 5G 及下一代移动通信、网络和数据安全等标准的研究与制定。

## （二）个人信息保护方面法规

如果数据包含个人信息，应当遵循《个人信息保护法》的有关条例进行利用。2012年，我国通过了《全国人民代表大会常务委员会关于加强网络信息保护的决定》，明确指出了个人信息保护的基本原则，以及数据控制者的义务。2014年，最高人民法院出台了《最高人民法院关于审理利用信息网络侵害人身权益民事纠纷案件适用法律若干问题的规定》，基于侵权责任对个人信息加以保护。2016年，国家颁布《网络安全法》明确规定了个人信息的相关内涵，第22条、第37条、第41~45条从个人信息收集、运用以及存储等视角加以规范，并在法律责任中明确了对有关责任者的惩处办法。

5G有关技术在发展的过程中也会被知识产权相关法律加以保护，例如《中华人民共和国专利法》（以下简称《专利法》）、《中华人民共和国著作权法》（以下简称《著作权法》）、《中华人民共和国商标法》（以下简称《商标法》）、《信息网络传播权保护条例》等。

## 三、技术与规范的背离：5G安全技术标准与法律体系有待融合

行之有效的5G安全技术标准及配套的法律政策能够提前预警风险漏洞，并提供具有针对性的风险管控举措。然而，我国的技术标准与法律体系皆缺乏整体的规划与衔接，不能很好地应对国内监管问题以及国外施加的风险。

我国在5G技术储备上并不逊色于欧盟、美国等经济体，甚至在某些方面遥遥领先。然而，5G发展规划不够清晰，导致5G安全监管在全面性、前瞻性与主动性方面存在不足。目前，全面高效的5G安全监管体系仍需进一步探索和完善。

在现有法律规范框架下，多个行政机构均具有5G安全监管与执法权，既存在职能交叉，又存在监管空白。相关机构的监管职权划分大多不是立法机关利用立法手段组织授权与确权，而是参照中央出台的有关文件精神和政府的相关法律文件，这也致使监管的权威性受到影响。

缺乏5G安全标准与法律整体衔接的直接后果是5G新兴领域缺乏可供参考的安全标准，对威胁的评估不够全面，潜在的安全隐患可能在后续的使用

过程中暴露出来，危害人民的人身、财产安全，公共安全甚至国家安全。[①] 例如，在网络安全方面，如果没有足够的安全标准和监管措施，黑客攻击、数据泄露等问题可能会给个人和企业带来巨大损失。

间接后果则体现在反驳《布拉格提案》《电信网络和服务的安全性和信任标准》等域外文件将政治体制、人权实践等无关要素纳入5G安全评估的错误做法时，无法给出清晰详尽的中国标准和中国态度[②]，回应力度有所不足。这不仅影响了我国在国际舞台上的形象和话语权，也可能使其他国家对我国的5G技术和相关产品产生质疑和不信任。

## 第三节 域外5G安全技术标准法治体系的构建方式

在5G安全与数字主权、国家安全乃至政治体制相联系的背景下，缺乏主动性的5G安全监管体系会导致我国在国际5G话语权竞争中处于被动地位，导致我国无法将5G技术优势转化为安全优势，在此方面，域外经济体关于技术标准与法律规范的布局值得镜鉴。[③] 在5G安全监管上，美国侧重的是确保自己在5G领域的领导地位，而不像欧盟注重详细地制定发展规划。为此，美国一再扩大其监管范围，将5G安全问题高度政治化，使之与美国国家安全、国家领导力高度绑定。基于5G安全这一核心业务，美国逐步实行"安全、技术、领导力"三位一体的5G监管整体政策。另外，欧盟的5G政策则以数字安全为核心，始终将安全问题放在5G发展的首要位置。欧盟5G的安全监管与发展由不同的机构负责，权责明晰。欧盟构建了一套完备

---

[①] 唐新华. 西方"技术联盟"：构建新科技霸权的战略路径 [J]. 现代国际关系, 2021（1）：38-46, 64.

[②] Prague 5G Security Conference. The Prague Proposals [EB/OL]. （2019-05-03）[2023-11-20]. https://vlada.gov.cz/assets/media-centrum/aktualne/PRG_proposals_SP_1.pdf.

[③] 李鹏, 朱军彪. 国际竞争视野下欧美5G安全政策的中国镜鉴 [J]. 公安学研究, 2021, 4（5）：86-105, 124.

的 5G 安全监管体系，法律和指导文件在其中发挥着支撑功效，从风险评估、风险调研、举措指导以及技术引导等角度进行，并组织效果落实评估，明确之后的工作部署。在落实路径上，欧盟借助"欧盟委员会建议"的法律文件形式，对 5G 安全相关工作展开了顶层部署，保证欧盟及其成员国可以参照部署推动 5G 安全的各项工作。

## 一、美国有关 5G 安全的政策流变

2018 年 9 月，美国联邦通信委员会（FCC）发布了"5G 加速计划"，主要从频谱资源投入、基础设施建设、修订法规三个方面提出了促进 5G 发展的举措。

2018 年 10 月，白宫发布《美国将赢得 5G 全球竞赛》，提出将借鉴 4G 成功经验，重塑美国 5G 领域优势。[1] 同年 10 月，白宫提出"美国必须率先实现第五代无线技术（5G）"。

2018 年 12 月，国际战略研究中心（CSIS）发布报告《5G 将如何塑造创新和安全》，提到下一代数字技术中，5G 技术占据支柱地位，此后几十年会严重影响国际安全以及经济。[2]

2019 年 4 月，美国国防创新委员会（DIB）发布了《5G 生态系统：对美国国防部的风险与机遇》，介绍了 5G 发展历程、现如今全球竞争走向和 5G 技术对国防部的影响以及风险，并在频谱政策、供应链和基础设施安全等方面提出了相关建议。同年 4 月，美国联邦通信委员会（FCC）出台了《5G 加速发展计划》（5G FAST Plan），采取 3 个举措推动美国 5G 进一步取得技术优势：首先是研发更多频谱运用到商业中，其次是精简审批 5G 基础设施的合法程序，最后是调整相关政策以推动 5G 回传的部署。

2019 年 5 月，美国联合全球 30 多个国家发布了非约束性政策建议《布拉格提案》。同年 5 月，国防部出台了公开版 5G 战略，把 5G 技术视为关键战略技术，拥有先进通信技术的国家在经济以及军事等层面占据着有利位置。战略指出，国防部 5G 核心挑战是加快 5G 能力开发的部署，同时确保系统稳

---

[1] 申怡旻，戴宇欣，谭娜. 美国在未来产业的行动及标准化研究 [J]. 标准科学，2022（9）：26.

[2] 张倩雨. 技术权力、技术生命周期与大国的技术政策选择 [J]. 外交评论（外交学院学报），2022，39（1）：59-88，6.

健、韧性和可靠。

2020年3月，美国白宫发布《美国5G安全国家战略》，正式编制了美国保护5G基础设施的架构，阐明了美国要和最密切的合作伙伴以及盟友协同引领全球安全可靠的5G通信基础设备的研发、部署和管理的愿景。

2020年12月，美国国防部发布报告《5G技术实施方案》，从技术、安全、标准、政策以及应用合作等方面提供5G安全路线图，重点提到计划加大在包括3GPP在内的标准制定组织中的活动力度；响应国防部方案，美国国家标准与技术研究院（NIST）设立了"5G安全演进"项目，并于2021年2月发布《5G网络安全实践指南》草案，旨在帮助使用5G网络的组织以及网络运营商和设备供应商提高安全能力。

2021年2月，美国国家标准与技术研究院（NIST）下属美国国家网络安全卓越中心（NCCoE）发布了《5G网络安全实践指南》初步草案以征求意见，AT&T、诺基亚、CISCO等12家企业参与了草案的制定，与NIST组成联盟，提供产品组件和功能来开发5G网络安全示范解决方案。

2021年5月，美国国家安全局（NSA）、美国国家情报总监办公室（ODNI）、美国国土安全部网络安全与基础设施安全局（CISA）联合出台了文件《5G基础设施潜在威胁载体》。文件研判了5G基础设施的网络安全风险，把5G网络建设及应用过程中的风险载体划归成政策与标准、供应链以及系统架构，指明了三类威胁载体的详细表现以及假设的威胁场景。

2021年8月，美国国家亚洲研究局刊发由兰德公司亚洲政策高级专家哈罗德等撰写的《赢得与中国的5G技术竞赛：美日合作阻绊竞争、快速发展、解决问题的制胜策略》报告。报告全面展现了近年来美日两国联合遏制中国5G技术发展的战略背景、目标、工具和计划，提出了一套涵盖技术、市场、人才、金融乃至政治、外交的5G技术竞赛"制胜策略"。

2021年10月，美国国土安全部网络安全与关键基础设施安全局（CISA）和国家安全局（NSA）联合发布了《5G云基础设施安全指南》的第一部分《防止和检测横向移动》。

2021年12月，华盛顿特区智库新美国安全中心（Center for A New American Security）发布的一份报告建议，美国应制定6G战略，增加资金投入，并加强与盟友的合作，以避免再次遇到与 5G 类似的问题。

2022 年 8 月，美国出台《芯片和科学法》①，进一步加强了对未来产业的支持。《芯片与科学法案》为美国前沿技术领域科技创新活动提供高达 2800 亿美元的财政支持，特别是对美国本土芯片产业提供 527 亿美元的巨额补贴，以及 25%的半导体制造投资税收抵免，以吸引全球芯片产业向美国转移。同时，法案对接受资助的企业设置了严格的限制条件，阻止相关企业未来 10 年在中国等国家建造先进芯片厂。除却芯片产业外，为全面加速美国科技创新，该法案还大力资助人工智能、生物技术、先进计算、先进通信等多个未来产业领域的研究，为美国国家标准与技术研究院（NIST）等政府机构大幅增加资金投入，并要求资助民间标准制定组织，加强公私合作，汇集多层次资源，加速关键新兴技术开发、标准研究和人才培养。② 目前，该法案已通过行政命令，由实施指导委员会协调推进实施。

根据美国下一届政府网 2023 年 8 月 8 日消息，美国国家标准与技术研究院（NIST）修订了《网络安全框架》（CSF），发布了 CSF 2.0 的草案版本，这是该框架自 2014 年首次发布后的新版。该版本正在征求公众意见，CSF 2.0 的草案版本于 2024 年 2 月底正式发布。CSF 2.0 草案强调，网络安全是企业风险的主要来源。CSF 2.0 通过识别、保护、检测、响术恢复和治理六大功能，阐明了一个全面网络安全计划的主要支柱是什么。该草案还反映了网络安全形势的变化，使所有组织更容易落实 CSF 到位。

## 二、欧盟有关 5G 安全的政策发展

2015 年，欧盟正式公布 5G 合作愿景（EU vision for 5G Communication），主要目的是保证欧洲在下一代移动技术全球标准制定中拥有话语权。

2016 年 8 月，欧盟正式发布《NIS 指令》，这是欧盟范围内和网络安全相关的首部法律，对包含 5G 通信服务提供商在内的全部 ICT 运营者以及数字

---

① H.R.4346—117th Congress（2021-2022）. Chips and Science Act［EB/OL］.（2022-09-08）[2023-11-20］. https://www.congress.gov/bill/117th-congress/house-bill/4346/titles.

② 姜冠男，施琴. 从《芯片和科学法》看美国高科技领域标准化发展趋势［J］. 质量与标准化，2022（11）：36-38.

服务提供商指出了欧盟层面的统一安全规范。2020年12月16日，欧盟修订了《NIS指令》，网络以及信息系统安全标准的等级不断提升，这一指令尚处在提案阶段。调整后的《NIS指令》强化了风险管理，指出了构建网络安全基线的规范，同时主动解决源于供应链以及供应商的安全风险。调整的《NIS指令》已经把风险评估作为降低5G网络供应链安全风险的重要举措。

2017年发布的《网络与信息安全指令》和2018年发布的《欧洲电子通信守则》要求成员国针对5G网络以及有关基础技术的安全保障尽早编制国家战略，确定落实战略的机构、风险评估部署、应急处置举措以及部门合作机制等。

2019年3月，欧盟批准通过并出台了《网络安全法案》，赋予欧盟网络和信息安全局（ENISA）一大关键任务——推进欧盟构建第一个统一的网络安全认证制度，这一认证主要被运用到欧盟市场中的各个信息通信设备、通信服务以及通信步骤中（包含5G）。欧盟委员会还通过了《5G网络安全建议》，号召欧盟成员国组织国家风险评估并评估国家安全措施，并在整个欧盟层面共同开展统一风险评估工作，同时就一个通用的缓解措施工具箱进行商议。

2019年3月19日，欧盟《关于建立欧盟外国直接投资审查框架的条例》生效。参照这一条例，欧盟享有审查并定期监督管控参与5G网络等重要基础设施投资外商的权利，除此之外，还能规避关键资产过分依赖外商的情形。

2019年10月，欧盟遵循ISO/IEC 27005：2008《信息技术—安全技术—信息安全风险管理》中的风险评估方法，对5G网络的主要威胁和威胁落实者、各类脆弱点、受威胁的资产、战略风险组织调研，发布了《欧盟5G网络安全风险评估报告》。

2020年1月29日，欧盟委员会通过欧盟5G安全工具箱，通过一系列战略和技术措施解决《欧盟5G网络安全风险评估报告》中所有已识别出的风险。

2020年12月，ENISA基于EECC出台了非约束性文件《EECC指南》，主要目的就是引导成员国践行欧盟电信监管架构下和安全有关的法律条例，从技术层面引导各个国家电信监管机构。同时，针对5G网络安全，单独发布了5G补充说明。《EECC安全措施指南》在欧盟网络安全监管的框架中占据主体地位，在部署5G网络在内的各个系统安全举措方面发挥着引导功效。

作为5G安全举措的重要指导文件，《EECC安全措施指南：5G补充说明》结合当前5G网络状况，结合前期在整个欧盟层面组织的风险评估以及风险消减举措，引导监管部门以及通信服务提供商保证5G网络安全。

2021年8月23日，欧盟委员会发布的《5G供应市场趋势》分析了可能影响未来5G供应市场发展的8个关键趋势，以此为基础预测了2030年5G市场的4种潜在场景，并进一步阐述了每种场景可能带来的经济、技术、环境和社会影响。报告建议，欧盟应长期发展包括移动网络运营商、软件供应商以及来自垂直行业的欧洲用户等的5G生态系统。

2021年拜登上台后，美国重塑跨大西洋伙伴关系，和欧盟交流与合作的程度进一步加深。2021年6月，美欧成立美欧贸易和技术委员会（TTC），在开发和部署新技术方面紧密合作。TTC技术标准工作组重点关注关键和新兴技术领域标准协调与合作方法。截至2022年年底，双方在未来产业标准化领域的合作已取得一定进展。为加强双方信息交流与共享，TTC技术标准工作组建立了美欧战略标准化信息（SSI）机制，目的是提高美欧在共同利益方面行动的协调一致性。[1] 在量子技术领域，计划成立专家工作组，在制定评估技术准备情况通用框架的同时，共商知识产权和出口管制相关问题，推动相关国际标准的研制。

2022年1月，欧盟委员会宣布了"数字十年原则"（Digital Decade Principles），旨在引导欧盟的数字转型，其中包括让5G无处不在，并为其制定标准。同年1月，法国和德国政府宣布为4个5G项目提供1770万欧元的资金。其中包括在商业园区内开放5G网络以及为经营影院提供5G解决方案以改善远程支持。法国经济与财政部长布鲁诺·勒梅尔说，法德生态系统"将发挥关键作用，使欧洲处在5G及其发展的创新前沿"。

2022年3月16日，ENISA发布《5G网络安全标准：支持网络安全政策的标准化要求分析》，制定5G网络安全领域的标准化建议。[2]

---

[1] 申怡旻，戴宇欣，谭娜. 美国在未来产业的行动及标准化研究 [J]. 标准科学, 2022（9）：27.
[2] 吕欣，岳未祯. 国别视角下关键信息基础设施安全防护指数研究 [J]. 网信军民融合, 2022（Z4）：11-16.

## 三、域外 5G 安全政策总体布局

在 5G 被多国视为国家战略问题,并将 5G 安全与数字主权、国家安全乃至政治体制相联系的背景下,缺乏主动性的 5G 安全监管体系会导致我国在国际 5G 话语权竞争中处于被动地位[1],导致我国无法将 5G 技术优势转化为安全优势。在此方面,域外经济体关于技术标准与法律规范的布局值得镜鉴。

在 5G 安全监管上,美国注重的是保证自己在 5G 领域的领导地位,而未如欧盟一般事无巨细地制定发展规划。美国一再扩大其监管范围,将 5G 安全问题高度政治化,与美国国家安全、国家领导力高度绑定。基于 5G 安全这一核心,美国逐步构建起"安全、技术、领导力"三位一体的 5G 监管整体政策。[2] 美国的 5G 安全包含对内对外两部分,对内,制定一系列技术标准,与欧盟一样强调 5G 基础设施与应用安全;对外,则将 5G 安全作为美国在通信领域领导权的"武器",并在政策实施中强调国防部门的参与。

欧盟的 5G 政策以数字安全为核心,始终将安全问题放在 5G 发展的首要位置。通过对欧盟 5G 政策的梳理可以发现,欧盟 5G 的安全监管与发展由不同的机构负责,权责明晰。[3] 欧盟构建了一套完备的 5G 安全监管体系,法律和指导文件在其中发挥着支撑功效,从包括风险评估,风险调研、举措指导以及技术引导等角度进行,并组织效果落实评估,明确之后的工作部署。[4] 在落实路径上,欧盟借助"欧盟委员会建议"的法律文件形式,对 5G 安全相关工作展开了顶层部署,保证欧盟及其成员国可以参照部署推动 5G 安全的各个工作。[5]

---

[1] 周琪. 高科技领域的竞争正改变大国战略竞争的主要模式 [J]. 太平洋学报, 2021, 29 (1): 1-20.
[2] Department of Defense, Department of Defense (DoD) 5G Strategy [EB/OL]. (2023-11-23) [2023-12-20]. https://www.cto.mil/wp-content/uploads/2020/12/DOD-5G-Strategy-Implementation-Plan.pdf.
[3] 林美玉,王琦. 欧盟 5G 安全监管模式研究 [J]. 信息通信技术与政策, 2021, 47 (5): 60-66.
[4] ENISA. 5G supplement to the guideline on security measures under the EECC [EB/OL]. (2021-07-07) [2023-11-20]. https://www.enisa.europaeu/publications/5g-supplementsecurity- measures-under-eecc.
[5] ENISA.Updated ENISA 5G Threat Landscape Report to Enhance 5G Security[EB/OL]. (2020-12-14) [2023-10-20]. https://www.enisa.europa.eu/news/enisa-news/updated-enisa-5g-threat-landscape-report-to-enhance-5g-security.

# 第四节　我国 5G 安全技术标准法治体系的制定思路

参考美欧等经济体的 5G 安全领域技术与政策规范，我国也应结合自身 5G 网络发展模式，处理好技术与规范的衔接，尽快构建我国 5G 网络安全技术标准的法治体系，积极争取中国在世界范围内 5G 安全领域的话语权。对比一般技术标准和法律法规的效力，行业技术标准的制定机构是民间组织，一般是由行业头部企业或大部分企业联合起来制定的针对本行业的规范；而法律法规的制定机构为立法机关、行政机关或者授权机关，因此，不遵守行业技术标准只会受到行业内协会的处罚，而违反法律、法规等则会涉及行政权、司法权的介入。将 5G 技术标准纳入法治体系，是提高行业自律水准、保证实际工作有序的良方。但需要注意的是，一味地将技术标准纳入法治轨道，一方面有干涉行业自治的嫌疑；另一方面会使法治体系过于庞大冗杂，增加执法、司法机关的负担。因此，将 5G 技术标准纳入法治体系的工作应当合法合理有度地进行。

## 一、立法引领：加强 5G 技术标准与现有网信领域立法的衔接

### （一）明确 5G 技术标准纳入法治体系的立法原则

我国现有的关于 5G 安全的政策性文本在全面性和前瞻性上均存在不足，不但不能反映 5G 安全领域的最新国际竞争形式，也缺乏明确、可操作的指导。为充分反映 5G 利益相关者的诉求，应借鉴欧盟经验，对 5G 面临的整体威胁进行系统评估，并根据我国对 5G 面临的实际风险进行分类分级，以此确定主要监管领域与监管力度，给出具有针对性的应对措施。

5G 总体安全规划应包含两个方面的内容：一是提出完善的 5G 风险评估与应对策略，以保障 5G 基础设施的供应链安全。风险评估策略不仅要列明关键信息基础采购网络产品和服务可能带来的国家安全风险，还要给出具体

评估方案与应对措施，具体呈现形式可参考欧盟 5G 安全工具箱。[1] 二是制定关键信息基础设施在"零信任"网络模式下的运行规划，并定期开展评估测试。正如美国担心中国会通过组嵌在其盟友 5G 网络设备中的半导体元件和芯片对其进行横向漏洞攻击，中国也应提前预防美国采取此种方案对中国 5G 系统进行横向攻击。

（二）实现 5G 安全技术标准与现有立法规范衔接

在将技术标准纳入法治体系方面，我国可以效仿欧盟。欧盟《EECC 安全措施指南》以及《EECC 安全措施指南：5G 补充说明》中引进了许多组织的安全标准，例如 3GPP、ISO、ETSI 等[2]，由于安全措施众多，不同通信服务提供商、设备制造商在市场上占领的份额以及安全保障能力有很大差别，参照现今的落实状况，欧盟建议细分安全举措，主要有三个等级，首先是基础级别，其次是行业标准级别，最后是先进水平级别。通信服务提供商需要结合网络以及服务的风险评估状况编制有效的举措对网络以及服务的安全加以保障。

参照欧盟在《EECC 安全措施指南》中指出的有关意见，我国也可以将国际及国内的 5G 网络安全需求逐步落实，同时兼顾运营主体水平的差异性。[3]与此同时，可以在保证通信服务提供商、设备制造商落实基础安全举措后，结合网络服务的意义层级，提供商的规模状况以及安全目标落实状况等不断提升安全举措的等级。

（三）以《网络安全法》为主明确 5G 标准安全底线

面对 5G 新技术风险以及政治安全压力，《网络安全法》属于处于核心法律位置，其他配套的网络安全法律法规将会辅助优化与 5G 技术标准有关的安全体系。如今我国的网络安全法体系不断健全，构建了物理设施和信息内容两个不同视角的 5G 安全保障体系，主要表现在《网络安全法》以及《关

---

[1] 段伟伦，韩晓露，吕欣，等. 美国 5G 安全战略分析及启示 [J]. 信息安全研究，2020，6（8）：688-693.

[2] ENISA.Guideline on security measures under the EECC[EB/OL].（2021-07-07）[2023-11-10]. https://www.enisa.europa.eu/publications/guideline-on-security-measures-under-the-eecc.

[3] 林美玉，王琦. 欧盟 5G 安全监管模式研究 [J]. 信息通信技术与政策，2021，47（5）：60-66.

键信息基础设施安全保护条例》对物理设施的保护,《中华人民共和国民法典》（以下简称《民法典》）侵权责任编以及《信息网络传播权保护条例》对知识产权的保护。参照《网络安全法》等相关法律法规,5G行业以及监管机构需要相互合作,编制统一的网络安全标准以及验证标准。国务院标准化行政主管部门以及其他相关部门结合自己的职责,编制并科学地调整和网络安全管理、网络产品以及运行安全、服务等相关的行业标准以及国家标准。通过制定明确的安全底线,可以确保我国的网络基础设施和关键信息基础设施得到有效保护,防范潜在的网络威胁。

为了明确5G标准安全底线,我国需要采取以下措施。第一,加强立法工作,在《网络安全法》等法律法规的基础上,制定专门针对5G技术的安全标准和验证标准,明确各方的责任和义务,为5G网络安全提供法律依据。第二,加强监管与执法,国务院标准化行政主管部门以及其他相关部门应结合自己的职责,编制并科学地调整和网络安全管理、网络产品以及运行安全、服务等相关的行业标准以及国家标准。同时,加强对5G网络安全的监管和执法力度,确保相关法规得到有效执行。第三,加强技术研发与创新,鼓励企业和科研机构加大对5G网络安全技术的研发和创新,提高我国在5G网络安全领域的核心竞争力。第四,加强国际合作与交流,积极参与国际网络安全标准的制定和完善,与其他国家共同应对网络安全挑战,推动全球网络安全治理体系的建设。

## 二、位阶转化：深度推进5G技术标准融入现有法律规范体系

5G技术标准体系的法治化不但要做好其与现有网络通信领域的立法衔接,更要对国内外的5G技术标准法律规范体系进行系统分类梳理,以方便在既有的5G技术保护政策、重点领域政策成熟之时,可以经由系统的立法进程上升为法律规范,这也是5G技术标准规范化的一个重要思路。当前5G技术发展相对成熟,6G技术正在积极探索中,5G技术标准层级多、类别多、不同阶段重点领域也有所区别,因而需要针对性地发布5G安全保护政策,确定5G技术标准应用的重点领域,实现5G技术标准位阶转化的合法化和合理化。

（一）推动多层级发布5G安全保护政策

5G技术的发展与运用离不开国家和地方的政策性保护，且此类不同层级的政策性保护应成为常态。我国应当充分借鉴、消化、吸收国内外已有的5G网络安全国际标准化工作成果，结合我国5G技术发展的优势与安全需求，探索具有我国特色的5G网络安全标准化工作思路。

就国家层面而言，扶持和保护发展5G技术，须把5G的发展提高到我国整个经济和社会发展基石的战略高度来进行产业政策设计，为之提供适度的财税政策支持，尤其是对5G新技术、新应用和新终端创新研发的有力政策支持[1]，如在风险控制和投资激励上，要在政策上为5G创新提供足够的风险资本支持，充分保障5G产业链的研发以及科研人才的培养，以全面持久地促进5G的可持续发展。就地方层面而言，以《中华人民共和国电信法》的缺位为例，由于电信行业中的部分问题得不到法律层面的保障，倒逼全国多个省市纷纷出台相关政策法规，并用于解决实际问题，规范市场秩序，其实这也是5G时代的我国国情使然，如多个城市相继颁布的《上海市人民政府关于加快推进本市5G网络建设和应用的实施意见》《苏州市关于加快推进第五代移动通信网络建设发展的若干政策措施》《宁波市5G应用和产业化实施方案》《杭州市人民政府关于印发杭州市加快5G产业发展若干政策》等，有力推动了当地5G产业的发展。

（二）确定5G技术标准的重点纳入领域

参照表1，可以看出我国5G技术标准涉及多个领域类别，横向来看，应当筛选一批重要内容，结合现有法治体系的特点进行纳入工作。笔者认为，可以率先纳入法治体系的5G技术标准有如下三个领域，主要聚焦国家网络安全方面。第一，信息安全与关键信息的设施保护，具体而言有优质安全的通信服务的提供、人员规范服务的培训、对重要系统数据的加密方法。第二，关键信息基础设施保护，具体而言有应急处置方案、安全与保密义务责任、安全评估和整改、境内和境外数据存储与提供。第三，明确合同责任，即基

---

[1] 黄群慧，贺俊. 未来30年中国工业化进程与产业变革的重大趋势[J]. 学习与探索，2019（8）：102-110.

于5G通信的特点对通信行业业务的合同进行订正，对合同责任的条款格式、免责情况、终止服务、合同违约等多种责任进行有效界定。

（三）区分5G技术标准的位阶纳入工作

纵向来说，5G的技术标准分为多个层级。其中，国家标准和行业标准体现基础性、通用性和公益性，尤其是强制性标准侧重保基本、兜底线；而地方标准主要是为了满足地方网络安全需求和发展需要。如果纳入法治体系的技术标准中，强制性标准应当优先于推荐性标准，原因在于国家赋予了强制性标准相应的强制功效以及在法律中所处的地位，而推荐性标准则由企业自愿采用，将强制性标准率先纳入法治轨道更有利于做到技术标准向法治体系过渡。[①] 技术标准存在一定的层级，法治体系同样存在一定的位阶，有关法律法规做好上位法和体系化架构设计；具体的5G技术标准不宜进入法律、行政法规，而是应当从地方性法规等入手，逐步提升5G技术标准的强制力。

## 三、国际战略：构建保障性5G标准战略布局

当技术领域引入地缘政治因素后，新兴技术发展带来的标准管理空白区，成为国际力量的重要争夺地。面对快速迭代的高新技术领域，对特定产品或技术的控制不再是长久之计，企业为从竞争中获得主导权，转而选择将技术标准作为突破点，在技术研发阶段即推出标准，以在未来的市场应用中限制对手。在移动通信产业的不断迭代升级中，行业市场的洗牌，带来的不仅是企业间为获得先发优势而展开的标准竞争，更是外拓为国家竞争的维度。相关的标准制定者选定并对关键技术进行标准化后，由于各项技术的副作用产生的路径依赖效应，最终将叠加成为行业成本。相对来说，率先行动并在标准上占据主要话语权的国家也将在市场上占据主动地位，而需要其他国家承担适应成本，比如5G带来的商业创新、对数据、金融业务场景的影响等。由此可以说，制定技术标准的能力既是综合国力竞争的标志，也是一种竞争手段。通过路径依赖、锁定效应等渠道赋能多行业，成为战略竞争的重要因素。

---

① 刘三江，刘辉. 中国标准化体制改革思路及路径 [J]. 中国软科学，2015（7）：1—12.

## 第一章 由技术到规范：5G 安全技术标准法治体系构建的价值

我们应当关注国际未来产业发展进程，紧密跟踪美欧等国家和地区政策动态和行动措施，围绕技术和标准领域的针对性打压及国际变动带来的影响，加强国际研判。重视对美欧科技、贸易政策的深度分析，以及对民间机构和标准组织的动态跟踪，及时评估其在国际标准化活动中的策略和后续的可能行动。建立相关的预案预警机制，有效应对外部因素带来的挑战。

目前，在国际标准化层面，5G 技术性国际标准数量众多且体系相对完善，5G 网络安全国际标准主要聚焦在安全架构设计与核心技术安全领域，以 ISO、ITU、3GPP、ETSI 等为代表的国外标准化组织积极推进 5G 网络安全标准研究。首先，我国应当推进国内 5G 网络安全标准与国际标准的互联互通，促进标准化成果交流共享，共同构建安全、开放、互信的 5G 生态。[1] 其次，应当研究跟进国际标准研制进展，引进实施国际标准组织先进的 5G 网络安全相关标准，进一步补充完善 5G 网络安全标准体系。最后，应当梳理国际国外 5G 网络部署与安全防护工作脉络与先进经验，优化提升我国 5G 网络安全工作发展模式，充分发挥我国国际标准化交流与合作机制，积极支持我国单位和专家参与 5G 国际标准研制，推动国内先进的 5G 网络安全标准在国际标准组织的立项，提升我国在国际上的话语权与影响力。同时，制定 5G 时代网络安全与发展的国际公约，建立数字世界的行为规则。

总之，5G 场景的虚拟化、垂直化以及开放性，都使网络有可能遭到更多的攻击，从而彰显出 5G 安全技术标准法治体系构建的必要性和价值。在 5G 安全的法律治理中，我国应当做好从技术到规范的统筹融合，织密织牢安全网，增强在技术发展和对外开放环境中动态维护个人信息安全、网络安全和国家安全的本领。[2]

---

[1] 邱勤，王国宇，徐思嘉，等. 基于"严选"机制的 5G 网络安全能力标准应用［J］. 信息技术与标准化，2022（5）：129-134.

[2] 习近平. 新发展阶段贯彻新发展理念必然要求构建新发展格局［EB/OL］.（2022-08-31）［2023-11-03］. http://www.qstheory.cn/dukan/qs/2022-08/31/c_1128960034.htm.

# 第二章　平衡论：5G 安全技术标准体系法治化的构建思路

任何新技术的发展都具有两面性，5G 安全技术的应用亦不例外。5G 安全技术主要涉及物理层面和网络层面的安全防护，物理层面主要指 5G 网络利用无线信道的特性使通信双方得以沟通交流，强调无线信号传播的特点，例如物理层安全传输技术、物理层认证技术和物理层密钥技术；网络层面主要是指 5G 网络使用的射频协议可以用开放式的分布式架构，提供更宽的频段频谱，包括但不限于网络配置、网络管理和软件开发等。本质上，5G 安全技术就是利用 5G 网络的特点和优势进行多方面网络安全防护的一种技术。随着 5G 安全技术的广泛应用，国际国内高科技企业在 5G 技术发展的赛道内竞争激烈，出现了不同的技术标准；而不同的标准蕴含着不同的价值取向和技术壁垒。因此，5G 安全技术标准有必要在某种范围内达成统一，以实现技术共享和进步；有必要平衡协调各方的利益格局，以实现创新利用和权利保护齐头并进；有必要在技术体系的应用中纳入法治思维方式，以实现技术应用的合法性和合理性。5G 安全技术标准体系法治化的核心在于对 5G 安全技术应用涉及的主体、内容和隐私标准进行廓清，对国家、社会和个人之间的数据权益进行调和，对个人、政府和企业之间的数据利益关系进行再平衡。

## 第一节　立足数据公共资源的基本特性

当下大数据技术发展日新月异，技术标准应用适时而变，技术侵入公众日常生活面临着社会性的审视与批判。由于法律的制定和颁布通常需要经过较长的时间进行论证，而法律层级相对较低的技术规范可以实时调整，具有一定的灵活性。相较4G技术，5G技术针对统一安全认证、公民个人隐私保护、运营商之间的信令安全，都做出了革命性的技术提升。5G安全技术的总体要求包括用户身份认证和访问控制、数据传输加密、网络安全漏洞管理、网络安全审计和监测、网络安全策略和政策制定等，而这些要求的本质都是为了确保5G网络中的数据安全。数据公共资源保护是5G安全技术标准体系法治化的重要指标之一，技术标准应用的侵权形态都离不开相伴而生的数据公共资源，因此探索数据公共资源的基本特性是5G安全技术标准体系法治化的最大公约数。

## 一、数据公共资源的概念流变

数据公共资源的概念并非一蹴而就，而是经历了一个不断演进的过程。早期，数据公共资源主要发生在电子化政务和公共服务领域中，主要表现为"基本查询"和"下载操作"所产生的简单数据。随着数据技术的发展和5G网络的推进，数据公共资源的获取来源和基本结构发生了巨大的变化，可以通过API接口和在线平台进行数据的整体传输、存储和使用，同时出现了大量配套的数据分析软件和可视化工具，这使数据公共资源的开放和共享成为可能。

（一）数据与信息的概念流变

在探讨数据公共资源的概念之前，首先要厘清"数据"和"信息"的概念区别，二者早期主要应用在计算机科学和电子信息领域，在人文社科领域以"信息"概称为主。自数据法学兴起之后，"数据"与"信息"概念开始剥离，通说认为"数据是记录客观事物的、可以鉴别的符号，这些符号不仅指数字，而且包括字符文字、图形等；数据经过处理仍然是数据"[1]；信息是对客观事物各种特征的反映。理论界对此主要存在一元论、二元论和交叉论三种学说。

一元论主张"数据就是信息，信息就是数据"，二者在语义上并无区别，因此信息公开制度可以拓展范围至数据开放，而无须建立单独的数据开放共

---

[1] 袁永科. 国民财富与国际经济博弈［M］. 北京：知识产权出版社，2021：9.

享制度。在开放政府数据进展之初,互联网技术的发展还局限在电子政务的范畴,伴随着大数据技术的发展和 5G 技术的广泛应用,数据逐渐浮现出与信息不同的物理形态,在数据技术迭代的过程中,二者在概念和应用上相似。二元论强调数据与信息独立存在,二者在范围上没有交集。德国学者赫伯特·策希认为"信息"这一概念可以分为三层,即结构层、句法层和语义层:结构层主要表现为物理载体,句法层主要表现为符号之组合,语义层主要表现为信息之内容。①也有学者认为"数据""信息""知识"三个概念呈金字塔式发展,遵从从 data 到 information 再到 knowledge 的基本规律,即数据是信息的表现形式,也是知识的初级表现形式,其与构成知识本体的信息互为表里;而信息则是数据经由特定程序语言读取和解码后生成的供人识别的内容。前者主要表现为计算机或者软件中的编码,需要一定的技术素养方可解读利用;后者主要表现为可以供大众阅读的信息内容,不需要技术素养作为壁垒就可被大众认知。交叉论强调数据与信息存在一定范围的重叠,数据与信息经过一定的技术处理可以实现相互转化。在法律体系中,"数据"与"信息"两个数据常常混同使用,但是在技术领域数据与信息处于不同的层面,二者并非同一概念,在较为宏观的层面二者存在着一定程度的重合。②

(二)数据何以成为公共资源

在理论上,公共资源是指属于社会公有、社会成员公用的自然资源及社会财富,是社会及社会成员公有公用的生产或生活资料。一般来说,这些资源主要包括:公共自然资源、公共设施、公共信息、公共企业以及公共人力资源等。狭义的公共资源仅指公共自然资源。③公共资源通常具有公共性、稀缺性和分布不均衡性,而数据之所以被称为公共资源,是因为数据具有的特性与其相似。在数字经济时代,数据已经成为一种高价值资源。

---

① 刘瑛,高正. 数据与信息概念二分之下商业数据的立法保护 [J]. 科技与法律(中英文),2022(4):1-9,82.

② JANOSTIK R,KONECNY J,KRAJČA P. Interface between Logical Analysis of Data and Formal Concept Analysis [J]. European Journal of Operational Research,2020,284(2):792-800.

③ 雷晓明,赵成,王永杰. 理论与政策研究:中国公共资源问题 [M]. 成都:西南交通大学出版社,2011:2.

2020年3月30日，中共中央、国务院发布《关于构建更加完善的要素市场化配置体制机制的意见》（以下简称《要素市场意见》），明确"数据"作为一种新型的生产要素，与"土地要素""劳动力要素""资本要素""技术要素"并称为市场经济的五大生产要素。2022年12月，《中共中央 国务院关于构建数据基础制度更好发挥数据要素作用的意见》（以下简称《数据二十条》），重点对数据产权制度、数据要素流通和交易制度、数据收益分配制度、数据要素治理制度作了顶层制度设计和安排，对进一步指导全国数据要素市场的形成具有重要意义。随着互联网和5G技术的普及，数据的收集、存储和分析变得越来越容易，使得数据可以在更加广泛的范围内共享使用。这种共享不仅包括数据的开放获取和再利用，也包括政府对企业数据、企业对公民个人消费型数据、政府对公民个人数据的采集、获取、分析和加工；数据公共资源被广泛应用于商业决策、政策制定和学术研究等领域，将会为社会带来广泛的经济、社会、科学价值。因此，数据公共资源可以被认为是由公共部门或者非营利机构收集、整理和发布的各类数据资源的统称，其范围涵盖经济、文化、环境和科技等领域，应用的目标价值是公共利益的维护。

## 二、数据公共资源的基本分类

实践中关于数据公共资源的分类并无定数，但是按照数据的客体属性划分，数据公共资源包括政府数据、企业数据和社会数据；按照数据的持有主体划分为公共数据、企业数据和个人数据。其中，2022年12月颁布的《数据二十条》对数据基础制度作了顶层制度安排，以数据要素市场的流通数据为基础，将数据公共资源分为公共数据、企业数据和个人信息数据，政府数据则涵盖在公共数据的范围内。虽然与地方数据立法条例还有部分语义应用上的差别，但总体上可以代表目前学界和实践界的主流观点。

（一）公共数据

公共数据是我国数据开放流通实践中最为广泛的一类数据形态。公共数据概念的确定要追溯至我国的信息公开制度与数据开放运动，在国家战略发展层面和地方规划立法文件中，一直存在着"政府数据""公共数据""公共信息资源"混用或者并用的情况。2015年《国务院关于印发促进大数据发展行动纲要的通知》将数据公共资源分为"政务数据资源"和"社会数据资源"两类,2022年的《数据二十条》中将数据公共资源分为"公共数据""企业数据""个人信息数据"三种。[1] 公共数据的研究域基本确定下来。公共数据的首要特性就是公共性,这是由行政机关和公共服务机构的特性决定的。行政机关和提供公共服务的单位或者企业,前者拥有法律法规的授权,后者拥有公共权力的保障,其采集、存储和分析加工的数据主要来自日常行政职能的履行和公共服务的提供。公共利益的保障、公共价值的追求和公共目标的实现是公共数据实践运行的检验标准。因此,伴随数字技术的发展,公共数据已不仅仅是一种数据资源、生产要素,而是人与人、物与物以及人与物之间的数字连接和数据流转状态。解构其概念,应深刻把握其数据属性与公共属性两大关键主线。[2]

（二）企业数据

企业数据是我国数据开放流通实践中价值较高的一类数据形态。早在数据开放运动之初,大型的网络平台和企业就已经借助大数据技术收集、存储了大量的生产、经营数据,但是由于立法滞后难以有效规范企业数据的发展进程,企业数据在相当长一段时间内都缺乏行政机关的监管,因而产生了大量的数据隐私泄露,数据安全保护刻不容缓。作为现代企业最重要的资产之一,数据资产已经开始进入财务报表的审定（简称数据入表）,成为衡量数据资本市场的一项重要指标,加深数据资源利用的合规性和合法性。[3] 从目前的实践来看,企业数据主要包括内部数据和外部数据,前者主要是企业在日常业务活动和管理活动中产生的数据（包括业务数据、人力资源数据、财务数据和管理系统数据）,后者主要是企业从外部获取的数据（包括市场数据、宏观经济数据、客户反馈数据、行业法规和政策数据）。5G技术标准的应用直接推动大型网络平台型企业和数据企业快速发展,并由此产生了大量的数据

---

[1] 王锡锌,王融. 公共数据概念的扩张及其检讨[J]. 华东政法大学学报,2023,26(4):17-27.
[2] 夏义堃. 数字环境下公共数据的内涵、边界与划分原则分析[J]. 中国图书馆学报,2024,50(2):100-114.
[3] 吴伟光. 通过网络平台专有权实现对企业数据权益的保护[J]. 政治与法律,2023(11):39-53.

资源，如何在技术标准法治化的体系下发挥企业数据资源价值是科技创新型企业的经济增长点。

（三）个人数据

个人信息数据是我国数据开放流通实践中限制最多的一类数据形态。数据法学最早从关注个人信息保护和隐私保护兴起，具体的情境为数据法学和科技伦理发展提供了研究域。5G技术的应用提供了更加高效、更加快速的数据传输和数据处理能力，使个人数据的收集、分析、存储和使用更加快捷、高效。"个人信息数据"和"个人数据"虽然都在官方政策文件中反复出现，而理论界一般统称为"个人数据"。个人数据主要表现为与个人身份、行为、偏好等相关的信息，如身份信息（如姓名、身份证号码、出身日期、性别等）、联系方式（如电话号码、电子邮件、邮政地址等）、教育信息（如学历学位、毕业院校、所学专业等）、工作信息（如工作单位、职位职务、福利待遇等）、健康信息（身体状况、疾病史等）、兴趣爱好（娱乐活动、业余兴趣）等信息。5G技术的广泛应用、物联网和互联网的发展、智慧城市建设、智能设备更新，丰富了个人数据收集使用的场景，如通过移动终端设备实时捕捉、更新用户的位置信息、健康数据等。个人数据作为数据资源中的重要部分，一方面是通过在企业平台的消费行为产生的[1]，另一方面是通过接受电子政务等公共服务形成的，因而会大量出现在公共数据和企业数据领域。

## 三、数据公共资源的内在特征

数据的公共资源，是指无主体指向的数据资源，也就是"脱敏"后的数据，即不能查到与其相对应的个体和企业，且可以经过加工向社会出售的数据。[2]

依据数据公共资源的主体特性和客体特征，主要表现出以下特征：公共性、开放性、复用性、动态性、结构性。这是数据公共资源得以存在的前提，也是数据公共资源能够充分发挥其资源性价值的原因。数据公共资源作为现代社会中不可或缺的重要资源，需要各方共同努力，加强法律和制度建设，促进数据开放和共享，实现数据公共资源的有效利用和优化配置，为社会的

---

[1] 汉娜·弗莱. 算法统治世界[M]. 贵阳：贵州人民出版社，2021：31.
[2] 杨绪宾，刘洋. 大数据真相：谁动了我的数据？[M]. 广州：华南理工大学出版社，2018：48.

可持续发展做出贡献。

### （一）公共性

数据公共资源蕴含着巨大的经济价值、社会价值和政治价值，既可以创造出社会财富，也可以改善政府公共服务、提高现代化治理水平。据此，数据公共资源的开发和利用已经成为数字时代的重要议题。从主体角度来看，数据公共资源的利用涉及多个主体，包括公民、组织和法人，他们主要来自行政机关和提供公共服务的企事业单位。这些主体在数据公共资源的获取、使用和分配等方面发挥着重要桥梁作用，其共同目标是实现数据公共资源的有效利用和优化配置。[1]从客体角度来看，数据公共资源具有公共产品属性，这意味着数据资源具有非竞争性和非排他性。"非竞争性"，指的是任何一个主体对数据公共资源的使用并不会减少其他人对该资源的可用性，"非排他性"指的是无法阻止不付费者对数据公共资源的使用。这种属性使得数据公共资源成为一种特殊的公共产品，需要采取特殊的政策和制度安排来保障其有效利用和公平分配。为了更好地利用数据公共资源，需要加强相关法律和制度建设，明确数据公共资源的所有权和使用权，防止数据滥用和侵犯个人隐私等问题。同时，需要加强数据基础设施建设，提高数据质量和使用效率，推动数据开放和共享，促进数据产业的发展和创新。

### （二）开放性

信息化社会时代，数据的开放性和流动性已经成为推动社会进步和发展的重要因素，这也是政府开放运动的题中之义。其中，数据资源的开放性指的是数据资源在共享和利用方面的可获取性，能够提高数据的价值和利用率。第一，数据资源的开放性可以促进数据的共享和利用。实践中多种数据资源由于权利归属、隐私保护等原因难以被广泛利用，这不仅限制了数据的价值发挥，也阻碍了社会的发展革新。数据资源的开放可以使更多人获取和使用这些数据，从而促进数据的共享和利用。例如，政府开放公共数据，可以让公众更好地了解政府的运行模式，提高政府的透明度和公信力，"促进政府、

---

[1] 方俊棋，董宏伟. 最大程度发挥网络安全立法在政府监管中的作用[J]. 中国电信业，2023（1）：67-71.

公众和企业之间的合作,从而为农业、卫生、交通等领域的问题提供解决方案"[1];企业报送商业数据借助数据开放平台,可以促进市场主体充分参与竞争,推动数据资产化转型。第二,数据资源的开放性有助于提高数据的价值和利用率。当数据资源被开放时,更多的人可以接触、获取使用这些数据,从而使数据的价值得到更充分的发挥。同时,由于不同的人对数据的理解和使用方式不同,也会产生更多的数据应用方式,从而提高数据的利用率。例如,气象数据可以通过不同的方式应用,既可以用来预测天气,也可以用来分析气候变化等。第三,数据资源的开放性还可以促进社会的创新和发展。随着数据的不断开放和共享,人们可以基于这些数据进行更多的创新活动。例如,医疗领域的健康数据可以促进医学研究和医疗服务的发展,交通领域的交通数据可以推动智慧交通系统和交通规划的更新。

### (三) 复用性

数据公共资源的复用性是指这些数据资源可以在不同的应用场景、数据产业行业中进行重复使用,而不会导致资源的耗竭或稀缺性,这既是数据公共资源公共性的重要体现,也是数据资源能够共享和最大化利用的关键所在。数据公共资源的复用性使以下成为可能。第一,复用性可以避免数据的重复采集和收集,节省大量的人力、物力和财力,同时可以大大提高行政效率,使受众能够更加专注创新性和创造性的工作。以数据开放平台为例,大量的数据资源一经合法途径采集,便可以通过内部报送渠道上传至一体化数据平台,不管是行政机关内部共享还是对公众进行数据开放,都可以快速进行调取。第二,复用性可以提高数据的准确性和可靠性,同样的数据被多次采集、使用和验证时,通过数据集、数据库和数据群的交叉对比,可以不断提高其准确度,剔除低质量数据,提升数据质量。第三,复用性可以促进数据的流通和利用,加速数字经济的产业化发展。数据的标准化、结构化是复用性的前提和基础,按照统一的数据采集、存储和传输标准,数据可以实现规模化效用,通过重复使用和共享数据,可以有效消解数据孤岛现象。

---

[1] 陈美,何祺. 开放政府数据的隐私风险关键影响因素识别[J]. 图书情报工作, 2023, 67(8): 40-49.

## （四）动态性

数据公共资源的价值主要体现在静态和动态两种属性中。在传统的数据处理中，我们往往更加关注数据的静态价值，即数据在某一时间节点的价值，然而随着5G安全技术的应用，强劲的运维算力使得数据的动态价值可以被捕捉和保存。不管是从数据公共资源的生命周期来看，还是从数据产权制度的建设来看，数据动态性都是衡量数据价值的一个重要标准。从数据的动态流动和加工、使用等投入劳动的角度认识数据作为生产要素的深刻内涵，对于认识数据产权属性及其制度构建具有重要意义。[①]以《数据二十条》为例，数据产权基础制度中的"数据持有权""数据加工使用权""数据产品经营权"就是数据动态流程的一个鲜明体现。开放数据运动的本质不仅仅在于释放存量静态数据，还在于向公众开放动态数据保证其知情权的实现。数据动态性的挖掘需要5G安全技术标准的广泛应用，大数据技术为数据动态性的跨库分析提供了可能。动态数据可以实时反映目标物的运行情况，帮助数据主体及时发现问题并采取相应措施。而通过对动态数据的分析，可以预测未来的发展趋势和变化，帮助数据主体作出更加明智的决策。因此，实现数据采集、使用、流动的扩围和速率增进，客观上有利于挖掘和释放数据的动态价值，但同时也增加了数据开发利用的风险。[②]

## （五）结构性

数据处在动态过程中呈现多种样态，但是数据标准的出现为其进行汇集、分析、使用提供了可能。早期，很多行业没有提前确定具有普遍适用性的元数据描述，导致其数据缺乏标准，行业积累的数据集无法将人工智能技术的潜能充分释放出来。[③]而数据标准提出的前提是数据具有结构化特性。在海量的数据公共资源中，元数据总是以固定的逻辑关系和组织方式出现，具体就表现为计算机系统的二进制数段。在数据资源愈加庞大和冗杂时，数据标准和数据结构化就显得格外重要，也是数据能够进行汇集、流通的前提。通过

---

[①] 冯晓青. 数字经济时代数据产权结构及其制度构建 [J]. 比较法研究，2023，(6)：16-32.

[②] 陈兵. 从包容审慎到常态化：数字经济监管的完善进路 [J]. 社会科学辑刊，2023 (5)：57-67.

[③] 梁洪波，王雷，杨爱喜. AI新基建：数智化浪潮下的商业变革与产业机遇 [M]. 北京：中国友谊出版公司，2021：223.

利用数据结构特性将数据转化为"表格""图形"或者"可视化分析模型"。数据使用者可以更加清晰地洞察数据背后的本质和规律，进而作出准确的决策。一方面，数据的结构化可以提高数据的可读性和易用性，数据价值的发挥不能仅仅依靠专业技术人员的识别，更应该将其蕴含的信息和知识转化为可被大众识别的信息；另一方面，数据的结构化可以帮助发现数据中的模式和趋势，通过将数据导入计算机和数学模型领域进行深入分析和挖掘，可以为决策者提供更有价值的信息，如预测下一生产周期的供求比、预测未来五年的行业发展趋势等。

## 第二节　厘定 5G 安全技术标准应用的保护场域

数据的生产方式发生了革命性的变化，不断突破时间、空间和内容等维度的视域。[1]5G 安全技术的应用已经不局限于通信领域，而是扩展到互联网和物联网空间。互联网和物联网无时无刻都可以记录，可以追踪、追溯任何一个记录，形成真实的历史轨迹。追踪是许多大数据应用的起点，包括消费者购买行为、购买偏好、支付手段、搜索和浏览历史、位置信息等。[2]因此，中国语境下 5G 安全技术应用的空间，整体上对应数字政府场域、数字经济场域和数字社会场域，这是明确 5G 安全技术标准应用场景核心利益和衡量 5G 安全技术标准体系利益格局的前提。

### 一、数字政府场域

在传统的公共服务模式提供过程中，政府与公众的互动、沟通往往受到时间和空间的限制，公众难以便捷地向行政机关表达自己的建议和需求，但

---

[1] 姚伟, 周鹏, 王铮, 等. 从数据开放到数据动员：数据原复力的价值进阶 [J]. 情报理论与实践, 2023, 46（6）：71-78.

[2] 杨绪宾, 刘洋. 大数据真相：谁动了我的数据？[M]. 广州：华南理工大学出版社, 2018：50.

大数据技术的应用打破了这种僵局，为行政机关与公众之间进行高效互动提供了可能，数字政府场域应运而生。不同于传统的行政管理模式，"数字政府场域"，是指政府利用数字化技术，实现与公民、企业等利益相关者之间的互动和协作，不断提升公共服务的效率和质量，其主要包括电子政务革新、公开数据开放、智慧城市建设等多个方面，旨在利用数字化技术实现政府服务的智能化、高效化和便捷化。

（一）电子政务革新

电子政务的迭代更新催生了数字政府的发展壮大，借助大数据技术，行政机关实现了组织结构和公务流程的再造与革新，可以不受时间、空间和部门分割的限制，更加注重为公众提供个性化、定制化和便捷化的公共服务。作为现代政府管理创新的重要表现，是政府办公自动化的一种全新形式。而数字政府恰恰是从政治组织优化、资源配置方式、政府治理能力等视角进行规划建设的新系统工程[①]。电子化行政、数字政府建设将传统的金字塔式管理结构扁平化，拉近了公民与行政机关之间的关系，双方能够更加明确需求对接，但与此同时也意味着公众个人和传统型企业由于自身适应能力的差异容易被排除在电子政务变革进程之外，加深数字政府鸿沟。

电子政务借助大数据技术的发展和 5G 技术的应用，总体上具有以下特点：一是高效性，即电子政务通过数字化和网络联通的方式，提高了各级各部门行政机关的工作效率，在行政许可和行政审批等业务上实现了"最多跑一次"的实践效果，极大地增加了行政主体和行政相对人之间的沟通效率；二是透明性，即电子政务通过信息公开平台、官网网络媒体等方式，能够及时、准确、快速地为公众发布信息，使政府的工作流程和工作内容能够以较为直观的方式展现在公众面前，公众也更加容易获取政府信息；三是规范性，这是电子政务的基本特性之一，通过统一的 5G 安全技术标准应用，行政机关可据此提供标准化和规范化的政府服务，提高政令通行的效率，不断提高政府服务质量；四是参与性，传统的行政行为介入渠道有限，公众由于时间、空间等方面的限制，往往参与程度较低，电子化行政通过官方网络平台打消

---

① 王琦，张静. 数字政府［M］. 北京：北京邮电大学出版社，2020：2.

了行政相对人在物理空间层面的障碍，使得公众能够更加积极地参与到政府决策中来，实现政府决策的民主性和科学性；五是可追溯性，电子政务的施行和区块链技术的应用，使得行政机关和行政相对人的行为轨迹皆可通过记录进行查询，实现对政府公共服务的全流程追踪。

以电子政务的特点为限，5G 安全技术标准的应用主要涉及行政主体和行政相对人之间的利益关系，而公民个人和企业单位作为电子政务运行的主要受众，其所承载的核心权益有所区别，但总体逃不脱数据平等权、数据知情权等权益的涵射范围。

（二）公共数据开放

公共数据开放是随着电子政务不断发展的必然选择。电子化行政的大规模应用，使得行政机关采集、存储和保留了大量的政府数据资源，为了进一步发挥数据的资源性价值，借助数据开放运动的发展，我国的政府数据开放在 2018 年前后基本实现平台化运作。随着 5G 技术的应用加深，科技、教育、文化、卫生等部门也掌握了大量的数据，因此学界和实践界针对数据开放的研究范围进一步扩大，关于此类数据开放的呼声逐渐高涨，因此数据开放运动进入第二个阶段，即"公共数据开放"。尽管公共数据开放的政策文本已经相对充分，但是关于其概念的界定，学界仍有争议，如部分学者认为公共数据开放是指"政务部门在安全保密、公共利益导向前提下，面向公民、法人、其他组织以非排他形式提供政务数据的行为"[①]。部分学者认为公共数据开放本质上包括政府数据开放，公共数据开放的主体更加广泛，并不局限于行政机关，也包括科教文卫等与公共利益相关的部门。因此，公共数据可以被定义为行政机关、科教文卫等公共部门在履行行政职能和管理职能过程中产生或者制作的数据资源，数据开放旨在保障公众的知情权和数据使用权，最大程度发挥政府数据的资源性价值。

公共数据开放主要涉及两类群体，一类是保有数据资源的公共部门，另一类是申请调用数据的公众个人或者数据需求型企业。由于公共数据资源来

---

① 陈志刚. 可信任的治理：以数字政府推进国家治理能力现代化 [M]. 北京：北京联合出版公司，2023：141-142.

自公民个人与企业和公共部门的互动过程中，因而不可避免地涉及公民个人信息和隐私、企业数据权限和商业秘密等权益。在较为普遍的民生领域，如水电燃气缴费等事项，过去是相应机构工作人员入户核对收取，但是随着电子化智能化缴费设备的普及，公众群体需要到指定的机构进行缴费，增加了该群体的生活成本。虽然互联网的发展与普及是社会主流趋势，但是公民个人的权益保护不可忽视，如何处理智能化时代公共服务提供所产生的缺陷和矛盾是一个重要议题。此外，数据开放带来的隐私与数据安全问题不容忽视。一方面数据开放是大势所趋，另一方面信息安全是保障国家安全的重要基础，并影响开放数据的应用效果。通过技术和法律手段保护个人隐私和数据安全显得尤为重要。①

（三）智慧城市建设

智慧城市建设是数字政府建设发展到一定程度的产物。随着 5G 技术的创新发展和应用，底层技术的门槛变低，基于客户体验的应用创新成为智慧城市建设的核心动力，关注客户的核心权益也是大力提升城市管理水平、打造新型科技企业的重要挑战。智慧城市应用涉及城市生活中诸如环境、天气、能源、经济、空气质量、交通、城市规划、旅游、教育、公共安全、信息服务、政府治理、舆情监控等各个方面。②因此，智慧城市建设必然涉及大数据技术和区块链技术的深入应用，基于区块链的分布式记账方式，智慧城市建设的终端必将掌握和存储全方位的城市运行信息，不但包括公众个人的数据信息，也包括企事业单位或者行政机关的数据信息。公众作为智慧城市建设的参与者，既是数据的来源，也是数据产生的载体；企事业单位既可以通过智慧业务获取大量数据信息，同时也是智慧城市建设中重要的信息载体；行政机关作为智慧城市建设的主导者，也充当着这样的双重数据身份。在这样庞大的数据信息系统中，无论是公民个人、企事业单位，还是行政机关，智慧城市建设都增加了彼此之间的黏性。

作为复杂系统的智慧城市体系，行政机关和行政相对人本质上处于一种

---

① 范佳佳. 大数据环境下政府数据的可持续运营［M］. 上海：上海人民出版社，2022：70.
② 张尧学，胡春明. 大数据导论［M］. 第 2 版. 北京：机械工业出版社，2021：213-214.

不对等的状态，后者处于被管理、被约束的状态，前者在总体上对智慧业务起到把控作用。此外，在智慧城市的基础建设过程中，还会推动传统意义上的信息技术企业与电信运营商、互联网、有线电视系统等多方的紧密合作，在无线宽带、三网融合、云计算中心等技术领域，共同为城市通信与信息基础设施建设提供服务，形成互相融合的产业链和生态圈。[①]就此，还会产生无法融入智慧城市建设的弱势群体，即"显性数字弱势群体"，该群体在获取智能设备方面尚存在着障碍，相对应公共服务的提供也是无效的；对"隐形数字弱势群体"而言，虽然在物理上获取了相应的智能设备，但是在信息资源获取和分析的能力方面存在着较大缺陷，因而也难以对该项公共服务进行有效对接。

## 二、数字经济场域

随着数字化转型和大数据技术的不断发展，个人、企业产生的数据量愈加庞大，但是产生这些数据的场域往往由于其特殊性，包含着大量的个人信息、商业机密甚至是国家安全信息，一旦泄露或被恶意利用，将会给个人和企业乃至社会带来巨大风险。因此，如何保障数据安全和公民隐私，成为数字经济领域中亟待解决的问题之一。数字经济领域的技术应用主要发生在个人与企业平台之间。而数字政府领域的技术应用主要发生在个人与政府平台之间，"个人—政府平台"同"个人—企业平台"虽然围绕的主体不同，但是"企业平台"同"政府平台"在个人权利的行使上均具有相对支配地位，后者则更加强势。因此，相较于政府平台而言，个人仍然处于弱势地位，尽管有国家保护义务为准，但在电子政务普及的过程中，势必有一部分公众是无法适应这种改革的。

### （一）信息通信技术（ICT）基础设施

信息通信技术（ICT）基础设施在数字经济的发展中扮演着至关重要的角色，它已经渗透到公众的日常生活和工作中。在数字经济领域，各种技术的不断进步和创新带来了前所未有的机遇和挑战，其中，互联网、物联网、大

---

① 彭绯，彭斌. 智慧城市与无线传感器网络［M］. 北京：北京理工大学出版社，2022：13.

数据和云计算等技术是 ICT 基础设施的重要组成部分，它们的应用已经广泛地改变了我们的生活方式和工作方式。互联网作为信息通信技术的基础设施之一，存在着不同的寻址方案、分组长度、网络接入机制、路由选择技术、用户接入控制等[1]，需要在不同的中间设备保障链接，如物理层的中继器、集线器，数据链接层的交换机和网桥，网络层的路由器，传输层及以上的网关。而物联网则是一种将物理世界与互联网连接起来的技术，其主要通过智能设备与传感器收集外部物理数据，借助网络传输实现决策和控制的智能化。大数据的出现源于经济发展领域各行各业呈几何倍数增长的大量数据，是一种处理和分析大批量数据的技术和方法，价值目标在于发掘数据中的规律和趋势，以不断提高决策的精度和效率。云计算作为一种基于互联网的计算模式，主要通过互联网的远程服务器提供计算资源和服务，以满足大规模和高效率的计算需求。不同技术的应用面临着不同的终端使用协议或者对接标准，如何将其纳入统一的规范化渠道，是 5G 安全技术标准应用的使命所在。

（二）电子商务

不同于电子政务领域，电子商务主要是以信息网络技术为媒介进行的商品交换活动，也可以理解为传统商业活动各个环节的电子化、网络化和信息化。在开放的网络环境中，买卖双方可以基于浏览器或者服务器等应用方式，实现消费者的网上购物、商户之间的网上交易、其他形式的在线电子支付。电子商务是一种新型的商业运营模式，按照业界目前的划分，主流的电子商务模式可以划分为 B2B、B2C 和 C2C。B2B 全称 Business-to-Business，是指企业与企业之间通过专用网络进行数据信息的交换，开展交易活动的商业模式。B2C 全称 Business-to-Consumer，是指企业与消费者之间通过网络平台进行商业往来的一种交易模式，一般以网络零售业为主，跨过经销商环节直接向消费者出售各种书籍、通信器材或者家用电器等商品，如阿里巴巴、一手等网上商城都是其主要的表现形式。C2C 全称 Consumer-to-Consumer，是指个人与个人之间的一种电子商务模式，即"消费者"对"消费者"，如淘宝、

---

[1] 纪越峰. 现代通信技术[M]. 北京：北京邮电大学出版社，2020：114.

拍拍、易趣、闲鱼等 App 都是主要的 C2C 平台。电子商务场域中，企业或者大型平台掌握了大量的消费者数据，通过消费数据可以刻画出某一个消费者或者消费群体的用户画像，从而改善商品的供求比和生产效率，简化购物流程、降低交易成本。5G 安全技术的应用丰富了此类电子商务场景，但同时也面临着经营者和消费者数据的隐私与保护问题。

（三）在线服务和娱乐

5G 技术的广泛应用丰富了在线服务和娱乐业，已经成为公众生活不可或缺的一部分。在线服务和娱乐（Online Services and Entertainment），是指通过互联网提供的各种服务和娱乐内容，旨在满足人们日益增长的精神文化需求，常见的在线视频播放网站、音乐播放网站、游戏平台和社交媒体都是其主要表现。以在线教育平台为例，主要包括以下五种：一是综合类学习平台，旨在为公众提供优质的课程资源，如学术课程、职业培训、语言学习等；二是垂直类学习平台，此类平台往往聚焦某一专业领域的学习需求，如 VIPKID、编程猫和腾讯公益课程等；三是在线考试和认证平台，此类平台以提供在线考试和认证服务为准，如托福、托业和雅思等英语水平考试以及各种职业资格证书考试，公众比较熟知的教育部教育考试院、新东方在线等就是其代表；四是数字图书馆和教育资源平台，该类平台主要提供电子书籍、教学视频和课件等资源，如慕课、读秀、超星是比较具有代表性的数据库；五是智能教育平台，此类平台在 5G 技术应用的基础上，嵌入了人工智能技术，可以为学生学习提供智能化和个性化的辅导服务，如伴鱼、编程宝等网络服务。在线服务和娱乐不但打破了时间和空间的物理限制，还扩大了接受教育资源和学习机会的群体，智能化的场景服务为公众提供了更多选择。5G 安全技术为在线服务和娱乐随时随地进行提供了技术基础，使得数字经济发展迸发出前所未有的活力，丰富了现有的商业场景和模式。[1]

（四）数字产业化与产业数字化

数字产业化和产业数字化是未来经济发展的重要趋势，通过加强通信与

---

[1] 郝佳，牛红伟，刘玉祥，等. 基于知识工程的智能化产品设计关键技术及应用［M］. 北京：北京理工大学出版社，2021：23.

互联网基础设施建设，发展信息技术与数据应用，推动各行业的数字化转型，将有助于释放经济增长潜力并实现可持续发展目标。5G的大规模商用将对包括终端设备、应用场景、运维服务等在内的整个5G生态系统产生难以估量的带动作用。[1]一方面，数字产业化本质上是利用大数据技术，打造新型的基础设施。以通信与互联网基础设施建设为例，在全球范围内5G、互联网、云计算等数据技术的快速发展，为通信与互联网的基础设施建设提供了强大的支持，这些基础设施是实现产业数字化的关键，它能够提供高速、低延迟的网络连接，为各行各业的数字化转型提供强大的通信保障。再以信息技术与数据应用为例，通过大数据分析、云计算、人工智能等技术，企业就能够优化生产流程，提高效率，实现精准决策。另一方面，产业数字化旨在对传统行业进行创新和效率的提升。以数字内容与媒体产业为例，在线视频、社交媒体、网络游戏等新型业态创新不断，传统媒体也借此机会向数字化转型，为公众提供了更加多元化的内容和服务。再以人工智能与智能硬件的发展为例，其为数字产业化提供了强大的技术支持，如智能制造、自动驾驶、智能家居等领域的应用。数字产业化与产业数字化对5G技术基站的大规模投入使用具有较强依赖性，多元化的场景服务对5G安全技术标准提出了新的要求。

## 三、数字社会场域

数字政府、数字经济和数字社会构成了数字中国的整体蓝图，数字社会主要以数字技术为基础，将数字设备、数字信息和数字服务相融合，实现了社会活动的数字化、网络化和智能化。[2]与"数字政府"和"数字经济"不同，"数字社会"强调社会形态的转变与数字化进程的整体性；"数字政府"侧重政府服务的数字化，主要通过电子政务、数字化治理的方式提高政府效率和公共服务水平；而"数字经济"则关注数字技术与经济的融合，旨在通过电子商务、工业互联网等方式，实现经济发展和产业升级。数字社会场域，各

---

[1] 黄奇帆，朱岩，邵平. 数字经济：内涵与路径 [M]. 北京：中信出版集团股份有限公司，2022：207.

[2] 严谨. 数字政府：从数字到智慧的升级路径 [M]. 北京：九州出版社，2021：22.

种数字设备、数字信息和数字服务已经广泛渗透到人们的日常生活、工作和学习中,改变了传统的社会交往方式、生产方式和消费方式。人们可以通过互联网、移动设备等数字媒介进行交流、购物、娱乐等活动,享受到更加便捷、高效、个性化的服务。

(一)社会管理网络化

社会管理网络化是数字社会发展的一个鲜明特征。随着信息技术的快速发展和整个社会的数字化转型,社会管理网络化已经成为当今社会的大趋势。社会管理网络化主要是通过集成信息,优化资源配置来提高公共服务水平,推动社会管理更加高效、透明与可持续。首先,在5G技术的支持下,社会信息的采集与共享成为可能。社会管理网络化通过建立全面的信息采集系统,实时获取并整合了来自不同渠道、行业和主体的信息,为行政管理的决策者提供了准确、及时的数据支持。例如在公共安全领域,社会管理者可以通过视频监控系统和传感器系统实时监测城市的安全状况,并及时发现、处理潜在的安全威胁。其次,社会管理网络化在社会服务与公共事业方面也具有突出的优势。通过数字化网络平台,行政机关及其管理者可以用更加有效的方式来提供公共服务,例如在电子政务系统平台,居民可以便捷地获取到政策信息,享受申请材料、审核等一站式服务。再次,社会管理网络化使得公民借助网络平台可以有效参与到社会事务发展的进程中,通过讨论和决策来表达自己的意愿和需求,这不仅有助于提高公民的参与度,还能够使政府更加了解民意,不断地优化政策制定的过程。最后,在社会管理网络化的过程中,网络安全与监督至关重要,阿里云每天要阻断2亿次暴力攻击、2000万次黑客攻击和1000次DoS攻击[①]。建立完善的网络安全体系,能够确保信息的安全性和可靠性;建立加密技术防火墙,可以有效地防止信息泄露和网络攻击。此外,监管部门也可以通过数字化的平台进行实时监控和管理,来提高网络治理的效率。5G安全技术标准的应用以及5G基站的不断扩展,为社会管理的网络化提供了前提和基础。

---

① 马尔科·扬西蒂,卡里姆·拉哈尼. 数智公司AI重新定义企业[M]. 罗赞,译. 北京:机械工业出版社,2022:192.

## （二）社会交往数字化

社会交往数字化得益于 5G 技术的大范围应用，借助 5G 无线信道的特性，通信双方得以高效率沟通和交流。在数字化趋势的推动下，社会交往数字化有助于构建新型的社交网络和人际关系，如数字化社交平台的应用可以使人们随时随地与他人建立联系和交流，打破既有的线下社交模式，丰富社交网络功能，为公众的人际交往提供更多选择和可能。随着商业模式的更新，当下数字社交网络的功能已经不再局限于简单的信息交流，通过各种应用程序和平台，公众可以在社交网络上分享自己的兴趣爱好、状态更新等内容，同时还能参与各种社交游戏、在线购物、视频制作等，如抖音、快手等直播平台的快速推广就是例证。与此同时，5G 技术支持下的社会交往数字化存在以下弊端：一是当虚拟社交成为主流时，"只要在网络上兴趣相投、话语投机，便可互诉衷肠"[①]，网信诈骗等违法行为就有了可乘之机；二是由于数字社交平台的匿名性，网络舆论的诱导经常发生网络暴力和网络欺凌现象；三是一旦公众将网络社交平台当作唯一的社交媒介，大数据技术的应用和分析能够很快定位到个人基本信息，从而导致个人隐私泄露和信息安全问题，更有甚者会实施数字身份盗窃等形式的网络犯罪；四是数字社交虽然可以拉近陌生人之间的网络距离，但也会放大社会焦虑和数字茧房效应。5G 技术的布局从物理层面和网络层面促进了数字社会交往的多元化，同时也引起了网络社交媒体和平台之间的恶性竞争，容易侵害社会公众的数字权益。

## （三）公众生活智能化

在 5G 技术的应用背景下，无论是家庭生活，还是医疗、教育，或者是日常娱乐，5G 技术都以其高速、低延迟、大容量的特性为公众生活的方方面面带来了前所未有的便利。这种便利首先表现在家庭生活方面，"5G 时代下的家居生活智能化将更接近自动化的智能管家，不需要任何的人为干预就可以根据人们的生活习惯和实际环境提供服务，为人们带来更加美好的生活"[②]。借用 5G 技术家庭中的各种设备可以无缝连接并进行数据交换。以智能家居

---

① 唐江山. 认识元宇宙：源起、现状、未来 [M]. 北京：机械工业出版社，2022：185.
② 薛泉主. 万物互联 [M]. 广州：广东科技出版社，2020：105.

系统为例，其可以通过 5G 网络连接各类设备，包括智能音箱、智能电视和智能冰箱等；也可以通过无线网络实现家居系统的远程控制和语音控制，同步推动家庭安全系统的升级。

其次，这种智能化体现在医疗领域，5G 技术的应用为远程医疗提供了可能。借助 5G 网络，偏远地区的患者可以接受到城市优质医疗资源的服务，农村地区的急患可以通过 5G 网络与城市的医疗专家进行实时沟通交流，接受到及时的诊断和治疗。而远程手术和远程诊疗的应用，可以使医疗资源能够得到充分有效的利用。

最后，5G 技术在教育领域也大有可为。5G 技术终端的网络信号可以提供高清流畅的在线教育体验，使学生在家中就可以接受到优质的教育资源。同时也为贫困地区或者教育资源较为落后地区学生接受一线城市的先进教育资源提供了一种可能，从而达到教育资源的跨区域平衡，智能教育机器人、虚拟现实教育或者是直播在线教育就是其主要表现形式。

## 第三节　明确 5G 安全技术标准法治化的核心权益

按照 5G 安全技术应用的基本场域分类，5G 安全技术标准的核心权益至少受到技术赋权理论、知情权理论和隐私权理论的影响。[1] 因而，5G 安全技术标准法治化的核心权益应在综合考量两种基本分类的基础上进行推演：一是数字平等权，作为公众平等地享有获取数据信息的基本权利，这既与获取物质的能力有关，也离不开政府的政策支持与网络普及；二是数据隐私权，公民参与日常生活产生的数据未经个人同意，便被平台型企业或者政府收集分析，使得公民生活隐私暴露于公众视野；三是数字知情

---

[1] 宋保振."数字弱势群体"权利及其法治化保障[J].法律科学（西北政法大学学报），2020，38（6）：53-64.

权，数据获取的能力和难度直接决定了公民能否充分参与社会治理与监督的效能；四是个人信息权，垄断性平台或者主体对个人数据的搜集强化了数据控制者的权力，使得个人无法自由占有、支配个人数据。

## 一、数字平等权

明确弱势群体概念是研究数字平等权的前提。智能化时代大数据技术的不断应用，使得传统政治经济学中的"弱势群体"概念外延不断扩大，"数字弱势群体"概念至少经历了以下两次迭代。一是指传统意义上在获取和运用数据的设备上处于弱势地位的群体，主要是指相对贫困的群体以及较难适应数字时代的老年人群体，也即"显性数字弱势群体"；二是指相对意义上拥有获取和运用数据的设备与网络，但是由于网络算法和平台垄断等原因造成的数字茧房，使得该群体难以公平、有效地获取与运用相关数据信息，甚至是个人的数据权益遭受了重大损害，也即"隐性数字弱势群体"。相较"显性数字弱势群体"，"隐性数字弱势群体"权益保障更具有复杂性和隐蔽性，也成为较为前沿的研究对象。[①]但对显性数字弱势群体而言，该群体在获取智能设备方面尚存在着障碍，相对应公共服务的提供是无效的；对隐性数字弱势群体而言，虽然在物理上获取了相应的智能设备，但是在信息资源获取和分析的能力方面存在着较大缺陷，因而也难以对该项公共服务进行有效对接。

### （一）平等权的缘起

平等权是现代社会的一项基本人权，也是我国宪法所保障的核心价值之一。在我国，宪法赋予了每个公民平等的权利，无论性别、年龄、种族、宗教信仰、经济状况等，都应该在法律面前一律平等。这种平等不仅是形式上的平等，更是一种实质上的平等，即每个公民都应该享有同等的权利和机会，受到同等的法律保护。我国《宪法》第三十三条规定："中华人民共和国公民

---

① 宋保振."数字弱势群体"信息权益保障的法律路径［J］.东北师大学报（哲学社会科学版），2021，313（5）：91-100，107.

在法律面前一律平等。"这一条款为所有公民提供了平等的法律保障,无论个人的社会地位、财富多寡、教育程度等差异,都应受到同等的法律待遇。这种平等权不仅是法律公正的体现,更是社会进步的基石。除了宪法所保障的平等权,《中华人民共和国老年人权益保障法》(以下简称《老年人权益保障法》)和《中华人民共和国残疾人保障法》(以下简称《残疾人保障法》)也为两个特殊群体在参与社会、经济、政治生活中的平等权利提供了保障。在《老年人权益保障法》中,第一条、第三条、第二十一条、第四十一条等条款明确规定了老年人的平等权利,包括养老保障、医疗保障、文化娱乐保障等。这些规定旨在保障老年人能够在社会中享有同等的地位和尊严,不受年龄歧视或忽视。在《残疾人保障法》中,第一条、第三条、第二十一条、第二十五条和第四十一条等条款也明确规定了残疾人的平等权利,包括教育、就业、医疗、生活保障等。这些规定旨在保障残疾人能够在社会中享有同等的参与和发展机会,不受残疾歧视或忽视。

综上所述,平等权作为一项基本原则贯穿于整个宪法和相关法律法规中,为每个公民提供了平等的法律保障。这种平等不仅体现在法律条文中,更应体现在社会实践中。我们应该积极推动平等权的实现,让每个人都能够享有同等的权利和机会,受到同等的法律保护。同时,我们也应该加强对特殊群体的关注和保障,让他们在参与社会、经济、政治生活中的平等权利得到充分保障。

(二)平等权的应用

在网络数字时代,平等权的范围应该扩展至"数字平等权",这是保障公民在数字时代享有平等权利的重要体现。然而,由于区域经济发展不平衡,智能化、电子化设备的应用存在参差有别的现象,公民个人接受数字时代红利的能力也各不相同,这导致了数据鸿沟的加剧,致使一部分人在数字时代中处于不利的地位。

对于显性数字弱势群体来说,数字平等权的表现形式主要基于物理智能设备的获取和使用。由于缺乏必要的设备和技能,这类群体无法充分享受数字时代的便利和发展机会。例如,在一些脱贫地区,由于缺乏网络设施和智能设备,当地居民无法享受到在线教育、医疗等公共服务,这无疑加剧了他们与其他地区居民之间的不平等。[①] 对于隐性数字弱势群体来说,数字平等权集中表现在该全体无法享受数字时代带来的经济发展红利。这类群体可能由于缺乏数字技能、对数字化经济的适应能力较差或者被数字时代的发展所忽视,导致他们在经济上处于不利地位。例如,一些老年人可能因为不熟悉数字化产品而无法充分利用数字化经济的发展机会。

为了实现数字平等权,我们需要采取措施来缩小数据鸿沟,确保每个公民都能够享有数字时代的平等机会。只有这样,我们才能真正实现数字时代的平等权,构建一个更加公正、平等、和谐的社会。[②]

(三)平等权的保护

网络数字时代,数字平等权的保护尤为重要。由于技术的发展和社会的进步,我们的生活环境已经发生了深刻的变化。然而,这种变化也带来了一些新的问题,如数字鸿沟的加剧。因此,我们需要采取措施来保护公民的平等权。首先,政府应该加大对脱贫地区和弱势群体的支持力度,缩小数据鸿沟。政府可以通过提供必要的智能设备、培训人们的数字技能等措施,来提高此类群体的数字素养和技能水平。此外,政府还可以通过制定相关政策来鼓励企业对这些地区进行投资,推动数字化经济的发展,让每个人都能在数字时代中获得更好的发展机会。其次,政府应该加强对网络空间的监管和管理。由于网络空间中存在着大量的信息和数据,这些信息和数据使用往往存在着不平等的现象。政府应该加强对网络空间的监管和管理,防止一些人利用网络空间侵犯他人的权利和尊严。同时,政府还应该加强对网络空间的治理,打击网络犯罪和不良信息,保障公民的网络安全和隐私权。最后,应该加强对公民的教育和宣传。通过教育和宣传提高公民的平等意识和权利意识,加强对数字化经济的宣传和推广,让更多的人了解数字化经济的发展趋势和机遇,从而更好地适应数字化时代的发展。

---

① 宋保振. 公民信息公平权益法律保障的完善路径 [J]. 上海大学学报(社会科学版),2022,39(1):18-31.

② 宋保振. 数字时代信息公平失衡的类型化规制 [J]. 法治研究,2021,138(6):80-92.

## 二、数据隐私权

数据隐私权，是现代社会中一项重要的基本权利，它涉及个人数据的保护、个人隐私的维护以及个人在数字社会中的自由和安全等方面。为了保障公民的数据隐私权，政府和企业应该采取必要的措施和技术手段，确保数据的保密性和完整性，防止数据的泄露和滥用。只有这样，我们才能构建一个更加公正、平等、和谐的数据社会。在参与政治、经济、文化等日常生活时，公民在平台型企业和政府公共服务平台产生的数据常常被收集和分析。这些数据包括个人信息、行为习惯、消费记录等，如果处理不当或者出现数据泄露风险，就会对公民的隐私权造成侵犯。

（一）隐私权的缘起

隐私权是一种具体的人格权，是人与生俱来的、不能被剥夺的人之为人的权利。保护隐私权就是保护人最基本的尊严，尊重自主原则是保护隐私权的基本原则。[1]在数字社会中，隐私权的重要性更加凸显，因为它关系到个人信息的安全、数字身份的确认以及网络空间的秩序和公正。我国对隐私权的保护可以追溯到20世纪80年代。随着改革开放的深入和民事立法的推进，我国开始对隐私权进行民法保护。1986年的《民法通则》虽然没有明确规定隐私权的概念和范围，但通过司法解释和案例实践，为隐私权的保护提供了初步的法律基础。2009年实施的《中华人民共和国侵权责任法》进一步明确了隐私权的法律地位。该法规定："侵害民事权益，应当依照本法承担侵权责任。"这里的"民事权益"包括隐私权。这一规定为隐私权的保护提供了更加具体的法律依据。随着时间的推移，我国法律对隐私权的保护逐渐加强。2017年施行的《民法总则》明确提出"隐私权"，标志着我国法律对隐私权的正式认可和保护。这一规定为公民在日常生活中维护自己的隐私权利提供了更加有力的法律武器。2021年实施的《民法典》第一千零三十二条对自然人"隐私权"进行了详细规定。该条规定：自然人享有隐私权。任何组织或者个人不得以刺探、侵扰、泄露、公开等方式侵害他人的隐私权。隐私是自然人的私人生活安宁和不愿为他人知晓的私密空间、私密活动、私密信息。这一规

---

[1] 李伦. 国家治理与网络伦理 [M]. 长沙：湖南大学出版社，2018：28.

定明确了隐私权的范围和保护方式，对于侵犯他人隐私权的行为，将承担相应的法律责任。

（二）隐私权的内容

首先，数据隐私权要求保障公民个人数据的保密性和完整性。在数字化社会中，个人数据被广泛收集和分析，其中包含着个人的隐私信息。平台型企业和政府公共服务平台应该采取必要的措施，确保个人数据的保密性和完整性，防止数据被非法获取、篡改或泄露。任何组织或个人都不应该未经个人同意就擅自获取、使用或传播个人数据。其次，数据隐私权要求保障公民在网络空间的合法权益。在数字社会中，个人的自由和安全受到来自网络空间的威胁。不法分子可能会利用个人信息进行网络诈骗、恶意攻击或骚扰等行为，给个人带来极大的困扰和不便。因此，数据隐私权要求法律保护个人在网络空间的合法权益，防止个人受到网络攻击、侵犯隐私、骚扰等行为的影响。再次，数据隐私权还包括对个人生活和空间的保护。在数字化社会中，个人的生活和空间也受到来自网络空间的侵犯。一些人可能利用信息技术手段进行监控、窃听等行为，侵犯他人的隐私权。而数据隐私权要求法律保护个人生活的私密性和安全性，防止个人受到侵犯隐私的行为的影响。最后，数据隐私权要求政府公共服务平台的数据采集和分析必须用于服务行政决策和行政职能的实施。政府平台的数据采集和分析主要用于服务行政决策和行政职能的实施，是基于政府的公益性和非营利性考虑的。因此，政府在采集和分析公民数据时必须遵守相关法律法规和规定，确保数据的合法性和公正性。

（三）隐私权的保护

在数字化时代，隐私权的保护尤为重要。个人信息泄露、网络诈骗、网络攻击等问题层出不穷，给个人隐私带来了严重威胁。因此，我国法律在不断完善过程中，要特别关注数字社会中隐私权的保护。不仅要保障个人信息不被泄露，还要确保个人在网络空间的合法权益不受侵犯。一是要坚持合法性原则，即任何组织或个人不得非法收集、存储、使用或泄露个人隐私信息。只有在合法合规的情况下，才能对个人隐私信息进行收集和使用。二是要坚持最小化原则，即在收集和使用个人隐私信息时，应该遵循最小化原则，即只收集和使用与处理事项相关的最小化数据。三是要坚持知情同意原则，即任何组织或个人在收集和使用个人隐私信息时，都应当告知当事人并获得其同意。如果发生数据泄露等安全事件，也应该及时告知当事人及时善后。四是要坚持目的明确原则，即任何组织和个人在收集和使用个人隐私信息时，应该明确目的且只能在目的范围内使用和处理数据。五是责任追究原则，即任何组织或个人在收集和使用个人隐私信息时，应该明确责任追究机制，对于侵犯他人隐私权的行为，应该依法追究责任。六是要坚持自主控制原则，即公民有权自主控制自己的隐私信息，包括其被收集、使用和共享的方式和范围。任何组织或个人不得强制或诱导公民放弃自己的隐私权。七是要坚持安全保护原则，即任何组织或个人在收集、存储和使用个人隐私信息时，应该采取必要的安全措施和技术手段，保障数据的安全性和完整性。

## 三、数字知情权

数字足迹是人同数字世界交互所产生的，这些交互持续产生关于我们的数据，而这些数据又被人工智能算法所分析，由此，网络上的各种平台对于个体和群体行为的洞察力越来越强。[①]数字知情权是公民在数字社会中的一项重要权利。它涉及个人、企业平台、政府平台等多个方面，保障着公民的合法权益。只有当每一个公民都能够合法、合理地知悉相关事务的信息动向，才能够真正参与到国家治理中来，实现民主和法治的目标。因此，我们需要加强对数字知情权的保护和研究，不断完善相关法律法规和制度，为公民行使数字知情权提供更好的保障和服务。

（一）知情权及其推定

知情权，作为现代民主政治的核心要义之一，是公众参与国家治理的一项重要政治权利。它体现了人民主权的原则，是公民行使其他民主权利的基础和前提。虽然在我国《宪法》中目前没有关于知情权的直接规定，但我们可以从宪法的其他条款中推断出知情权的存在和重要性。首先，《宪法》第二条第一款和第三款规定："中华人民共和国的一切权力属于人民"，"人民依照法律规定，通过各种途径和形式，管理国家事务，管理经济和文化事业，管

---

① 冯翔. 数字足迹[M]. 第1版. 北京：教育科学出版社，2021：89.

理社会事务"。这两款规定充分表明了人民在国家事务中的主导地位，而知情权则是人民行使管理国家事务的前提和基础。只有当人民对相关事务有充分的了解，才能更好地参与到国家管理中来。其次，《宪法》第二十七条第二款规定："一切国家机关和国家工作人员必须依靠人民的支持，经常保持同人民的密切联系，倾听人民的意见和建议，接受人民的监督，努力为人民服务。"这一款规定明确了国家机关和工作人员的职责和义务，同时也暗示了人民对国家机关和工作人员的知情权。因为只有当人民对国家机关和工作人员的工作有充分的了解，才能更好地对其进行监督和建议。此外，知情权还与公民的其他权利息息相关。例如，公民的言论自由、出版自由、集会自由等权利都与知情权有着密切的联系。只有当公民对国家事务有充分的了解，才能更好地行使这些权利，从而参与到国家治理中来。综上所述，虽然我国《宪法》目前没有关于知情权的直接规定，但我们可以从宪法的其他条款中推断出知情权的存在和重要性。知情权是公民行使其他民主权利的基础和前提，是人民参与国家治理的重要保障。因此，我们应该加强对知情权的保护和研究，不断完善相关法律法规和制度，为公民行使知情权提供更好的保障和服务。

（二）知情权的体现

数字知情权已经成为公众参与政治、经济、文化等各方面事务的重要权利。这项权利主要涉及个人、企业平台、政府平台等多个方面。首先，就个人与企业平台的关系而言，数字知情权主要体现在个人有权了解企业对其数据的收集、使用和共享情况。在大数据时代，个人信息被企业收集并用于各种分析已经成为常态。因此，个人需要知道自己的数据被企业如何使用，是否存在风险，是否有被泄露的可能性。同时，个人也需要了解企业对其数据的处理方式，以便更好地维护自己的权益。其次，个人与政府平台的关系也与数字知情权息息相关。政府在进行公共管理和服务的过程中，会收集到大量的公民个人信息。这些信息包括但不限于公民的身份证信息、联系方式、家庭住址等敏感信息，如果政府没有保障数字知情权，公民就不知道政府如何使用这些信息，是否存在泄露风险，也不知道是否有滥用职权的情况存在。因此，政府需要保障每一个公民的数字知情权，使其能够合法、合理地知悉国家政策动向，参与到国家治理的进程中。最后，数字知情权还涉及个人与政府平台之间的数据开放和共享。在大数据技术的赋能下，政府可以更加广泛地公开和共享数据，包括政务公开、政策公开等。这不仅拓宽了公民了解国家政策、政治生活的方式和渠道，也提高了政府的透明度和公信力。

（三）知情权的保护

知情权是大数据获取过程中一个很重要的主体权利规范，是一个较复杂的对大数据把握并释放大数据信息的一个权利范畴。限制规范大数据知情权对大数据的存储、转移、应用、比较、释放都具有很重要的意义。[1]因此，数字知情权对于保障公民权益具有重要意义。通过了解和掌握与自身相关的数字信息，公民可以更好地维护自身权益，避免因信息不对称或被误导而遭受损失。一是要增强个人信息保护意识，数字知情权保障公民更加了解个人信息的收集、使用和共享情况，从而能够更加理性地保护个人信息。通过了解企业或政府对个人信息的处理方式，公民可以更好地判断其权益是否受到侵犯，并采取相应的措施进行维权。二是要促进政府透明度和公信力提升，数字知情权保障公民对政府工作的了解和监督，使政府更加透明和公正。通过公开政务信息、政策动向等数字信息，政府可以与公民进行更好的沟通和互动，提高公民对其工作的信任度和满意度。三是要推动企业合规管理和创新发展，数字知情权使公民能够更好地了解企业对其数据的处理方式，从而能够对企业进行更有效的监督和评价。通过个人数据的合法使用和共享，企业还可以获得更多有价值的信息，推动其创新发展和提高竞争力。四是要维护社会公平正义和民主法治，数字知情权是实现民主和法治的基础之一。保障公民的数字知情权可以促进信息的公开和共享，减少信息不对称现象，避免权力滥用和腐败行为的发生。数字知情权也使公民能够更加广泛地参与到国家治理中来，维护社会的公平正义和民主法治。

---

[1] 宋吉鑫，魏玉东. 大数据伦理学［M］. 沈阳：辽宁人民出版社，2022：46.

## 四、个人信息权

庞大而精确的数据变成了未来社会的基础设施,新一代的消费者变身为数字公民,各行各业衍生出了新的商业模式和营销模式。大数据平台搜索、分析和保管我们的信息,把我们每个人都变成了价值不一的信息人。[①]互联网时代,随着人们对数字环境的互动加深,大数据呈几何倍数爆炸式增长,携带着个人隐私信息的数据很有可能未经同意就被挪作他用,对此,需要赋予公民个人信息权利束,保障公民的个人隐私和信息。

### (一)综合性权利的缘起

隐私权和个人信息权是两种重要的权利,它们在保护个人权益方面起着重要的作用。隐私权是一种精神性的人格权,它保护个人的私生活和私人信息,防止他人未经授权的侵入和窥探;而个人信息权则是一种集人格利益和财产利益于一体的综合性权利,它涵盖了个人的姓名、肖像、身份信息、联系方式等与个人相关的信息,以及个人的私生活和私人信息等方面。在范围上,隐私权和个人信息权在某种程度上存在着交叉重合。例如,一个人的姓名和肖像既是个人信息的组成部分,也是私生活的体现。因此,这两种权利在某些方面是相互交织的。在保护个人信息时,也需要考虑到保护隐私的需要;而在保护隐私时,也需要考虑到个人信息的处理和保护。

《民法典》第一百一十一条明确规定:"自然人的个人信息受法律保护。任何组织和个人需要获取他人个人信息的,应当依法取得并确保信息安全,不得非法收集、使用、加工、传输他人个人信息,不得非法买卖、提供或者公开他人个人信息。"这一条规定明确了个人的信息权受到法律保护,并对个人信息的收集、使用、加工、传输等方面进行了规定。同时,《民法典》第一千零三十四条到一千零三十八条也明确规定了"个人信息"的基本概念、处理原则、民事责任等。这些规定为个人信息权的保护提供了法律依据和保障。此外,《个人信息保护法》针对数字时代产生的一系列新问题,用八章七十四条的篇幅对个人信息的处理规则、跨境规则、个人信息处理的权利与义务、履行个人信息保护职责的部门等方面进行了详细的规定。

---

① 高德. 迷因效应:谁在影响你,你在影响谁[M]. 天津:天津人民出版社,2016:252.

（二）个人信息权利束

个人信息权利束，是指个人信息所涉及的各种权利的集合，是保护个人信息权益的重要法律工具。个人信息权利束主要包括以下内容：一是信息自决权，即个人有权自主决定自己个人信息的收集、使用和公开。这意味着个人可以掌控自己的个人信息，并决定何时、何地、以何种方式向他人提供个人信息。二是信息保密权，即个人有权要求他人保守秘密，未经个人同意，他人不得公开或向第三方提供个人信息。这是个人信息保护的基本要求，也是维护个人隐私和安全的重要保障。三是信息修改权，即个人有权修改自己的个人信息，以确保其准确性和完整性。如果发现自己的个人信息有误或不完整，个人有权要求信息处理者进行更正或补充。四是信息删除权，即个人有权要求信息处理者删除自己的个人信息。在某些情况下，如个人信息的收集和使用违反了法律规定或双方约定，个人有权要求信息处理者停止使用或删除个人信息。五是信息报酬请求权，即个人有权要求信息处理者对其提供的个人信息支付报酬。这一权利体现了个人信息的经济价值，也是个人信息权益的重要体现之一。个人信息权利束是保护个人信息权益的重要法律工具，它保障了个人信息的合法收集、使用和公开，维护了个人的隐私和安全。

（三）个人信息权的保护

随着数字时代的到来，个人信息权的保护变得越来越重要。个人信息不仅涉及个人的私生活和隐私，还涉及个人的经济利益和社会权益。一些不法分子通过非法获取他人的个人信息进行诈骗、侵犯隐私等犯罪活动，给个人和社会带来了极大的危害。因此，加强对个人信息权的保护已经成为社会的共识。通过立法和执法的手段，保障个人信息权的安全和完整，维护社会的公平正义和法治秩序，不断提高公众的个人信息保护意识和自我保护能力。由于个人信息权具有特殊的财产权属性，数字时代个人信息被视为一种重要的资源。个人信息权的保护可以防止个人信息被非法获取、利用或泄露，从而保障个人的财产安全。然而，由于个人信息权的特殊属性，也更容易造成对数字弱势群体的权益损害。例如，一些垄断性平台或主体可能会利用个人信息进行无序收集、控制等支配行为，从而对个人隐私和自由权造成威胁。

在这种情况下，应当适用个人信息保护规则，对个人信息权进行全面保护。需要注意的是，当数据隐私权与个人信息权保护重叠时，可以优先适用数据隐私权的保护规则。这是因为数据隐私权更注重个人的隐私和自由保护，而个人信息权更注重个人的财产权益保护。因此，在处理权利重叠问题时，应当根据具体情况选择合适的保护规则。

## 第四节 平衡 5G 安全技术标准体系的利益格局

"5G 安全技术标准体系法治化"本质上就是法律应如何回应大数据技术革新的挑战问题，需要以"数字人权"为基础构建由国家义务、平台型企业义务与个人义务构成的法律保障义务体系。国家义务，是指政府应当制定和完善相关法律法规，加强对数字技术的监管和治理，保障公民的数字人权；平台型企业义务，是指互联网企业、移动应用开发者等平台方，应当采取必要的技术手段和管理措施，保障用户的数据安全和隐私权利；个人义务，是指个人在使用互联网、移动设备等数字技术时，应当遵守法律法规，保护自己的隐私和数据安全。

### 一、国家义务

5G 安全技术标准体系法治化需要衡量多方利益，但是行政机关作为组织者和管理者应从以下三方面出发：一是树立 5G 安全技术标准体系的权威，确保网络的安全性和稳定性；二是强化数字中国建设的国家保护义务，从国家法律层面为"权力"和"科技"套上缰绳，完善限制权力和技术滥用的法律制度；三是均衡"鼓励创新"与"保护权利"之间的关系，这是"5G 安全技术标准"权益保障的核心规则，既不能过度放任数据控制者的权利，也不能因噎废食、止步不前。[1]

---

[1] 高一飞. 智慧社会中的"数字弱势群体"权利保障［J］. 江海学刊，2019（5）：163-169.

## （一）树立 5G 安全技术标准体系的权威

随着 5G 技术的快速发展，各种网络安全威胁也日益增多，针对 5G 安全技术标准体系牵涉主体范围过广，因此需要建立一个完善的 5G 安全技术标准体系来确保网络的安全性和稳定性，树立 5G 安全技术标准体系的权威性。

首先，政府应该牵头构建 5G 安全技术标准体系，对国内主流的数据技术进行摸底排查，数据资源开发利用法是以数据财产权制度为核心，涉及数据资源流通平台、数据财产权主体、数据经纪商、数据资源标的物、数据开发利用合同等内容的新兴制度[①]。5G 安全技术标准体系的建设至少应涵盖以上主体的基本诉求。政府在了解当前数据安全技术水平之后，应制定相应的技术标准和规范。加强对 5G 网络基础设施的建设和监管，确保网络设备的安全性和可靠性。此外，政府还要加强对网络运营商的监管，确保其符合相关法律法规的要求，并且拥有足够的安全保障措施。其次，行业内部应该根据自身的特点进行分级管理。不同行业对于网络安全的重视程度和需求都不同，因此应该根据自身的特点进行分级管理。政府可以制定不同的标准和规范，对不同行业进行分级分类管理。例如，对于金融、医疗等重要行业，应该加强对其网络安全保障的监管和管理，确保其网络安全保障措施的有效性。最后，要做好 5G 安全技术标准体系内部的法规衔接问题。不同的法规之间可能存在矛盾或重叠，因此需要做好法规衔接工作。政府应该加强对相关法规的制定和修订工作，确保其符合实际情况并且能够有效地实施，加强对相关法规的宣传和普及工作，提高公众对于网络安全的认识和意识。

树立 5G 安全技术标准体系的权威性需要政府、企业和公众共同努力。政府应该加强对相关法律法规的制定和修订工作，并且加强对网络安全保障的监管和管理；企业应该加强对网络安全技术的研发和应用工作，提高自身的技术水平和保障能力；公众也应该加强对网络安全的认识和意识，积极参与到网络安全保障工作中来。

## （二）强化数字中国建设的国家保护义务

国家保护义务本质上探讨的是国家存在的目的和意义问题，国家作为社

---

① 申卫星，刘云. 数字中国建设需要一部"数据资源法"[J]. 数字法治，2023（3）：8-12.

会契约的产物，是保护每一个公民平等享受合法合理权益的集合体。[①] 数字政府、数字社会时代，虽然公民的基本生活结构发生了变革，但是作为后盾的国家集体义务并未消融，反而因为大数据技术的普及、算法算力的更新，进一步强化了国家管理的深度和广度。数字弱势群体的权益保障主要仰赖国家的帮助和支持，这既是民主政治的应有之义，也是法治国家的核心要义之一。要构建个人义务、科技企业义务与国家义务构成的"数字弱势群体"法律保障义务体系，就要从国家法律层面为"权力"和"科技"套上缰绳，完善限制权力和技术滥用的法律制度。现有的法律规范体系，从《宪法》的平等权、知情权、其他社会发展权推断，到《民法典》关于隐私权和个人信息权的保护，再到《数据安全法》和《个人信息保护法》的专项保护，建立了互联网时代公民基本数字权益的系统规范。

国务院于 2022 年 6 月发布《国务院关于加强数字政府建设的指导意见》，指出要持续优化便民数字化服务，全面优化全国一体化政务服务平台，"围绕老年人、残疾人等特殊群体需求，完善线上线下服务渠道，推进信息无障碍建设，切实解决特殊群体在运用智能技术方面遇到的突出困难"。同时也将平台型企业的权益保障纳入便民数字化服务体系内，以满足企业和群众的多层次服务需求为目标。智能社会时代，针对显性数字弱势群体，政府应适当加大物质保障力度，加强技术对弱势群体的普及和扶持，考虑将对高科技领域的投入纳入弱势群体的税收减免、政策补偿中，对贫困群体购买电子设备进行优惠补贴，加大对偏远地区的专项基础设施投入。针对隐形数字弱势群体，政府应加强政策宣传，"送法下基层"开展数字普法讲座，大范围普及数据信息获取的途径与政策支持，以不断改善智慧时代的公共服务，从国家层面构建和保障数字弱势群体的基本权益保障。[②]

（三）均衡"鼓励创新"与"保护权利"之间的关系

面对企业和公民个人，数字平等权、数字知情权、数据隐私权、个人信息权和其他社会发展权构成了"5G 安全技术标准体系"的核心权益，如何对

---

① 王锡锌. 个人信息国家保护义务及展开 [J]. 中国法学，2021，219（1）：145-166.
② 杨嵘均. "技术索权"视角下信息弱势体公共服务供给的偏狭性及其治理 [J]. 中国地质大学学报（社会科学版），2018，18（6）：123-130.

其进行保护,一直以来都是互联网时代快速发展面临的难题。数字技术的深度应用一方面推动着科技创新探索领域的拓展,另一方面也会在法律未予规范的领域造成多维度侵权。部分欧洲国家秉承既有的隐私权保护理念,严格限制数字技术侵入社会生活,一定程度上抑制了科技创新的发展;另一部分欧洲国家则对数字科技持相对乐观态度,对大数据技术、算法规则等持包容审慎的态度。无论保守还是激进,都代表了一国对数字技术发展的谨慎态度。经历大数据技术的广泛应用,我国实际上保持着一种相对包容的态度,比较鼓励科技创新和数字经济发展,试图在科技创新这条赛道上赶超国外,实现科技自主的命题。但与此同时,由于法律的空白和技术的客观性、中立性,也造成了一些负面效应,如早期大规模银行金融数据的泄露、公民个人信息的无序传播等现象频发,损害了公民和法人的数字权益。

因此,5G安全技术标准体系权益保障的核心是均衡"鼓励创新"与"保护权利"之间的利益关系。[①] 第一,要营造鼓励创新的文化氛围,坚持科技创新是发展生产力的首要动力。数据要素作为数字经济发展的核心资源,数据要素的流通与治理需要大力发展数字产业、更新大数据技术,为此国家应围绕技术创新制定支撑性政策和配套措施。第二,要保护数字群体尤其是5G安全技术标准群体的核心权益,按照"个人—企业""个人—政府平台""企业—政府平台"三重维度展开,分别对5G安全技术标准体系对应的群体权益进行分析。目前"包容审慎"是我国发展数字经济、数字产业的基本态度,即既不能过度放任数据控制者的权利,也不能因噎废食、止步不前。

## 二、企业义务

数据责任应当成为企业社会责任的新维度,这也是5G安全技术标准体系法治化进程中企业层面的目标导向。5G安全技术标准体系的建设离不开企业层面的先锋实践,行政机关作为安全标准体系的组织者和牵头者,一方面要尊重企业行业的客观规律,另一方面还要在宏观把控上作出决断。在权力关系上,平台虽然表面看上去中立,但实际上通过各种隐藏的渠道对用户进

---

① 郑戈. 在鼓励创新与保护人权之间:法律如何回应大数据技术革新的挑战[J]. 探索与争鸣, 2016, 321(7): 79-85.

行潜在的影响,形塑着用户的行为。① 这也是在衡量标准制定规则时,关注企业诉求、调动企业积极性的原因所在。

(一)主动适用 5G 安全技术标准体系

数字化时代,5G 安全技术标准体系对于行业企业而言,不仅是一种责任和义务,更是一种战略选择。随着 5G 技术的快速发展和广泛应用,行业企业需要积极应对 5G 安全挑战,主动适用 5G 安全技术标准体系,以确保自身的业务发展和客户信息安全。首先,行业企业应加强对 5G 安全技术标准体系的学习和研究,了解掌握 5G 安全技术标准体系的相关知识和要求,包括其产生背景、发展历程、技术原理、应用场景等;积极关注国内外相关标准组织的最新动态,及时了解和掌握最新的 5G 安全技术标准体系进展。其次,行业企业应主动将 5G 安全技术标准体系融入自身的业务发展中。在产品设计、研发、生产、销售、服务等各个环节中,充分考虑 5G 安全因素,制定相应的安全措施和规范。特别是在数据采集、传输、存储、处理等关键环节,行业企业应严格按照 5G 安全技术标准体系的要求,确保数据的安全性和保密性;加强与产业链上下游企业的合作,共同推进 5G 安全技术标准体系的应用和发展。通过与设备厂商、运营商、安全厂商等合作伙伴的紧密合作,共同研发符合 5G 安全技术标准体系的产品和服务,推动整个产业链的协同发展;积极参与国家和国际相关法规和标准的制定,为 5G 安全技术标准体系的完善和发展贡献力量。通过参与相关法规和标准的制定,及时了解和掌握法规与标准的要求,及时调整自身的业务战略和技术路线,以适应市场变化和客户需求。最后,行业企业还应加强员工的安全意识和对员工的安全培训,提高其对 5G 安全技术标准体系的认知和理解。通过定期开展安全培训、技术交流等活动,使员工更好地掌握 5G 安全技术标准体系的相关知识和技能,增强员工的责任感和使命感,为企业的可持续发展提供有力保障。

总之,行业企业主动适用 5G 安全技术标准体系是履行企业责任和义务

---

① 黄旦. 中国传播学评论:研究范式的变更[M]. 第九辑. 北京:中国传媒大学出版社,2020:145.

的重要体现,也是顺应数字化时代发展的必然选择。通过加强对 5G 安全技术标准体系的学习和研究,将其融入业务发展,加强产业链合作,参与法规和标准制定以及加强员工培训等措施的实施,可以更好地适应市场变化和客户需求,保障自身的业务发展和客户信息安全。

(二)充实 5G 安全技术标准体系规则

企业行业在发挥创新精神,充实 5G 安全技术标准体系规则方面,有着重要的责任和使命。随着 5G 技术的快速发展,企业需要不断创新,以适应日益变化的市场需求和安全环境。为了更好地发挥创新精神,企业需要从以下几个方面入手。一是加强技术研发,提升自身技术实力。在 5G 安全技术方面,企业需要不断探索新的技术手段,加强自主研发,提高技术自主性,关注国际技术动态,及时引进先进技术,提高企业技术水平。二是不断探索自身 5G 安全技术标准体系规则,建立完善的安全管理制度和规范。在制定标准体系规则时,企业需要考虑国家标准、行业标准以及企业自身实际情况,确保标准体系的科学性、合理性和可操作性,并及时跟进国际标准动态,将国际先进标准引入企业中。三是建立创新团队,由具有丰富经验和专业技能的人员担任。团队成员需要不断学习和研究新的技术手段和市场趋势,提出创新性的解决方案和思路,且与外部合作伙伴保持良好的沟通与合作,共同推进 5G 安全技术的发展和应用。四是加强人才培养,提高员工的技术水平和安全意识。企业可以通过定期培训、技术交流等方式,引导员工了解最新的技术动态和市场趋势;也可以通过引进外部专家和学者,提升自身的技术实力和创新能力。五是强化安全管理,建立健全的安全管理体系。在 5G 安全方面,企业需要加强对网络安全的防范和管理,建立完善的安全监测和预警机制,加强对重要数据和信息的安全保护,防止数据泄露和信息被篡改等情况的发生。

(三)发挥 5G 安全技术标准体系效用

5G 安全技术标准体系主要包括网络切片安全技术、物联网安全技术、边缘计算安全技术、网络功能虚拟化安全技术等四个方面。这些技术相互交织,协同作用,为 5G 网络提供全方位的安全保障。5G 安全技术标准体系作为保障 5G 网络安全和数据安全的重要支撑,企业应当充分发挥其效用。通过加强人才培养、加大研发投入、推动产学研合作和完善安全保障机制等措施的实施，提升企业的综合竞争力并促进产业的可持续发展。

首先，企业要建立全面的 5G 网络安全和数据安全保障机制，明确各个部门和人员的责任分工，确保安全管理流程的顺畅运行；同时加强与国家、行业和相关企业的合作，共同研究和制定 5G 安全技术标准体系，提升整体网络安全防护能力和数据保护水平。其次，企业在应用 5G 技术时，应充分考虑技术应用的安全性，加强对业务系统的安全管理和风险防范。采用先进的安全技术手段，如数据加密、访问控制、安全审计等，确保业务系统的安全性；采用新技术、新手段，如云计算、大数据、人工智能等，提高网络安全防护能力和数据保护水平。最后，企业需要建立健全应急响应机制，及时发现、处理和应对网络安全事件和风险。通过加强与相关企业和机构的合作，建立应急响应联盟，提高应急响应能力和协同作战能力；加强人才培养和技术培训，提高员工的安全意识和技能水平。

## 三、个人义务

5G 技术标准体系的法治化有助于形成创新、积极向上的社会氛围，5G 技术的广泛应用已经涵盖数字社会的方方面面，但是从实践观察，大数据杀熟、数据窃听、隐私泄露等数据安全事件近期屡见不鲜，部分互联网平台企业凭借各种途径收集到的消费者个人身份信息、位置信息、支付信息、线上浏览信息等私人大数据，通过一系列复杂的分析和自动化决策做出严重损害消费者权益的决定，造成了较坏的社会影响。[1]因此，在平衡 5G 安全技术标准体系的利益格局时，社会层面的公众处在相对弱势的地位，针对专业性的技术问题，仅能从权利保护的角度出发，加强个人数据保护意识、发挥数据保护积极性、捍卫个人数据保护权利。

### （一）加强个人数据保护意识

企业群体与普通公众群体最大的不同之处在于数据保护意识不同。知情权作为公民参与政治生活的重要手段，在智能化时代被技术干扰隔离，公民

---

[1] 林晓玥，王天东，生帆，等. 企业数据向善：概念、测量与展望［J］. 科学学研究，2022，40（11）：2019-2026.

被无效网络信息包围，难以得到有效的信息回应与决策安排，这是大数据时代的弊端之一，也是数据信息茧房的重要表现形式之一。[1]部分普通公众因为难以接触智能设备而较少参与数字经济结构，但高科技群体则是数字经济时代权益损害的主流，这个群体包括但不限于科研院所、数据交易中心、熟稔信息技术的群体和知识水平相对较高的人。智能化的发展和社会生活类软件的更新无疑引起了社会生产生活结构的变革，改变了公民、企业和政府的活动方式，同时也意味着大量涉私数据的无序收集与利用，直接对作为行政主体的国家开启挑战，公民个人和小型商业组织对平台型企业的依赖性增强，甚至行政机关内部网络架构也要受到第三方技术企业的裹挟，数据安全与保护问题迫在眉睫。

如果说强化国家保护义务规则是为了保障普通数字群体的平等权和知情权，那么加强数据保护意识规则就是针对普通数字群体的隐私权和个人信息权展开的。加强数据保护意识的前提是能够接触数据或者产生数据，公民个人或组织首先要是数据的产生者和生产者。数据信息蕴含着大量财产性价值，这也是数据泄露的主要诱因之一。加强数据保护意识，普通数字群体一是在使用智能设备进行日常生活交往时，要重点关注平台型企业和软件的合法合规问题，减少个人信息数据的暴露；二是在软件上进行信息接收和交流时，要尽可能地关注多元化主题，避免由于机械算法而陷入信息茧房的困境，此举也可避免过多的数据被采集从而形成精准的用户画像，进一步影响数据隐私权的保护；三是要熟悉了解关于信息数据保护的法律规范，明确数字权益的基本内容，谨慎授权个人信息的使用，拒绝个人信息数据的非法收集，善于运用法律武器捍卫个人数字权益。加强个人数据保护意识，呼应技术变革的需求，强化个人数据搜集、处理、分析和保护的基本权利是保障普通数字群体核心权益的重要规则。[2]

（二）发挥数据保护积极性

数字政府、数字经济、数字社会共同构成了数字化转型的三大场域，作

---

[1] 龚向和. 人的"数字属性"及其法律保障[J]. 华东政法大学学报, 2021, 24（3）: 71-81.

[2] ALMEIDA V, FURTADO E S, FURTADO V. Personal Digital Assistants: The Need for Governance [J]. IEEE Internet Computing, 2020, 24（6）: 59-64.

为社会转型过程中的公众，信息技术介入深刻地改变着生产生活方式。在5G安全技术规范化的进程中，社会层面的个人数据权利深受其扰，但由于缺乏专业的技术知识，公众个人在安全技术标准的更新规范中，很难实现自我数据权益的表达和保护，因此在增强个人数据保护意识的前提上，公民个人必须发挥数据保护积极性。一要熟练运用相关的数据保护政策和法规，通过明确数据保护的范围、原则、责任和措施，确保个人数据不被非法收集、使用、泄露和侵犯。二要通过开展和参与宣传教育活动，提高公众对数据保护的意识，让人们了解自己的数据权益，并知道如何保护自己的数据。三要鼓励数据保护技术创新，支持和鼓励企业、研究机构开展数据保护技术的研发和创新，提高数据保护的技术水平，防止数据被非法获取、篡改、泄露等。四要加大监管和执法力度，加强对涉及个人数据的相关机构和企业的监管，对违反数据保护法规的行为进行严厉打击，确保数据保护法规得到有效执行。五要促进国际合作，在数据保护领域，各国之间的合作至关重要。通过国际合作，共同应对跨国性的数据安全威胁，分享最佳实践和技术，共同推动全球数据保护事业的发展。六要建立数据保护的伦理规范，数据保护不仅涉及技术问题，也涉及伦理问题，要明确数据使用和处理的道德准则，防止数据被滥用和侵犯人的基本权利。七要促进公众参与和监督，鼓励公众参与数据保护的决策过程，并对数据保护工作进行监督。通过公众的参与和监督，促使相关机构和企业更加重视数据保护工作，积极采取措施保障个人数据的安全。

（三）捍卫个人数据保护权利

个人数据的保护已经成为一项基本人权。每个人都应该享有对自己数据的掌控权和使用权，这是捍卫个人数据保护权利的核心原则。欧盟文件（EU）2016/679第4点明确声明：个人数据的处理应当旨在服务于人类。个人数据保护的权利不是一项绝对权；必须考虑到其在社会中的作用，同时必须与其他基本权利进行权衡，进而符合比例原则。[1]数据基本权利的掌控和使用是个人数据保护的基础，也是个人信息受到尊重和保护的前提。只有当个人能够掌控自己的数据并自由地使用时，才能真正保障自己的权益。数字化转型期，

---

[1] 曹博. 个人信息保护案例评析[M]. 上海：上海人民出版社，2021：70.

公民享有的平等权主要指数据保护的平等，每个人都应该基于个人数据享有相同的权利，无论他们的性别、种族、年龄或其他特征。隐私权作为个人数据保护的核心权益之一，主要包括个人信息、通信内容、个人偏好等，任何组织或个人不经授权就访问或泄露这些信息，都将构成侵犯隐私权的行为。知情权是公民了解政府工作情况和社会动态的基本权利，大数据时代个人信息被广泛用于社会管理和公共服务等领域，捍卫个人数据保护权利，就是要确保公民的知情权得到充分保障。政府和社会组织也应当公开使用个人信息的规定和程序，让公民了解自己的信息被如何使用和保护。个人信息权是公民对自己个人信息进行控制和支配的权利。当下个人信息被广泛应用于商业和社会活动等领域。捍卫个人数据保护权利，就是要确保公民的个人信息权得到充分尊重和保护。公民有权决定自己的信息是否被收集、使用和共享，并有权要求相关机构对个人信息进行保密和安全保障。只有让公民享有充分的个人信息权保护，才能避免个人信息被滥用和侵犯的情况发生。

# 第三章　主体标准：推进 5G 安全技术标准法治体系的头部构建

推进我国 5G 安全技术标准法治体系建设，离不开主体标准的构建。主体标准包括行业监管标准、设备供应链安全标准、运营管理标准等。在行业监管机构层面，随着 5G 网络技术日新月异的发展，虚假信息传播和个人信息泄露等问题纷纷暴露，传统的网络监管模式面临严峻挑战，因此应在对 5G 安全进行整体评估的基础上，结合我国 5G 安全技术法治体系的现状，充分借鉴域外 5G 安全监管模式，积极探索以政府为主导、融合其他形式的监管模式，完善 5G 安全法律法规，提高 5G 安全监管效能。在设备供应商层面，5G 供应链安全事关经济发展、社会稳定和国家安全，供应链安全易受突发事件影响，并且随着供应链的不断增长，5G 的受攻击面和被攻击的机会随之增多，5G 供应链安全面临着前所未有的风险隐患。因此应加快 5G 供应链安全标准的建立，构建完整的应急策略体系，有效推动 5G 供应链安全运营。在 5G 运营商层面，从传统通信到数字化通信，运营商内外发展困境交织，只有借力数字经济打造发展新模式，优化智能运营管理，主动构建安全防御体系，以更快响应、更高效率、更强战斗力赋能行业数字化转型，才能在激烈的市场竞争中占得发展先机。

## 第一节　行业监管机构层面

由第五代通信技术所带来的"百年未有之大变局"，对社会发展产生了深刻的影响。在依赖 5G 发展的数字经济领域，网络中立原则受到了极大的冲击。一方面，数据流量大幅增长，数据成为一种资源，5G 技术收集利用大量的数据为用户提供个性化的网络服务，并大大提高了数据和网络的使用效率[①]；另一方面，网络运营商出于逐利的本性，往往只会提供满足大众需求的网络服务，而忽略基本安全服务。这既违背了网络中立原则，不利于互联网公共性的实现，也可能会阻碍中小企业创新发展。与此同时，5G 技术广泛应用会催生出更多的新兴产业，由此带来的虚假信息传播和用户隐私泄露等问题也逐渐暴露出来，现有的监管体系和监管机制亟须完善以适应时代的发展需求。

在 5G 时代背景下，人人都是互联网内容的传播者，每一个用户都可以在互联网上发表自己生产的内容，同时正是由于这种传播的自由性带来了门槛低、时效强、范围广的互联网内容和新形式的互联网内容生产模式。5G 技术正以势不可当的趋势改变网络传播的内容和形式，这对互联网监管构成了很大挑战。5G 技术催生着更多互联网内容，也让针对大量复杂内容的网络监管面临严峻形势。为此，有必要去探索新的监管模式，坚持以现有的政府监管为主导，出台相应的监管规则，并逐步融合其他形式的监管。顺应时代的发展变化与要求意味着 5G 安全监管也要不断作出创新，以此适应 5G 时代千变万化的社会生产形势，保障国家网络安全和社会秩序稳定。

## 一、5G 安全技术法治体系现状

我国 5G 安全技术法治体系以《网络安全法》为核心，而《数据安全法》《个人信息保护法》等不同领域的法律为 5G 安全提出了不同维度的要求，国内一些网络平台也针对自身特点出台了微观的自治条例。但现有的 5G 网络监管体系，仍面临着缺乏对 5G 安全的整体评估、缺乏协调有序的监管体制、缺乏技术向标准转化的动力等一系列问题。

（一）目前布局

在国家政策层面，我国很早就开始意识到 5G 技术的重要性，早在 2018 年中央经济工作会议就确立了 5G 技术与人工智能、物联网技术拥有同样的

---

[①] 冯宇霄. 5G 时代背景下中国互联网内容监管对策研究 [J]. 传媒论坛，2021，4（10）：5-6.

地位，并且强调发展 5G 技术将成为 2019 年工作的重点。2020 年是 5G 商用的第一年，我国更是在多个方面推出文件指导 5G 安全保障，体现了国家对 5G 安全的高度重视。随着 5G 技术的不断发展，5G 业务应用面临着安全挑战，确立 5G 安全标准成为发展 5G 技术道路上亟须解决的问题。2020 年 3 月 24 日，《工业和信息化部关于推动 5G 加快发展的通知》明确了 5G 安全的重要性，为未来构建 5G 安全保障体系，开展安全评估，积极防范安全风险指明了方向。

在法律法规层面，以《网络安全法》为核心，给 5G 发展提出总体的要求和规范，并引申出如《数据安全法》《个人信息保护法》等法律在不同领域为 5G 安全的维护提出不同的要求。具体来说，运用 5G 技术对网络数据进行上传、下载、传输等用途要符合《数据安全法》的规定；在使用 5G 技术时，一旦涉及用户个人信息的使用、加工、买卖等，则要与《个人信息保护法》中的规定一致；除此之外，5G 作为一项受国家大力鼓励与保护的技术，它的研发与应用同样受到《著作权法》《专利法》等知识产权法律的保护。

除了这些宏观层面的规定，国内很多网络平台也针对自身特点出台了微观的自治条例。以新浪微博平台为例，微博施行了《新浪微博社区公约》《微博商业行为规范》《微博举报投诉操作细则》等一系列文件[1]，为实现互联网公民自我约束、平台自我规范提供了依据。

（二）现存问题

5G 是一张全融合的网络，广泛推行 5G 技术必然导致网络空间和现实世界相互交织、紧密结合。这也就意味着随着 5G 技术已经成为我们生活的一部分，当 5G 网络安全受到威胁时，现实生活也会受到安全威胁，也就是说传统的网络风险正在不断演化为实体的现实威胁，网络安全事件威胁在真实社会中的投射将产生远超网络行为成本的危害影响，所以 5G 安全威胁不仅仅是可能造成经济损失那么简单，还有可能影响到现实社会的正常

---

[1] 朱弘毅. 社交媒体平台自我规制的风险：以网络信息内容生态治理为例[J]. 百色学院学报，2021，34（1）：109-114.

运转。[①]当前网络安全事件时常发生，5G 作为承载大众通信的网络，本应在阻拦恶意程序、阻挡违法信息等方面发挥更大的作用，但是现有的网络监管体系并不健全，导致 5G 新业态、新技术的发展应用不可避免地要面临多重挑战。

1. 缺乏对 5G 安全的整体评估

与前几代通信技术不同，5G 技术所涉及的行业不仅局限在电信业，第五代通信技术已经和其他行业紧密融合在一起改变我们的日常生活。正是 5G 技术的应用领域广泛，所以 5G 技术的安全问题也与国家安全、公共安全息息相关。正因如此，在对 5G 技术进行评估时，不能只考虑其在电信业的影响，还要结合具体应用的行业进行全面而实际的评估。

我国早已意识到 5G 安全评估的重要性，早在 2013 年工业与信息化部、科学技术部以及国家发展和改革委员会就成立了"5G 推进组"，旨在为 5G 安全发展提前布局。"5G 推进组"先后发表了《5G 网络安全需求与架构白皮书》《5G 安全报告》《5G 智慧城市安全需求与架构白皮书》《面向行业的 5G 安全分级》等文件，分别从 5G 网络安全与需求、5G 总体报告、5G 智慧城市发展和 5G 安全分级四个维度对 5G 安全评估作了具体阐述。但若认真研读这四部白皮书就会发现，这四份报告的内容主要集中在 5G 发展某一阶段，形式上更多是对现状的总结，而未着眼于对 5G 安全整体性的评估，缺乏具有前瞻性的战略规划和具有操作性的实践指南。如果没有对 5G 安全进行整体评估，那么 5G 技术在发展的过程中就缺乏一个可供参考的安全标准。由此带来的问题主要体现在两个方面：一方面，5G 安全标准可以有效防范 5G 发展中的风险和问题，目前在缺乏 5G 安全标准的情境下，潜在的危险就会在后续的应用中逐渐暴露出来，威胁经济、社会安全；另一方面，缺乏对 5G 安全整体评估也会导致我国在国际舞台上回答与 5G 发展相关问题时无法给出清晰、有力的中国标准，无法表明中国态度。

---

[①] 刘棣，孟宪民，李阳. 5G 安全及网络监管问题探析 [J]. 国防科技，2020，41（3）：76-79，85.

## 2. 缺乏协调有序的监管体制机制

我国互联网监管从 1994 年接入国际互联网到如今人工智能、大数据行业蓬勃发展，中间经历了四个阶段：第一阶段——互联网作为新兴产物得到国家大力扶持，与互联网相关的国家政策也都是以优先鼓励发展为主，对应到互联网监管层面即较为宽松的态度与较为薄弱的管理。到了第二阶段，国家和社会开始逐渐提高对互联网监管的重视程度，基本确立了互联网监管的主体框架。随着互联网技术的广泛应用，与之相对应的互联网监管也进入第三阶段。在这个阶段，互联网产业的数量不断增长，第二阶段中所设定的互联网监管范围已无法完全覆盖全部产业范围，监管空白倒逼互联网监管的优化。而到了当下也就是第四阶段，互联网产业不断壮大，互联网已经转化为现实生产力，深刻改变着人们的生活方式，互联网监管模式面临着需要进行重构升级的局面。

在现有的监管体制中，5G 安全监管还处于比较混乱无序的状态。从监管与执法权的来源来看，监管权力大多从中央编制办公室和国务院的相关文件中得到体现，而不是以立法的形式在法律中体现，缺乏权威性。从监管的主体来看，不同的文件赋予了不同主体监管的权力，而每个主体发挥的效能也是不尽相同的，导致现实生活中既有可能出现部门职能的交叉，也有可能出现监管的真空地带。举个例子，《电信条例》赋予了电信管理部门监管与执法权，《计算机信息系统安全保护条例》又将相同的权力赋予公安机关。同时《网络安全法》中又规定网络安全监管工作由网信部门来统筹，电信部门和公安部门在各自领域协助网信部门来开展监管工作。但是网络安全监管与 5G 安全监管并不能画上等号，5G 安全除了网络安全之外还涉及关键基础设施安全、供应链安全等层面，在这些层面网信部门就难以发挥作用，5G 安全监管就会出现监管真空地带。深究各部门之间相互牵制难以协调的主要原因之一，在于我国一直采用的多元监管已经不符合三网融合的现状。为了适应 5G 技术的发展，电信网络、广播电视网、计算机互联网已经深度融合为密不可分的整体，如果人为地将监管分散给不同的机构去实行，反而不利于监管的落实。各部门监管职责、部门利益的不一致会造成监管机构无法平衡好政府、网络平台、消费者之间的关系，从而导致监管效率低下。

3. 缺乏技术向标准转化的内在动力

在 5G 安全领域,我国一直强调先发展技术,反对用政治视角去看待 5G 发展,因此出台的与 5G 相关的规范性文件大多是为了促进 5G 的发展,很少设计 5G 安全监管标准。[①]但是像美国以及欧盟等国,则将 5G 问题转化为政治问题,并将 5G 安全视为国家战略问题。在这个背景下,尽管我国不断地发展 5G 技术,形成了相对完善的 5G 生态环境,但由于缺乏相对应的 5G 安全标准,所以我国在国际 5G 话语权竞争中始终处于被动地位,阻碍了与他国的合作和进步。再加上美国的威逼利诱,越来越多的西方国家对我国 5G 供应商进行限制,以我国提供的 5G 产品不符合当地政府对可靠性和安全性的标准为由拒绝与我们合作,严重地影响了我国新兴技术的发展。

## 二、域外 5G 安全监管模式探析

随着 5G 技术逐渐走向成熟,越来越多的产业都开始应用 5G 技术来提高生产力。目前,5G 技术已经在全球范围内进入商业部署的关键时期,对于想要占据 5G 高地的世界强国来说,仅仅掌握 5G 技术远远不够,更重要的是能制定出顺应时代发展的 5G 安全标准。5G 安全已经成为各国技术竞争的中心目标之一,决定了它们在世界前沿技术上的话语权和决定权。5G 技术具有高宽带、低时延、广连接的网络特性,在给我们的生活带来无限便利、实现万物互联的同时也为攻击者入侵提供了更多的可能,给各国在针对 5G 安全保护上带来新的挑战。美国、欧盟等国出于自身实际情况的考量,在探索 5G 监管模式上给出了不同的回答。

(一)美国

美国的互联网技术以及通信技术一直走在世界最前列,第四次工业革命之后在 5G 技术层面一直处于领跑阶段,主要可以从以下三个方面来剖析美国为维护 5G 安全而采取的监管模式。

首先,对构建 5G 安全标准法治体系的重视程度上,美国深知占据 5G 技

---

① 李鹏,朱军彪. 国际竞争视野下欧美 5G 安全政策的中国镜鉴[J]. 公安学研究,2021,4(5):86-105,124.

术高地的重要性，因此将 5G 网络安全和 5G 产业领先作为国家战略，发动整个国家在法律、技术等方面的力量，加大对新型技术的开发和探索，力求实现美国在第五代通信技术乃至第六代通信技术的主导地位。2020 年 3 月 23 日，白宫发布《美国 5G 安全国家战略》，旨在加速 5G 在美国国内推广使用，该战略不仅涵盖了制定 5G 安全标准的原则，还包括了评价 5G 漏洞的流程规定等，为 5G 未来的发展点明了方向。[1] 除此之外，为了巩固这个主导权，美国还加大了对非本国 5G 设备提供商的市场打击。可以预料到在未来很长一段时间内美国还会持续对 5G 网络安全施加影响。

其次，从为了维护 5G 安全而颁布的法律来看，美国在不同领域颁布的法律构成了维护 5G 安全的理论框架。2020 年 3 月 23 日，美国颁布了《2020 年 5G 安全保障法》来确保美国国内的 5G 安全，通过政策扶持来推进美国和盟友对新技术的研发，以此保持美国的 5G 领导力。2020 年 4 月 24 日，美国众议院颁布的提案《美国电信法案》中，要求美国商务部、国家电信和信息管理局拨款 7.5 亿美元来支持全美范围内加入安全特性的 5G 部署和使用。[2] 在数据安全领域，美国是全球互联网服务器分布最多的地方，同时也是在 5G 背景下出现数据泄露问题最严重的地方，对此美国国会完善了《国家网络安全法》，从立法层面加强对公民隐私和个人信息安全的保护，并且该法案为美国政府对数据管理者的监管提供了有效的法律依据。

最后，在政府的监管模式上，尽管美国是一个强调自由与平等的国家，但在互联网监管的问题上，美国并没有采取消极的态度，反而对网络安全的监管十分严格。例如为了让青少年能够在一个健康绿色的环境下成长，联邦政府和各州政府都分别设立了相关机构进行监管。美国在政府监管模式上的严格还体现在政府与当地的机构、运营商合作，对网络信息进行分类和过滤，有效加强了监管效果。

---

[1] 余晓光，翟亚红，余滢鑫，等. 5G 安全国内外形势与政策分析 [J]. 信息安全研究，2021，7（5）：476-484.

[2] 信息安全与通信保密杂志社. 从美发布 5G 基础设施威胁要素报告看 5G 安全 [EB/OL]. （2022-02-13）[2023-11-13]. https://mp.weixin.qq.com/s?__biz=MzkwMTMyMDQ3Mw==&mid=2247545880&idx=1&sn=7eae89b1deafa807817cf3606c115b18&source=41#wechat_redirectl.

## （二）欧盟

2019年以来，欧盟出台了一系列旨在保障各国5G网络安全的政策文件，体现了欧盟对5G技术的战略自主权以及网络安全的高度重视。具体可以从对内和对外两个方面来进一步阐述。

对内，欧盟通过发布工具箱的形式来确立本地区国家的5G安全标准，评估5G安全风险。[①] 自2019年3月《5G网络安全建议》被欧盟委员会通过以来，欧盟就一直致力于探索一套可以在欧盟各国通行的安全风险评估机制和风险分析指南，来有效防范5G技术应用中的风险问题。在该建议通过之后，欧盟各国都向欧盟提交了本国的5G安全风险评估报告，之后欧盟国家网络安全协作组又相继颁布了《5G网络安全统一风险评估报告》《5G网络安全风险消减措施工具箱》等文件，旨在通过统一的行动标准，以工具箱的形式确立技术主权，形成一套管理风险的最佳机制。

对外，欧盟相继颁布的文件也要求对非欧盟国家5G供应商的安全风险进行评估，通过施行风险评估为欧盟5G安全监管筑起了一道坚实的盾牌，但同时也使中国企业在欧盟开展业务时面临严峻挑战。以维护数据安全为例，为了强化数据传输过程中的数据保护，欧盟对个人信息数据的上传、下载等程序都作了更加详细的规定。同时为了更好地保护公民的数据信息，在国际互联网传输的过程中，欧盟要求与成员国进行数据交换的流通国或接受国必须提供不低于欧盟数据信息保护的水准。换言之，当非欧盟成员想要获取欧盟公民的数据信息或者为了欧盟公民的数据信息能够在本国流通时，就需要按照欧盟乃至更高的标准去保护欧盟公民的数据信息安全。在数据安全领域强行实行的国民待遇原则虽然在一定程度上增加了数据接受国的技术负担，但是从数据安全角度来讲，这为欧盟成员国内部以及外部数据流通提供了强有力的保护标准，在全球化范围内保证了欧盟公民数据信息的安全，不失为5G安全监管开辟了一种新模式。欧盟着眼于不断限制非欧盟5G供应商在欧盟的市场投入，以更高的5G安全标准去要求非欧盟5G供应商。在美国的施压之下，欧盟发布工具箱的影响已经不仅仅对我国5G发展造成了严峻挑战，

---

[①] 林美玉，王琦. 欧盟5G安全监管模式研究[J]. 信息通信技术与政策，2021, 47（5）：60-66.

其影响已经扩大到除欧洲之外的其他国家和地区。

通过研究欧盟 5G 安全政策可以得到的启示是，5G 安全不再仅仅停留在技术层面，确立 5G 安全标准越来越带有政治属性，并且与国际关系、国家战略相挂钩。欧盟要求非欧盟国家与欧盟各国采用一致的 5G 安全检测标准，给包括中国在内的非欧盟 5G 供应商提出了更高的标准、设置了更大的难度。

（三）其他国家

英国在战略部分原先采取平衡策略，但是在美国的施压下，逐步跟随美国的步伐。2020 年，英国先是禁止中国华为核心网，但允许其小于 35%份额的有限参与，接着不再采买华为 5G 关键基础设施，最后要求华为在 2027 年前从英国 5G 网络中消失，并将华为定位为高风险供应商（HRV），可以说英国对中国 5G 供应商的态度是步步紧逼。日韩紧跟美国和欧盟，都将 5G 安全提高到了国家战略的高度，陆续公布了禁止中国 5G 企业的禁令，并且利用中国华为被欧美大力打击的契机，鼓励国内企业发展 5G 技术，不断扶植本国企业，力图将 5G 行业作为未来新经济的引擎。

近年来，西方国家对平台内容治理的态度也发生了显著变化，从"是否进行监管"迅速切换为"如何进行监管"。[①]总体来说，5G 安全标准的构建已经不仅仅是技术层面的革新，而是一项事关国家战略、法律政策等多方面的综合体。面对复杂多变的 5G 安全形势，各国政府都给出了有关行业监管的不同形态的答案。但也应该意识到的是，各国贯彻的监管模式很多程度上都是为了限制中国 5G 企业的发展，给中国相关企业的发展带来了严峻挑战。正是因为如此，我国在构建 5G 安全技术标准法治体系时，更要结合我国实际情况加大自主研发力度，尽快制定出可供全球推广的 5G 安全标准，以及遇到安全风险时可以广泛遵循的解决方案，从而保持我国在 5G 方面的话语权。

## 三、行业监管层面的顶层设计

任何新兴技术都需要经过从存在安全风险隐患到走向成熟的过程，5G 技术也不例外。综观国际国内的 5G 安全战略布局，会发现虽然中国面临着欧

---

① 戴丽娜.2019 年全球网络空间内容治理动向分析[J]. 信息安全与通信保密，2020（1）：22-26.

美国家的打压，但中国的5G仍然实现了飞速发展。随着5G在各国商用中的不断推广，5G的重要性不言而喻。5G技术拥有了越来越强的政治属性，美国已经动用了国家力量以阻止华为等中国公司在5G领域的发展，5G安全国际形势变得更加紧张。因此，结合域外经验构建符合我国实际的5G安全标准法治体系具有深刻意义。

（一）完善5G安全法律法规

目前，我国针对5G技术网络监管的相关规定主要分布在《网络安全法》《数据安全法》等多部法律，为促进网络监管有序进行已经先后制定颁布了30多部法律法规，完成了互联网监管从第二阶段监管体系基本确立，到第三阶段监管体系优化升级的转变。我国为了维护5G安全而采取的监管措施相对较为宽松，尚处于探索监管模式，即分级分层分领域监管，逐步制定监管措施。虽然法律在不断进步，但是由于法律具有滞后性的特点，导致目前的法律并不能完整地构建5G安全标准法治体系。例如在《网络安全法》中虽然已经明确了"谁收集、谁负责"是运营商使用用户信息的原则，但对于控制权的划分却没有明确的规定，这就导致各地法院在控制权纷争的案件中没有法律可依据，各执一词，尚未形成统一的判决标准。[1]需要明确的是，互联网监管不仅仅是在执法层面需要国家力量的保障实施，还应该在立法层面进行顶层设计，体现民心所向、民之所盼。因此有必要制定一部针对5G安全监管的基本法律对各部门职责进行较为翔实的规定。只有完善5G安全法律法规，才能从源头杜绝滥用权力和挑战边界的监管行为，促进5G技术更好地服务社会、服务大众。

（二）提高5G安全监管效能

在5G技术条件下，信息数据流动量大、流动速度快，信息内容复杂多样，其中很有可能携带危险信息与数据，对网络环境安全造成威胁，因此网络监管部门必须强化网络安全监督管理工作，提高监督管理力度，打造更加安全的网络环境。[2]首先，5G技术因其广连接的特性将容纳更多的网络信息，

---

[1] 丁超. 5G时代云端数据安全的法治探究［J］. 湖北经济学院学报（人文社会科学版），2021，18（1）：84-87.

[2] 裴宜春. 5G时代网络信息安全问题及对策研究［J］. 无线互联科技，2022，19（5）：9-10.

要想逐一筛查出所有不具有安全特性的信息是不现实的，但是如果确立较为死板的筛选标准又容易将有用的信息不当删除，影响正常的使用。所以网络安全监管部门在对网络信息进行筛查时，可以借鉴国外的分类许可和分级管理制度，对网络信息起到有效过滤作用，避免网络受到攻击，影响网络安全。其次，网络安全监管部门要做到监管手段的与时俱进，加强了解当前互联网发展趋势，根据互联网实际情况选择具体的监管手段，保证安全监管效果的最大化。必须加大网络安全监督管理的力度，保证网络环境健康安全。再次，为了保证执法能落到实处，提高监管效率，也要进一步增强执法人员的自身素质、业务能力和专业修养。因此有必要完善目前的 5G 人才培养体系，促进学校、企业、政府人才输出和工作配合。最后，尽管在互联网内容进行监管的过程中，法律法规起到了顶层设计的作用，让执法者有法可依，但是就像微博出台的自治条例一样，行业自律条款和对公众的普法教育也很重要且更具有操作价值，它们构成了 5G 安全监管社会层面的重要组成部分，可以有效提高监管效能。

（三）促进 5G 安全技术革新

要想构建 5G 安全技术法治标准体系，不仅仅从立法、执法上要加大力度，也要大力促进 5G 安全技术的革新。首先要设立客户端与客户端之间的安全隔离措施，对重要数据进行加密和保护，保证数据在传输过程中不受外界干扰。同时要注重关键信息基础设施的物理加固，利用现有的技术对 5G 平台的安全性和稳定性进行加强。其次要结合 5G 技术应用的行业来进行安全防护，完善安全认证和授权机制。同时，也要对第三方软件和应用进行安全评估和实时追踪，确立安全责任。最后要强化安全威胁监测，增强 5G 数据保护能力。

国际电信联盟定义了 5G 三大应用场景，分别是增强移动宽带、海量机器通信和超高可靠低时延通信，针对这三大应用场景，可以从以下方面进行技术革新：为了适应更高宽带而带来的超大流量，有必要对 5G 安全防护手段和技术进行升级；为了有效实现万物互联，让海量机器都能保持通信，有必要建立风险防御模型，建立智能动态评估机制；为了满足通信过程中超高可靠性和低延时的需求，有必要对数据认证、加密的环节进行优化，致力于为用户提供毫秒级的端到端时延和接近100%的业务可靠性保证。[①]

**（四）构建5G安全防护体系**

完整稳定的5G安全体系是减少5G时代网络信息安全问题的基础，因此为了促进我国5G技术健康发展必须将构建5G安全防护体系作为重中之重。一方面，构建5G安全防护体系时，可以参考4G安全防护体系的构建方案，尤其是要研究从3G到4G过渡时期的安全体系，可以从中汲取经验，再结合5G的新特性提高安全体系的建立水平；另一方面，从主体上来说要打造多方协同的安全治理格局，5G技术已被应用到各个行业、各个领域中，逐渐打破了行业之间的壁垒和边界，而随之而来的安全风险也在不断升级，所以更需要制定跨专业、跨行业的安全评估标准，发挥政府部门、企业、民间组织、研究机构等主体的主观能动性，明晰各方安全责任，打造多方参与协同的5G安全治理格局。[②]

**（五）制定5G安全应急预案**

对5G技术的探索还需要很长的时间，要想构建完善的5G安全标准法治体系道阻且长。虽然目前在运用5G技术的过程中有一些问题无法解决，但可以通过提前制定应急预案等方式来有效应对安全风险，减少损失。当前主要可以从经济、文化和社会三个方面来制定应急预案。首先在经济方面，不可否认的是5G技术的发展应用必然会促进经济发展，但需要注意的是5G技术所带来的经济很大程度属于虚拟经济，其稳定性无法与实体经济相提并论，因此有必要做好经济风险应急预案，保证在5G安全受到威胁时，还能保持经济增长。其次在文化方面，5G技术高速率、低时延、广连接的特性会扩大文化交流的范围，提高文化交流的效率，但无形中也加大了信息筛查的难度，很多恐怖分子借助5G技术发表不当言论，因此需要做好文化预案，优化网络文化环境。最后在社会方面，5G技术在社会中的广泛应用也会带来诸如诈骗这一类的社会问题，扰乱社会秩序。因此必须做好5G技术的管理，降低其带来的社会风险。

5G技术施行以来，已经为各个行业的发展发挥了不可替代的作用，在未

---

[①] 陈冬梅. 5G安全风险及应对浅析［J］. 电脑知识与技术，2020，16（16）：57-58，60.
[②] 艾瑞数智. 2019年5G安全行业研究报告［EB/OL］.（2020-01-08）［2023-11-13］. https://baijiahao.baidu.com/s?id=1655120523516256817&wfr=spider&for=pc].

来的社会生活中也一定会占据更加重要的位置，因此构建好 5G 安全技术法治标准法治体系尤为重要。而行业监管机构更是在 5G 安全法治体系中起着领头羊的作用，只有解决好 5G 背景下网络安全的头部建设问题，5G 应用的效率才能进一步提高，我国才能始终占领 5G 技术的战略高地，在国内带动各行各业经济发展，实现科技领跑，同时在国际上也能掌握话语权和主动权。

## 第二节　设备供应商层面

移动通信大约每十年发生一次大的变革，从 1G 到 5G，移动通信的发展也在推动着整个社会的进步。如今我们已经大跨步进入第五代移动通信时代，5G 深刻改变着我们的生活。从个人层面来说，5G 技术是实现万物互联、人人互联的重要基石；从社会层面来说，5G 技术是推动新兴行业发展，向数字化产业转型的关键动力；从国家层面来说，5G 技术更是我国在国际上拥有话语权、占领技术高地的重量筹码。5G 技术的重要性可见一斑，因此各国不断深入 5G 技术研发，促进相关配套网络设施建设，将 5G 提高到国家战略的地位，作为战略布局的重点。

5G 正在引领着全球技术革新的潮流，提供 5G 技术、将 5G 技术应用推广的设备供应商也不断涌现，5G 设备供应商围绕宽带传输速度大、延时低、通信广和数值采集成熟这四个 5G 技术的基本特征形成了一套完整的 5G 供应链。在这条供应链上，上游是制造 5G 关键芯片和模组的制造商和供应商，芯片的提供、模组的制作是深入研究 5G 技术的基础；中游是信息通信基础设施的建造和网络服务的运维，建造数量足够多、质量足够高的技术是发展 5G 技术的基石，而网络服务能够平稳运行是 5G 技术有效应用的保障；下游是与日常生活最贴近的终端设备与应用场景，广泛的终端设备与应用场景是 5G 技术最终的呈现结果，也是判断 5G 技术性能优劣最直观的方式。[1]从原

---

[1] 张祺琪，韩晓露，段伟伦. 5G 供应链安全现状及标准化建议 [J]. 信息安全研究，2022，8（2）：158-164.

材料、元器件开始,到生产出 5G 产品,再到将 5G 产品与千千万万的行业结合,向社会广泛提供 5G 服务,这样从上游到中游再到下游就形成了一个完整的供应链,它们彼此之间相互连接、相互影响。

5G 供应链是将 5G 技术从初始状态到最终呈现而形成的紧密相连的产业链,5G 供应链的安全属于 5G 安全运营领域。随着 5G 技术的不断深入发展,5G 供应链安全也受到了越来越多的关注,5G 供应链安全事关整个国家的经济发展、安全维护、科技创新等核心领域。如果 5G 供应链的哪个环节出现疏漏,首先会影响整个供应链的平稳运行,其次会给国家安全带来挑战,甚至会带来不堪设想的后果。因此有必要厘清 5G 供应链上有可能产生的风险和问题,构建相对应的风险应对手段。本节将首先分析 5G 供应链在发展中存在的问题,结合域外的经验,再从供应链主体——供应商的角度提出可行对策,以期推动 5G 安全法治标准的建设,加快 5G 网络在我国乃至全球的健康发展。

## 一、域内现状

当前,我国 5G 技术取得了飞速发展,也得到了广泛应用,同时安全风险问题也逐渐暴露,特别是 5G 供应链安全风险牵一发而动全身,亟待借鉴域外经验,构建完整的安全应急策略体系。

(一)国内现状

我国的移动通信技术从一开始的跟随、参与、奋力追赶,再到现在能与发达国家相齐平甚至超越,已经蓄力了有三十多年,其间移动通信技术取得了巨大的飞跃。5G 技术的飞速发展无不体现我国创新能力的提高,国家对 5G 技术的重视和人力推动体现在各行各业。在产业变革方面,5G 技术作为新基建之首可以推进 5G 网络行业的发展;在行业融合方面,5G 技术中的网络切片以及边缘计算等关键技术内容可以与各行业特点进一步结合,激发行业动力,形成各具特色的 5G 行业群;在国家战略方面,5G 技术也推动着国家重要战略的落地与实施,"互联网+行动计划"、《中国制造 2025》等无不依靠 5G 技术发展。国家战略的重点、技术与行业的融合促进 5G 网络的全面发展,推动 5G 发展更上一层楼。目前,我国在国际上有关 5G 标准建设的参与度得到了极大提升，5G 相关的专利数量世界排名第一，5G 技术设备水平已经达到了全球领先水平。概括而言，5G 技术的发展对于我国建设数字中国、提高国家综合实力具有深远的意义。

我国 5G 供应链管理之前更多是依靠市场，缺乏统一、集中的管理，因此相较于国外，我国对 5G 供应链安全的管理机制建设起步较晚。但随着 5G 技术应用到越来越广泛的领域中去，5G 发展也不断影响到国家的政治、经济、科技等各个领域，国家开始重视 5G 技术研发，相对应的 5G 供应链安全管理也得到了越来越多的关注，与 5G 供应链安全相关的法律法规也逐步建立起来。2016 年实行的《网络安全法》第三章第二节重点强调了关键信息基础设施的运行安全，其中第三十五条指出，关键信息基础设施的运营者采购网络产品和服务，可能会影响国家安全的，应当通过国家网信部门会同国务院有关部门组织的国家安全审查。关键基础设施的选择是 5G 供应链中游供应商应该考虑的问题，我国已经出台相关法律为此保驾护航。如果说《网络安全法》仅有一条是关于关键基础设施的运营者采购网络产品和服务时需遵守的原则性规定，那随后颁布的《网络关键设备和网络安全专用产品目录（第一批）》则是在原则的基础上进一步细化。之后，2020 年与 2021 年我国也分别颁布了不同版本的《网络安全审查办法》，从审查的范围、机制、流程等方面对设备运营商提出了新的要求。不管是更新前的版本还是现行有效的版本，无一不体现着我国为确保关键信息基础设施供应链安全、保障网络安全和数据安全，有力维护国家安全而作出的不断尝试和进步。除了这些不断更新迭代的法律，习近平总书记也在 G20 峰会上提出的《全球数据安全倡议》这一类政策、倡议书、建议等，更是展现了我国在 5G 供应链安全上的大国担当，推动全球 5G 供应链向更加开放、安全、稳定的方向发展。

（二）现存问题

前文已经提到，5G 供应链从上游到下游会涉及多方主体，而随着 5G 技术的不断发展，5G 万物互联的性质也会凸显，接入 5G 网络的终端设备数量会越来越多，种类也会越来越纷繁复杂。对应到供应链上的影响就是供应链的增长，不可控范围的增多以及暴露出来的风险和问题的增多。随着供应链的增长，5G 的受攻击面和被攻击的机会随之增多，5G 供应链安全面临着前所未有的风险隐患。5G 供应链安全要求供应链上的主体都能实现完整落实、信息保密、技术可用、风险可控的目标，换句话说就是要求从 5G 元器件、原材料的提供方开始，到 5G 产品的开发、设计方，再到最后的消费者也就是 5G 产品的需求方，整条供应链上的主体都能保证安全风险可以有效预防、有效识别、有效控制。只有预先发现 5G 供应链中存在的问题，确保 5G 供应链安全，才能实现 5G 产业整个生命周期的安全。

1. 易受突发事件影响

前几代通信技术的供应链较短，所涉及的设备供应商也较为集中，因此一旦出现供应链安全问题，通过简单的措施就可以加以解决或弥补。而进入 5G 时代，5G 技术与国家的经济、社会发展紧密相连，覆盖领域远超前几代通信技术，影响生活的方方面面。与之相对应的 5G 供应链也越来越长，从上游到下游涉及的 5G 网络产品和服务的供应商分为多个层级，供应商的地理位置也是遍布全球，加剧了 5G 供应链发生风险的可能性。随着万物互联、经济全球化的发展，5G 供应链越来越长已成为不可逆转的趋势，与 5G 网络产品和服务相关的供应链安全性可靠性以及风险控制能力都在降低，5G 供应链安全易受到突发事件的影响，面临中断或终止的安全威胁。

5G 的高速度、低延时、泛在网也对 5G 设备供应商产品的研发提出了更高的要求，需要更完备的产品来支撑整个 5G 供应链平稳垂直发展。目前我国生产的 5G 基站设备、终端产品等都在全球范围内广泛销售，也就是说我国已经拥有了研发供应链中下游产品和服务的内容，并且在国际市场上占据一席之地。但同时，位于 5G 供应链中上游的部分核心元器件、设备测试仪器、半导体原材料等却还要依赖美国、日本、韩国等国家的供应商。从国内来看，国内自主研发的上游原材料缺乏大规模的应用，国内大循环没有动力去升级迭代；从国际上来看，5G 供应链可能面临来自政治、自然等因素的影响而中断。目前，我国所面临的现状是，从 2018 年开始，美国为了打压中国 5G 发展，美国商务部直接将中国的企业、机构纳入"实体清单"，还纠集其他国家对华为公司进行有意无意的打压、抹黑。与此同时，近年来全球 5G 供应链中断的风险不断加剧。国内大循环与国际双循环陷入僵局，难以维系。我国在供应商中上游产品和服务的强依赖性，反而给了发达国家随时抽身不再继续为我国提供关键技术支持的可能性。

5G 技术门槛高，供应链长，应用行业广泛，供应链涵盖包括系统设备、芯片、终端等多方面的内容。要想发挥好 5G 的作用，支撑新型产业发展就需要持续创新和全球协同。目前全球协同过程中不确定因素不断增加，不确定的国际政治环境增加了供应链中断的风险，在这样的背景下，更要注重自身技术实力的打造和创新。如果我国不能在基础性、通用性、前瞻性的问题上加以创新，研发出属于自身、不需要依靠他国的 5G 关键技术，那么一旦出现 5G 供应链安全风险，就会面临被他国卡住技术咽喉的境地，导致 5G 产品和服务终端在短时间内无法通过采用国产硬件解决问题，从而严重影响 5G 行业的正常运营，甚至对国家的经济和社会产生重大影响，威胁经济社会安全和国家安全。

2. 易被错误业务中断

5G 供应链的正常运行需要上中下游主体各司其职，完成好属于自己的任务的同时不要越界，不要对其他环节的内容进行篡改。但实际情况是，前几代通信技术就尚未解决供应链中下游设备容易对上游组件进行恶意篡改的问题，而 5G 网络所带来的更开放的网络能力和网络技术，更是加剧了此类问题发生的可能性，一定程度上造成了新的安全风险隐患，也对 5G 数据安全保护、安全评估提出了更高要求。供应链上各层级之间的错误配置、资源滥用等活动都会影响正常的业务运行，导致供应链中断，对整个 5G 网络造成严重影响。为了确保各层级可以执行正确的命令和指示，有必要对供应链的安全等级进行分类，根据不同的网络需求对不同的设备供应商进行逻辑隔离，以确保供应链正常运行不被错误业务中断的同时，也能保障当某个防护能力比较低的环节受到恶意篡改时不会影响到其他环节，进而保护整体的网络设施安全运行。

3. 易受恶意程序控制

随着 5G 终端设备的急速增长，对 5G 设备的安全审查往往不能面面俱到，有很多未经过安全认证的 5G 设备存在被攻击的风险和漏洞，容易被恶意程序控制，从而影响整个供应链安全，造成网络安全事件。市面上的通信技术产品和上游组件也存在质量参差不齐的问题，而网络设备的激增对 5G 原始材料的安全性能提出了更高的要求，5G 元器件、原材料更新的速度无法与终端设备激增的速度相匹配，导致恶意程序趁虚而入，供应链安全形势严峻。同时 5G 网络之间也会相互作用，彼此影响，如果其中某个环节被恶意程序控制，势必影响其他环节。

4. 易引发信息泄露风险

5G 供应链产品和服务提供商分布在全球各地，供应链的层级也在大幅增加，而且相较于一般的信息通信技术，5G 网络对虚拟技术和第三方平台的依赖性会导致安全漏洞发生的可能性更大。在 5G 网络上，各供应商可以发布自己的应用，而 5G 网络上的用户信息是被这些供应商共享的，所以异地供应方以及供应方层级的增多，必然导致当某个应用的供应商违规收集用户信息并且造成信息泄露时，为了解决信息泄露所带来问题的风险控制成本会大大提高。5G 网络中多层虚拟网络应用共享信息资源，一旦发生信息安全泄露或被黑客攻击事件将会牵一发而动全身，必然也会影响其他应用的安全性能，严重时可能导致整个供应链数据泄露的风险。

## 二、域外做法

美国、欧盟、日本、俄罗斯、韩国等国家围绕 5G 供应链安全所作的部署主要集中在构建完善的国家战略、重视自身系统设备建设、实现核心芯片等关键零部件自主创新、加强国际合作等方面，值得我国进行学习借鉴。

（一）美国

美国作为科技创新的先驱，在维护 5G 供应链安全、应对安全风险等方面为我国作出了很好的表率。早在 2012 年，在我国发展 5G 意识还不够灵敏的时候，美国就发布了《全球供应链安全国家战略》，在该战略中确立了一个重要的与供应链相关的目标，就是构建一个多层次立体防御的、有弹性的供应链。随后在 2013 年美国又对该战略进行了进一步的完善，细化了要从建造关键基础设施、推动必要的立法、促进供应链安全标准的设立等方面深化供应链安全的部署要求。

由此，嗅觉敏锐的美国率先开启了供应链的部署措施，为了充分发挥 5G 技术的优势，加快 5G 供应链安全标准的建立，美国又采取了以下措施。

在系统设备建设方面,针对自身设备,美国投入大量资金、人力去研发本土 5G 设备,降低对外来技术的依赖性;针对外来设备,美国通过颁布立法,呼吁本国的运营商只能使用本土设备,不得采购其他国家的 5G 通信设备。在 2018 年颁布的《2019 财政年度国防授权法案》中甚至明确规定要限制政府机构去采购中兴、华为等中国设备的条款。换言之,为了保证 5G 供应链的主动权能掌握在自己手上,美国通过鼓励投资和自主创新对国内和国外都作出了重要的部署。

在核心芯片等关键零部件方面,美国所采取的措施与系统设备建设方面大同小异,主要体现在对中国企业采取高压打击方式。如在系统设备建设方面禁止美国国内使用中国企业提供的系统设备,在核心芯片方面禁止美国企业向中国出售元器件、原材料等技术产品。从 2016 年美国商务部对中兴通信实行的出口限制到 2018 年禁止对中国出售元器件等技术产品,以及同年美国商务部打着国家安全的名义将中国企业列入出口管制清单的做法,都在表明美国正在全方位实现技术创新,以保证在 5G 供应链上的领导地位甚至垄断优势。

在国际合作方面,美国还联合其他国家不断强调全球 5G 供应链安全的重要性。2019 年由美国牵头签订的非约束性文件《布拉格提案》从多方面对 5G 安全的重要性进行了阐述,其中提到未来社会的发展必定会依靠 5G 技术,因此每个依赖 5G 技术发展的组织都不要将自己置身之外,要与运营商和技术商一起建设 5G 网络,推动 5G 供应链安全。[①]之后,美国又在 2019 年与波兰签署的《5G 安全声明》中再次强调 5G 供应链安全的重要性,因此与 5G 网络息息相关的国家都必须保证参与 5G 网络建设的供应链上的供应商都是可靠且值得信赖的。

(二)欧盟

欧盟对 5G 网络也同样给予了相当高的重视程度,主要体现在以下三个方面。一是早在 2016 年,欧盟委员会下属的频谱政策小组就已经发布 5G 路

---

① 陆翾,张曼君,王姗姗,等. 5G 供应链安全风险与应对策略研究[J]. 信息安全研究,2021,7(5):423-427.

线图，将 5G 分为低、中、高三个频段，并在 2018 年和 2020 年最终确立了用于 5G 系统的频段。二是欧盟在 2019 年批准生效的第 2019/881 号条例《关于欧洲网络与信息安全局信息和通信技术的网络安全》，并废除(EC)第 526/2013 号条例成为世界各国推进网络安全相关法律的典范，推动了网络安全认证制度的建立。三是欧盟在 2019 年发布的《欧盟外商直接投资审查条例》（欧盟第 2019/452 号）旨在加强对 5G 外来设备商的审查力度和关键技术出口管制，表现出和美国一样的态度。

（三）日本

针对 5G 安全建设，日本也在不同的方面作出了回应：在国家战略层面，日本首先确保 5G 建设能满足国家层面的要求，而最突出的体现就是保证在 2020 年东京奥运会之前实现 5G 技术的正式商用。在 5G 设备供应商方面，日本作为积极响应美国策略的国家，在 2019 年拒绝购买中国华为的 5G 设备，而选择去购入诺基亚、爱立信等通信设备商的设备，进一步加大对中国的打压力度。除此之外，日本也限制向韩国出口关键的半导体原材料，一定程度上给韩国的 5G 产业带来影响。

（四）俄罗斯

俄罗斯建设 5G 网络的措施与我国相似，在 2017 年，俄罗斯联邦政府为了大力发展国内数字经济，正式批准了《俄罗斯联邦数字经济规划》。该规划中非常重要的一点就是国家拨款三十多亿卢布来支持数字经济和信息社会的发展。俄罗斯高度重视加快 5G 技术发展，并将之提高到前所未有的战略高度。该规划还指出，预计到 2024 年，俄罗斯的主要城市可以建立起强大的 5G 通信网络。[1]为此，俄罗斯国内正在就 5G 设备国产化积极开展工作，不断开拓研发自主创新的 5G 关键技术。

（五）韩国

2017 年，韩国发布了国家宽带/频谱计划，规划了未来一年要给 5G 分配的频段。2019 年，韩国就开始商用 5G 技术，成为全球第一个提供 5G 商用服

---

[1] 段伟伦, 韩晓露. 全球数字经济战略博弈下的 5G 供应链安全研究[J]. 信息安全研究, 2020, 6（1）: 46-51.

务的国家。同年 4 月和 6 月，韩国还提出规划到 2022 要建立起全国性的 5G 网络，并提升韩国设备供应商在国际市场所占份额。目前，韩国所采用的 5G 供应链相关技术都是从国内采购，基本是依靠三星集团或三星集团的长期供应商。不难看出，在三星集团这个设备供应商的支持下，韩国也实现了 5G 关键技术本土化的历史跨越。

## 三、应对措施

掌握 5G 核心技术是世界各国占据国际话语权，体现竞争优势的必然道路，也是我国网络强国战略的核心组成部分，是关系到我国网络安全和信息化发展的国家重点战略。从前文对我国 5G 发展现状以及与域外做法的分析，不难发现，5G 供应链安全是全球化数字经济战略的重要组成部分，5G 供应链安全需要保持动态的平衡，事关经济发展、社会稳定和国家安全，其重要性不容小觑。例如美国、日本等发达国家早已意识到了 5G 供应链安全的重要性，并且制定了相关的政策去积极防范安全风险。所以我国更应该针对自身问题构建完整的应急策略体系，接下来将会从供应链所涉及的主体——设备供应商的角度来提出应对措施，旨在实现 5G 供应链的平稳运行，确保上中下游各方均可获益，同时促进国家数字经济健康发展。

（一）构建安全体系

构建安全体系是保障 5G 供应链安全的基石。我国 5G 安全的发展受到全球 5G 供应链的影响，要想保证我国 5G 供应链的完整性、平稳性，就要加强我国 5G 供应链安全系统性建设。

1. 识别安全风险

第一步是要在遇到 5G 安全问题时能有效识别该问题是哪个环节出现的问题，并且属于哪个等级的风险。相较于一般的信息通信技术，5G 供应链面临着更复杂的外部环境，时刻需要应对来自行业服务提供商、运营商等主体的安全挑战，一旦 5G 供应链中断事件发生且各方束手无策，后果将不堪设想。只有在加快建设 5G 网络建设的同时，时刻系统性地识别风险，加强 5G 供应链安全风险评估，才能有针对性地实施有效措施，维护网络安全和国家安全。

2. 建立安全标准

通过与域外做法进行对比，不难发现我国缺乏 5G 供应链安全标准，尤其是在关键信息基础设施领域需要进一步落实和应用。5G 技术的复杂性以及 5G 与各大行业的深度融合催生着 5G 安全标准的诞生，为了解决在 5G 供应链安全方面进行网络安全评估时无标准可依的问题，有必要构建包含 5G 供应链安全评价指标、评价方法等内容的安全标准体系，加快元器件、原材料的研发进程，更是为 5G 供应链整体的安全可靠打下基础。[1]

（二）推动技术创新

推动技术创新是确保 5G 供应链安全的动力。要梳理目前我国 5G 供应链上产品、元器件、原材料的情况，厘清哪些需要依靠国外技术，哪些可以本土制造，构建"卡脖子"清单。针对需要依靠国外技术的关键技术，实现长期投入，政府组建由其主导，行业协同的攻关力量，坚持自主创新，降低对国外技术的依赖程度，实现独立创新发展。针对国内已经存在的本土制造技术，应着力提高这些技术的竞争力和抗风险能力，使其向着更高效更安全的方向发展，形成良好的产业形态。5G 设备供应商在解决好我国 5G 供应链中"大而不强，全而不精"问题的同时，要瞄准世界科学技术前沿，更要提前占领国际上的技术高地，牢牢把握技术创新的主导权，构建可靠可信可控的 5G 供应链安全体系。

（三）加快产业融合

加快产业融合是 5G 供应链安全的最终呈现。5G 发展得好不好，最终还要落地到终端设备与产业的融合中，体现在各行各业是否已经充分利用 5G 技术，并形成了"5G+产业"，在其中发挥自身的优势和特点。5G 技术要在民用商业领域得到检验，要通过大规模的应用来作为验证并保证技术安全。所以设备供应商也要开发出适合不同产业、适合新兴产业的供应设备，推动 5G 技术与农业、教育、医疗等多行业融合发展，促进 5G 技术在军用和民用

---

[1] 韩晓露，段伟伦，吕欣，等. 5G 供应链安全风险分析与对策研究 [J]. 信息安全研究，2021，7（12）：1178-1183.

两方面都能得到更好应用。除此之外,在与产业融合、接受实践检验的同时,也是在为解决"卡脖子"问题的技术创新、产品升级赢得更多的时间。

(四)加强合作共建

加强合作共建是完善 5G 供应链安全的支柱。加强合作共建分为国内和国际和两个方面,二者相互促进、相辅相成,我国始终坚持着自主创新和合作开发的原则,推动 5G 供应链的安全发展。

一方面,国内设备供应商之间可以实现信息共享,上下游供应商之间要积极沟通,共享信息,建立完备的信息共享机制,从而减少因为信息不对称而带来的一系列问题。同时,上下游设备供应商之间可以建立良好的合作伙伴关系,共同应对 21 世纪以来越来越复杂的社会环境,还能有效促进同层级供应商之间的良性竞争。另一方面,在国际上也要加强交流与合作,在这个机遇与挑战并存的时代,用更加开放包容的姿态去迎新挑战、抓住机遇。首先,面对以美国为首的对我国设备供应商的高强度打压行为,我们应时刻关注他们的政策动向来调整自己的姿态,当然更重要的是实现技术创新,早日实现有关核心技术不再受制于美国等发达国家。其次,也可以通过国际平台,参与到国际频率协调的工作中去,在保证我国有限频段的基础上,推动全球统一 5G 频率的工作。再次,要提高在网络安全、5G 供应链安全国际标准制定时的参与度与话语权,让更多世界级的标准和政策上发出中国声音。最后,我国也可以向美国学习,积极推动与其他国家的战略联盟,充分利用"一带一路"倡议红利,推动 5G 价值链、供应链、产业链的创新与完善。

在中国,5G 是大数据中心、人工智能等七大领域公认的"新基建",在发展中国数字经济方面被业界寄予厚望。通过 5G 技术连接起来的 5G 供应链已经渗透到通信、金融、农业等与我们生活息息相关的各产业中,和我们的生活密不可分。在这个因为 5G 技术不断演进而万物互联的时代,没有哪个国家可以独善其身,跳脱 5G 供应链而谈论 5G 技术的安全与可靠。5G 供应链连接的不仅是上中下游的设备供应商、运营商、消费者,更是将所有人类的命运联结在一起,国家、5G 行业、数字产业只有秉持着开放、创新、包容的态度,才能充分发挥 5G 的作用,才能实现 5G 供应链的弹性、健康发展。

## 第三节　电信运营商层面

第五代通信技术的到来给各行各业带来了巨大的机遇和挑战，通信行业也不例外。从传统通信到数字化通信，电信运营商作为提供信息化服务的"管道"和"桥梁"，也要在时代的浪潮下，深化转型工作，保持更加稳健的发展步伐，早日实现自身的数字化转型，这是推动国家整体完成数字化转型的必经之路，也是未来移动通信发展的必然方向。尽快推进转型创新，运营商需要借力数字经济打造可持续的数字化企业发展模式，以客户为中心、顺应环境变化，提供更加数字化的场景应用、智能方案等产品和服务，同时加倍重视科技创新，掌握核心关键技术，只有这样才能在 5G 发展浪潮中立于不败之地。

从目前来看，欧盟等国家的代表运营商高度重视 5G 技术的发展应用，以中国移动、中国电信、中国联通为代表的国内运营商也在 5G 时代发展中呈现出蓬勃发展、量质齐升之势。但与此同时，国内运营商仍然面临着投入成本巨大、运营收益较低、业务范围过窄、网安威胁频发等发展困境，亟待不断提高内部管理水平、持续创新企业运营模式。为此，电信运营商应积极借助信息基础设施，优化智能运营管理，抢抓发展机遇，尽快完成自身的数字化转型工作。

### 一、推进运营商加速转型

我国的电信运营商其实指的是国内的基础电信运营企业。运营商在整个通信产业链的发展中起着巨大的作用，占据着最为关键的位置。运营商是国家网络布局的开拓者，也是从第一代通信技术发展到第五代通信技术的见证者。虽然运营商的传统业务，诸如语音通话、数据流量、宽带使用等本身就带有数字化的属性，与 5G 技术发展的整体趋势相契合，但是随着互联网的高速发展，运营商传统的企业模式受到了冲击。面对时代发展给出的难题，电信运营商不得不作出相应的改变，创新传统的商业模式。

(一)借力数字经济打造发展新模式

数字经济指的是以快速流动的数据、信息为生产要素,在技术的加持下,不断提高经济发展的数字化、智能化水平,从而促进新兴技术与实体经济深度融合,重构经济发展治理模式的新型经济形态。从2012年至今,中国数字经济的发展速度已经远超同时期的国内生产总值平均增长速度。数字经济在国内经济发展中所占比例逐年增加,印证了《中国数字经济发展报告(2022年版)》中所指出的,未来产业的数字化发展还会持续加速,数字经济将成为经济发展的重要引擎。[1]因此,我国的电信运营商更要借力数字经济,打造可持续的数字化企业发展模式。

(二)顺应环境变化驱动产品服务转型

大环境的变化也是运营商转型的驱动力。从宏观角度来看,进入5G时代,经济虽然依然在增长,但增速有所放缓,对各大行业都产生了或多或少的影响,作为通信行业领头羊的电信运营商也会有所波及。从市场环境来看,各大运营商提供的产品和服务呈现严重的同质化,通过打价格战、不断降低价格来吸引消费者、占据市场份额的原始竞争手段已经不再适用,运营商之间的激烈竞争不仅会导致自身的收益降低,也会让设备供应商等其他市场主体趁虚而入。大数据、云计算等技术的应用让为用户提供定制、专属的服务成为未来发展的重点,运营商不能再仅仅满足于完成定额定量的销售任务,而是要以客户为中心,紧紧围绕客户的需求,保持敏锐的客户洞察力,从而可以提供更加数字化的场景应用、智能方案等产品和服务。

(三)重视科技创新掌握关键技术

近年来,在大数据、云计算等新兴技术的支撑下,经济发展速度持续增快,国家对科技的发展给予了高度重视。越来越多的企业开始意识到要想在5G时代蓬勃发展,就要掌握关键技术,实现科技创新,电信运营商也不例外。在世界格局发展重大变化的背景下,电信运营商要努力完成企业数字化转型,加倍重视科技创新,更快更好地建设5G事业,在5G发展中寻求一席之地。

---

[1] 王光宇. 5G时代传统通信运营商如何推进数字化转型[J]. 数字通信世界,2022(7):4-7.

## 二、国内外代表运营商发展概况

顺应时代去发展 5G 是推动国家完成数字化转型的必经之路，也是未来移动通信发展的必然方向，因此国际上主要的国家和地区都出台了相关的政策，体现出对 5G 的重视程度，各国的代表运营商也在 5G 部署上进行了大量的投资。

（一）国内

从官方披露的数据来看，以中国移动、中国电信、中国联通为代表的国内运营商呈现出蓬勃发展、量质齐升之势。目前，5G 套餐用户已经超过 10 亿，进入数字经济时代，电信运营商将持续发挥作用，积极响应 5G 生态建设。

1. 中国移动

中国移动作为国内用户量最多的电信运营商，积极推动数字化转型高质量发展，寻求符合自身条件的数字化转型模式。中国移动以"5G+"计划为中心展开 5G 发展蓝图，大力建设信息基础设施，目前累计开通超 100 万个 5G 基站。同时，中国移动持续引领着行业内 5G 标准的制定，推动 5G 技术与 AI、卫星等技术的深度融合。在社会各界的支持下，中国移动建成了全球最大的 5G 网络，5G 发展取得了显著的成果。[1]

2. 中国电信

中国电信提出从云网融合、机制创新、开放合作、内部数字化四个方面来推动"云改数转"，实现高质量发展。目前，中国电信的云网融合已经进入 3.0 模式，在网络建设、技术创新、产品运营等方面都有了进一步的突破和发展。未来中国电信还将继续加强云服务、云产品、云资源，实现信息数据的高度整合、不断拓展，提高企业的市场运营活力和核心竞争力。[2]

3. 中国联通

中国联通的发展更加注重整体的平衡，围绕高质量发展、高品质服务、

---

[1] 缴翼飞，赵子健. 四大运营商共议 5G 生态建设[J]. 宁波经济（财经视点），2022（9）：44-45.
[2] 王光宇. 5G 时代传统通信运营商如何推进数字化转型[J]. 数字通信世界，2022（7）：4-7.

高效能治理、高科技引擎和高活力运营的"五高"体系，打造了在全球范围内具备领先优势的系统化 5G 产业链。具体而言，中国联通在 5G 上的投入和发展不仅给广大消费者带来了不一样的生活体验，更是促进了实体经济和数字经济的融合，实现了行业的高质量协同发展，开辟、升级了我国 5G 产业链。

目前我国 5G 的发展水平位于国际上的第一梯队，国内三大运营商也正在不遗余力地推进 5G 建设，可以预见我国的 5G 发展水平一定会在他们的共同努力下得到质的提升。

（二）国外

1. 美国：占据头部位置

美国一直以来都很重视在科技领域的战略部署工作。2018 年 10 月，美国联邦通信委员会就已经发布了"5G 快速计划"。美国不断强调该计划的重要性，期望通过该计划的部署，以推动更多基础设施建设、释放更多频段等方式加速美国的 5G 发展进程。在 2020 年上半年，美国又发布了《美国 5G 安全国家战略》，该战略不仅表达了美国计划与其紧密联系的合作伙伴来共同领导全球 5G 基础设施的开发、部署和管理的愿望，更是从国内和国际两个方面提出了思想战略措施，正式确立了美国支持第五代通信技术的战略框架。

尽管美国尚未公布其商用 5G 投入以来建造的基站及用户数量，但是参考美国运营商 Verizon、AT&T 的网络地图可以发现，5G 网络在美国各城市的覆盖量还不是很高，5G 用户数为数百万。虽然美国在基站数和用户数上略显劣势，但其已经在全球范围内率先实现毫米波频率组网。在美国政府实行的关于释放出更多毫米波频段用于 5G 建设的政策背景支持下，美国 Verizon、AT&T 等运营商已经逐步开始将更多 5G 毫米波频段用于商用。

2. 日本：持续稳扎稳打

从 2018 年开始，日本就已经为在 5G 时代建立通信领域的国家话语权而不断努力。2018 年，日本发布了"Beyond 5G"战略，该战略指出要加速 5G 部署，一方面要在 5G 建设中加大资本投入，计划在 2023 年可以建成 21 万个基站，将 110MHz 频段都用于 5G 网络建设。另一方面，更要支持 5G 垂直产业发展，投入更多的资金力量到无人驾驶、智慧城市等先进技术中去。日本的野心也可见一斑，他们不仅提前对5G建设进行部署，还计划到2030年前可以在全球范围内实现6G的使用，并且信息基础设施可以占据全球30%以上的比例。

目前，日本的四大运营商——NTT DoCoMo、KDDI、软银、乐天都已经实现了5G通信技术的商用，迈入了新的时代进程。但是因为疫情、东京奥运会延期举行等事件的发生，日本运营商在5G上的发展稍显疲乏，与之前的预期形成了较大差距。未来日本将在后疫情时代如何进一步发展5G，也成为摆在各大运营商面前的新难题。[1]

3. 韩国：打造全球样板

韩国先后发布了两个支持5G发展的国家战略，希望5G发展成为整个国家发展的重要动力。2013年，韩国发布了《5G移动通信先导战略》，该战略对2020年前韩国的5G发展进行了详细的规划，期望通过向技术开发、基础设施建设等方面加大投资来实现5G技术与更多产业、行业的深度融合。接着在5G商用后，韩国又发布了《实现创新增长5G+战略》，新的战略计划指出，5G的发展要与韩国的经济发展更深度地融合，推动韩国成为引领全球5G产业发展、早日实现第四次工业革命的国家。相较于2013年的战略计划，该计划给韩国的发展指明了新的发展方向。

虽然韩国在国家战略层面对5G发展给予政策支持，像SKT、KT、LGU+这些韩国的知名运营商也在积极兴建5G基站并吸纳更多用户，但目前仍有一些问题存在，如5G网络虽然较4G网络在速度上有了四倍的提升，但所提供的内容和服务与4G网络并没有太多差别。同时5G的套餐价格要比4G高很多，在一些地区5G还没有完全覆盖，因此有很多用户在使用5G后又重返4G，大大阻碍了5G的发展进程。

4. 欧盟：实现政策引领

在欧盟区域内，欧盟为了支持5G的发展已经连续多年制定了一系列政策。从2013年到2021年，欧盟颁布了一系列政策和措施，从初期的在资金上加大投入，支持5G技术研发，到中期意识到要明确挑战、提前布局，与

---

[1] 王志成. 5G网络全球发展现状[J]. 通信企业管理，2021（1）：6-11.

其他国家合作，积极争取在制定 5G 标准时的话语权，再到现在越来越重视 5G 网络的安全运行，通过限制供应商、发布安全工具箱来提高欧盟区域 5G 网络的安全性能。在欧盟整体层面，制定了一系列有效的措施与政策，相应的各个国家也积极对此进行响应，例如英国发布的《下一代移动技术：英国 5G 战略》，德国发布的《德国 5G 战略》，都在一定程度上加速了 5G 发展的进程。

尽管欧盟的 5G 网络发展涉及多个国家，参与进来的运营商也有很多，他们都很重视 5G 的发展，但是根据欧洲电信协会的最新报告，欧洲的 5G 覆盖进度和人均投资金额还是远远落后于其他国家和地区。欧盟在 5G 部署上取得了一定的进展，但是距离到"2030 年人均拥有千兆网"的目标还有不小差距，所以未来欧盟为了赶上其他地区的发展进度，必将积极对投资 5G 和光纤网络的运营商给予必要支持。

## 三、国内运营商面临挑战

在 2G 时代，运营商处于垄断地位，向消费者提供的产品和服务内容较为单一，主要以短信、语音通话等形态呈现，以手机厂家为代表的设备供应商从属于运营商，所以运营商可以占据大部分的电信收入。到了 3G、4G 时代，通信产品变成了流量，但是运营商还是采取了传统的运营思路——通过升级网络的方式增加流量资源。从 4G 技术到 5G 技术，低价流量产生的红利催生互联网的进一步发展。越来越多的互联网公司越过运营商，衍生出基于开放互联网的数据服务业务。举一个最通俗的例子，越来越多的用户直接选用微信的语音通话代替原先三大运营商通话模式，运营商呈现被管道化的趋势。随着用户数量与日俱增，所需要的流量也明显增加，然而现有的流量收费模式并不能使运营商获得收益，同时还要面对来自同类运营商的激烈竞争，电信运营商的发展受到阻碍。

第一，运营商需要投入大量的成本到 5G 网络建设。数字技术设施是在传统技术设施的基础上对其内涵进行革新的新型基础设施。5G 是数字基础设施的核心力量，数字基础设施的建造关系着诸多产业、企业、行业的发展。电信运营商在长期的市场积累过程中具有天然的优势，他们掌握着用户、终端、网络等各类数据，同时也有部署数字基础设施的天然条件，因此他们必须担负起促进产业数字化转型、建设工业互联网等方面的义务。除了在第五代通信技术应用初期运营商需要投入大量的建设成本，后期由于 5G 网络运行需要较高的耗能，运营商还要投入一定的维护成本。

第二，运营商目前的发展模式收益甚低。运营商之间为了吸引用户，大幅降低了流量的单价，但是流量的增量并没有让运营商的收入增加或者保持之前的水平。一方面，实名制、提费降速等一系列政策措施的出台，确实给消费者带来了便利，但相应也增加了运营商的运营压力，运营商获取的利润收入大幅降低；另一方面，运营商借助人口红利的时代已经结束。[1]在第五代通信技术应用之前，我国人口一直呈现正增长，使用移动通话的用户数量也在不断增加，随之带来的用户流量持续增长让电信运营商保持稳定的收入增长。而现在，我国人口已经出现负增长的趋势，意味着人口红利期走到尾声，但是很多电信运营商尚未完成运营模式的转型，导致其既无法收获较高的收益，也无法满足 5G 时代的经营需求。

第三，运营商目前涉及业务范围过窄。5G 应用是促进经济社会数字化转型的重要推手，需要其与更多的产业进行融合。对于电信运营商而言，他们要在为用户提供优质网络服务的基础上，再去开拓其他的新型应用场景。目前电信运营商并没有完全意识到这一点，比如未来发展物联网服务、区块链服务是必然的趋势，但是现在物联网产业、区块链服务产业在运营商的收入占比还远远不够。其中，物联网作为第五代通信技术时代重要的新兴技术，必然与农业、制造业等传统产业融合，具有非常大的商业价值，能够带来巨大的经济效益。目前电信运营商所涉及的相关业务还比较局限，一是运营商尚未将物联网技术、区块链技术充分利用；二是已经应用这些技术的运营商在商业模式的创新、数据价值的创造等问题上都还处于探索阶段，尚未形成一个完整的定论。因此未来电信运营商应积极拓宽业务，运用新兴技术提升自身服务水平、应用性能。

第四，运营商提高内部管理水平也是亟须解决的难题。电信运营商的内

---

[1] 李良. 5G 时代电信运营商的商业模式创新研究［J］. 数字通信世界，2022（9）：148-150.

部管理主要体现在企业运营模式和人才选用等问题上。一方面是企业的运营模式，在我国，代表性的电信运营商都属于国有企业，早期国有企业为了巩固自己的地位，大多采用封闭管理、封闭经营的方式。运营商用来内部管理的 IT 软件大多采用较低的版本，而且往往分部门、分领域管理，这就导致运营商内部存在严重的系统壁垒，难以对各部门形成统一的管理。同时，未来各大运营商合作发展是必然趋势，但是各运营商之间存在多个信息系统，系统互联互通困难也必然阻碍运营商 5G 发展的进程。另一方面是企业的人才选用问题。电信运营商要想完成数字化转型就必须拥有充足的数字化人才储备。但是正如前面提到的，运营商大多是国有企业，对于专业的数字化人才来说，在激励政策、绩效考核等制度上都比不上私营企业、民营企业更具吸引力。运营商受限于现在的人员队伍构造，尚未建立起内部的人才培养机制，企业获取专业知识的渠道也有限，再加上唯业绩论的企业文化，与实际发展所需要的不相匹配，难以有效完成数字化转型的工作。

第五，运营商所面临的网络安全威胁频发。5G 技术的使用意味着运营商需要面临更大的网络发展规模和更多的网络目标用户。第五代通信时代，以人工智能、区块链、大数据为代表的新兴技术主导着 5G 的发展进程，也彰显着技术的不断更新迭代。同时还有层出不穷的网络攻击事件，威胁网络安全的事故数量也在大规模增长。一方面计算机在硬件上存在安全漏洞，会受到病毒的侵袭；另一方面在软件管理上也存在一定问题，容易受到黑客的攻击。这些问题都会让运营商的网络安全面临巨大的威胁，我国的运营商在数字化转型中遇到的保护网络安全、确立网络安全运营标准的挑战任重道远。

## 四、运营商数字化转型破解之道

新冠疫情暴发之后，5G 技术在推动疫情防控和企业复工复产方面发挥了重要的作用，数字经济逐渐成为国家经济中不可或缺、极其重要的一部分。数据成为新型生产要素，既可以推动企业的健康成长，也可以推动国家的高质量发展。随着 5G、大数据、人工智能等新技术的兴起，以数字化为代表特征的新一代产业和技术变革为电信运营商的升级带来了新的春风，电信运营商应该借助信息基础设施，早日实现自身的数字化转型，丰富国家数字经济的外延和内涵，引领数字经济的发展。

（一）扩建数字基础设施以固根本

数字基础设施是以 5G 技术为核心的新时代发展数字经济的重要基座，与许多行业有着密不可分的联系。对于已经在我国发展数十年的电信运营商而言，他们拥有足够强的实力和资本去建设和部署数字基础设施，同时运营商作为推动数字经济发展的中坚力量，更有义务和责任承担起扩建数字基础设施的工作。[①]运营商在部署、扩建数字基础设施方面发挥着重要的作用，经过数十年的市场沉淀与积累，运营商掌握着国家网络、客户终端的大量数据，而这些数据正是构建数字基础设施的关键所在，对促进 5G 商业化进程、打造工业互联网等都有着不可替代的作用。目前我国的三大代表运营商正积极响应国家的号召为数字基础设施的建设不断贡献自己的力量，其中中国移动的"双千兆"计划、中国电信的卫星移动通信以及中国联通的"东数西算"都在稳步发展中。电信运营商既要承担起扩建数字基础设施的责任，也要在通信行业里引领其他企业完成数字化转型。未来电信运营商要持续发力，积极扩建数字基础设施，挖掘出数据所蕴含的巨大潜力和经济价值，为数字经济发展建造坚实基础。同时还要带动供应商等产业链上其他产业主体的转型升级，优化原先的运营模式，实现整个数字产业上中下游的整体蜕变。

（二）优化智能运营管理以筑平台

在传统通信业务中，电信运营商更多是在扮演传输者和"通道"的角色，但是在 5G 时代随着通信业务的不断扩展，电信运营商不仅要承担部署数字基础设施的任务，更要在 5G 产业链中发挥更大的作用，挖掘新的商机与运营模式。电信运营商的优化之道可以从对内和对外两个方面展开。对内要提高企业治理水平，加强企业的顶层设计，将企业内各部门、各领域的数据以相同格式储存、管理，从而打破原来的数据壁垒现象，将数据所带来的经济价值最大化。同时整合原有的信息系统，删繁就简，简化企业运营的核心流程，确保其智能化、自动化、数字化，为企业转型提前铸造一个稳定有序的

---

① 曾剑秋，赵晓杰. 数字基础设施时代下运营商的使命与担当［J］. 信息通信技术，2022，16（3）：7-12.

平台。对外要秉持开放融合的原则，依托物联网、大数据等业务，将业务内容向 5G 产业链的上下游发展，将网络服务开放给产业链上其他的合作伙伴，把原来销售"流量"的旧模式转变为贩卖"网络能力"的新模式，让更多的企业享受到 5G 技术带来的红利，形成开放共赢的合作型生态运营模式，让 5G 服务于更多的行业，实现全行业的赋能和转型。在对企业运营管理进行优化的过程中，要将网络的高性能、广覆盖作为重点，让定制化的服务深入用户之心。除此之外，还要让最后呈现出来的产品、服务具有一体化特性，能够体现电信运营商的综合性、整体性。[①]

（三）加强数字人才培养以添活力

电信运营商要想完成数字化转型，离不开企业的核心——企业员工的素质能力的提升。建议可以从以下几个方面去加强数字化人才培养，为整个通信行业的发展注入活力。一是电信运营商首先要明确自己需要怎样的人才，所对应的具体岗位需要多少数量的人才，在明确自身需求的基础上再去招募外部的专业人才，做到各司其职、各取所需，让企业的人才数量得到大幅提升。二是完善内部人才培养体系。对企业关键技术运营岗位的人员要进行定期的培训与考核，根据各个岗位的需求去制定不同难度的学习培养计划。同时建立线上线下交流平台，让他们在实践中可以发现问题、交流问题、解决问题，有效盘活企业自身的人才系统。三是改变原有的唯业绩论、以 KPI 作为指标导向的激励机制。对在科研发展、数字化措施等方面有所创新的人才进行物质和精神上的奖励，学习民营企业更为灵活的绩效考核、岗位轮班制度，提高企业员工的积极性和创新能力，不断优化人力管理体系。四是与一些工科类高校合作，现在越来越多的高校开设人工智能、大数据等与 5G 技术紧密相连的专业，电信运营商可以与高校直接展开合作，与高校联合建立实践基地，既保证了高校的就业率，拓宽了人才输出的渠道，又为企业注入源源不断的创新力，同时还增加了运营商的人才储备。

---

① 张婧，丁丽婷. 电信运营商拓展云游戏领域的发展策略研究 [J]. 中国电信业，2021（3）：54-57.

## （四）注重产业自主创新以增优势

创新是民族进步的灵魂，也是一个国家、社会持续发展的不竭动力。目前，各国越来越重视 5G 技术的发展、5G 标准的制定，数字产业的发展水平也彰显着一个国家的软实力，各国运营商之间的竞争其实也代表着各个国家之间软实力的博弈。目前我国的电信运营商在网络覆盖率、用户数量等方面都处于国际领先地位，但是仍然存在创新能力不足，一些数字化应用场景智能化、自动化水平过低等问题。同时在国际上由于一些政治因素，我国在制定行业标准的时候往往受到一定程度的限制，如果运营商不掌握 5G 发展的核心技术，就会严重阻碍数字强国的实施进程，国家的经济发展、网络安全也会受到严重威胁和冲击。5G 时代下，以数据作为新型核心生产要素的数字经济蓬勃发展，运营商要更加注重企业自主创新能力的培养，从而提高国家在全球的竞争优势。一方面，我国几大运营商要改变原先注重相互竞争的商业理念，更加强调合力去提供新型网络服务。在 5G 技术发展的窗口期，各大运营商应该通力合作，将彼此获取到的资源进行有效整合，构建出三大运营商相互配合、共同协作的局面，形成独属于中国的品牌合力。另一方面，运营商应该加大自主创新、自主研发的力度，通过科技创新逐步解决目前行业发展中的弊端，改变部分领域落后的局面，与更多第一梯队的国家进行合作，在数字领域提高我国的竞争力和话语权。

## （五）构建风险防御体系以护安全

可靠的网络安全体系是确保 5G 技术平稳发展的重要保障，也是电信运营商能够完成数字化转型的前提，因此运营商需要主动构建安全防御体系，为网络安全构建"防火墙"。[1]首先，运营商应该建立起独立的数据安全体系，保障在特殊情况下我国有十足的把握保护自身的数据安全，防止数据的泄露，以防不被其他国家乘虚而入；其次，要强化现有的防御手段，提高防护能力，有效防止信息在传输过程中被篡改、被破坏；最后，要尽快制定好 5G 网络安全和数据安全的规范标准，将该标准尽快落实到安全人员队伍中去，并与

---

[1] 朱诗悦. 数字经济背景下运营商数字化转型问题及策略研究 [J]. 商业经济，2022（9）：154-156.

国际上的安全标准接轨，这样从内而外创造良好的数字安全环境，在一代又一代人的努力中，建立起稳固的安全防御机制、完成数字化转型的工作。

随着新一轮技术革命和产业升级变革的发生，中国的数字经济也进入了快车道。数字经济不仅是后疫情时代恢复经济的牵引力，更是国家经济高质量发展的催化剂。电信运营商有义务、有责任、有使命去打通经济发展的"数字大动脉"，在数字经济中发挥重要作用。5G时代，运营商要紧紧抓住机遇，发挥数字基础设施的优势，完成自身的数字化转型，创造更多的经济价值和社会价值。

# 第四章 内容标准：推进 5G 安全技术标准法治体系的权责构建

5G 安全面临来自内外部的各种风险挑战，且各业务应用场景安全差异明显，5G 终端和行业应用安全风险与日俱增，安全监管难度不断提高。针对 5G 发展所面临的各项安全威胁风险和现实监管需求，严格安全制度建设、完善安全标准体系、逐层完善安全防护手段、建立多元分层立体化的 5G 安全技术标准法治体系迫在眉睫。基于我国网络安全等级保护制度的基本要求，以及关键信息基础设施保护制度的相关规定，在认清 5G 安全保护和标准化需求、明确 5G 安全保护基本思路的基础上，我国应实施对 5G 安全的分类分级保护，包括划分 5G 安全等级保护对象的层级，关注 5G 网络技术安全测评中的重点难点，完善 5G 环境下的建设整改与监督检查机制等。为推进 5G 安全技术标准法治体系建设，还应进一步完善用户个人权利与运营方责任义务的法治构建，明确双方的权利与义务，厘清 5G 权利保障与义务履行的边界，切实保障 5G 用户的合法权利不受侵犯。与此同时，根据 5G 技术特点和安全保护需求，应建立健全基本安全管理机制和特殊安全管理机制，特别是 5G 网络安全制度建设要从安全管理要求和安全技术要求两大层面着眼布局，围绕 5G 基本安全保护，在法律规范和安全技术标准层面，进行 5G 安全管理制度体系建设，在技术标准、法律规范等层面，进一步从制定 5G 网络安全监测预警机制、应急处置机制、5G 应用场景安全防护机制、数据安全保护机制等方面布局，对运营商规定更加严格的 5G 安全保护责任，从而全方位多维度满足 5G 安全防护要求。

# 第一节　5G 安全风险与安全保护思路

从 5G 自身技术发展和外部应用环境来看，5G 安全风险主要包括主流新技术应用风险、通信网络架构安全风险、终端和应用安全风险、网络基础设施安全风险、数据安全威胁与风险、产业供应链安全风险等。5G 发展面临的内外部安全风险催生着 5G 安全保护和标准化需求。5G 安全保护的思路遵循网络安全等级保护的基本要求，同时要满足 5G 终端安全需求、网络服务接口的安全保障需求、5G 业务和应用安全防护需求、网络安全运营需求、数据安全需求等，最终建立多元化、立体化、全流程的 5G 安全标准法治体系。

## 一、5G 技术应用安全风险与挑战

5G 安全面临来自内外部的各种风险挑战，从内部技术层面来看，其中包括大规模应用网络功能虚拟化（NFV）技术、边缘计算技术、网络切片技术等新技术新应用风险，网络架构演进带来的开放化网络接口风险、安全运维风险，行业应用安全和泛终端化风险，网络基础设施安全风险，数据安全威胁风险以及 5G 产业供应链安全风险等。

（一）5G 主流新技术应用风险

5G 通信作为新型的移动通信网络，突破了传统的 4G 移动通信系统难以满足未来移动数据流量暴涨需求的问题，同时也带来了各项新技术风险，需要严格加以防范。

1. 网络功能虚拟化技术风险

5G 网络大规模应用了 NFV 虚拟化技术，这一新技术使得 5G 网络边界走向模糊化。一方面，虚拟化后的 5G 核心网、网管以及计费等系统的接口仍然需要与传统的物理网络采用同样或者更高的安全防护水平和安全手段；另一方面，完全基于物理隔离方式构建网络安全屏障的方式已不再适用于 5G 网络。如何有效防范 NFV 虚拟化技术带来的 5G 网络运行和基础设施的安全风险成为必须考虑的新挑战新问题。

## 2. 边缘计算技术风险

5G 网络应用了边缘计算技术，边缘计算也是 5G 网络区别于 3G、4G 的重要标准之一。所谓边缘计算，指的是在靠近物或数据源头的网络边缘侧，融合网络、计算、存储、应用核心能力的分布式开放体系。[①]边缘计算节点一般按需邻近部署，受其性能、成本和部署灵活性等因素制约，自身安全能力受到较大程度的限制，还存在不同边缘计算应用、节点及系统内部之间的安全信任问题，物理安全风险进一步提高。[②]同时，边缘计算技术还容易导致边缘网络基础设施暴露在不安全的开放环境中，网络攻击者可能通过边缘计算平台或应用的薄弱环节入手攻击 5G 核心网，造成数据泄露等网络安全风险。

## 3. 网络切片技术风险

5G 关键核心技术还包括网络切片技术。端到端的网络切片涉及无线网、承载网、核心网以及切片管理器等多个领域。[③]网络切片或分属于不同的用户或业务，不同网络切片之间存在着安全隔离、安全保护的需求。网络切片等新技术使 5G 网络能力更加开放、网络平台更加扩展，同时也导致 5G 时代下网络运营商和第三方等安全责任划分问题较 4G 时代更为突出。[④]网络切片技术为实现 5G 多业务应用场景承载将引入更多网络信令，因此其网络安全性、稳定性尤为重要。当网络切片存在逻辑错误时，会引发大规模信息泄露、网络服务不可用等安全风险。同时如果网络切片之间未做出合理的规划布置，网络将承载较大的调度负荷，导致"信令风暴"的运营风险隐患。[⑤]

## （二）5G 通信网络架构安全风险

5G 通信网络架构面临着不同于 3G、4G 通信网络的新型安全风险。一方

---

[①] 关欣，李璐，罗松. 面向物联网的边缘计算研究 [J]. 信息通信技术与政策，2018（7）：53-56.
[②] 袁静，任卫红，赵泰. 浅析 5G 环境下的网络安全等级保护工作思路 [C] //公安部第三研究所，江苏省公安厅，无锡市公安局. 2019 中国网络安全等级保护和关键信息基础设施保护大会论文集. 2019：4.
[③] 张晶，李芳. 5G 端到端网络切片技术与应用 [J]. 移动通信，2021，45（3）：40-43.
[④] IMT-2020（5G）推进组. 5G 承载网络架构和技术方案白皮书 [R]. 北京：中国工业和信息化部，国家发展和改革委员会，科学技术部，2018.
[⑤] 邯子皓. 5G 网络切片技术探讨 [J]. 现代电视技术，2021（12）：111-114.

面，5G 网络接口开放化更易遭受攻击；另一方面，5G 网络架构的不断演进增加了安全运维风险。

1. 5G 网络接口开放更易遭受攻击

与传统 2G/3G/4G 网络相比较，5G 网络架构有了较大调整。5G 网络能力开放架构基于能力开放平台，通过开放的应用程序接口（API）将网络能力开放给第三方应用。5G 网络支持多种接入方式，网络对外接口更多，并以通用接口对外呈现。伴随着网络接口的开放化，以及边缘计算形成了对核心网络应用的延伸，导致互联网攻击面增多，灵活的服务化接口更容易被攻击者利用进行攻击。开放式的通用接口在通信加密、身份认证、数据传输、访问控制等方面均存在风险隐患。

2. 5G 网络架构演进增加运维风险

一是网络功能安全缺陷导致定位难度不断加大，网络安全缺陷可能来源于硬件、虚拟化技术、网络功能软件及编排器等。二是 5G 网络的集中部署使得网络运维更加复杂化，通信系统故障、网络安全事件的影响范围将更大，网络功能故障可能导致更广泛地区的通信业务异常或中断。三是 5G 运维人员对网络功能虚拟化、网络功能开放、软件定义网络等新技术、新技能和相关运维经验的缺乏，可能导致安全风险难以得到及时有效处置。[①]

（三）5G 终端和应用安全风险

随着 5G 技术的普遍应用，5G 终端和行业应用安全风险也与日俱增。5G 终端安全风险呈现出易暴露、易扩散、管控难度大等特点。5G 各业务应用场景的安全差异明显，行业应用安全责任边界模糊，导致 5G 行业应用安全监管难度更高。

1. 终端网络安全风险更易扩散

5G 网络接入终端形态多样化，终端种类和数量繁多，5G 网络终端和业务系统的暴露风险不断增大。不同终端之间的安全能力不平衡，差异明显。那些安全防护措施不健全、缺少安全防护能力，甚至本身被劫持或包含病毒

---

① 通信安全标准工作组. 5G 网络安全标准化白皮书（2021 版）[R]. 北京：全国信息安全标准化技术委员会，2021.

的终端，更易受到恶意攻击和控制，导致终端安全风险通过 5G 网络传播、影响扩大，甚至成为大规模攻击源。同时，泛终端安全风险也会使数据泄露风险陡增，造成违法有害信息管控难度加大。

2. 行业应用安全责任边界模糊

5G 垂直行业应用安全属于端到端安全，其中网络安全、应用安全、终端安全相互交织、相互影响，网络安全责任边界较为模糊。随着 5G 技术在工业互联网、车联网、智慧医疗等各行业的广泛应用，各行业终端涉及的非通用协议安全风险也被引入 5G 网络。5G 通信网络安全风险、网络基础设施安全风险等将会影响整个行业应用的稳定运行，如一旦某个 5G 新空口受到攻击，将会影响工业系统整体的正常运转，安全生产隐患大幅提高。同时，行业应用本身存在的安全漏洞、安全措施缺位等风险也可能导致将自身安全威胁传导至 5G 网络。

3. 各业务应用场景安全差异明显

5G 网络时代提出了增强移动宽带（eMBB）、超高可靠低时延（URLLC）和海量机器类通信（mMTC）三大类业务应用场景[1]，针对不同种类的业务应用场景需要提供差异化的安全服务。如 eMBB 应用更关注数据安全保护、内容安全以及多种接入方式、多网络接口的安全认证等；URLLC 关注传统安全协议和加密算法不适应高可靠性及低时延的要求，以及 5G 超集中化密集化部署带来的相关安全管理问题等；mMTC 关注海量设备的安全认证和身份管理问题等。[2]不同的业务应用场景对 5G 安全保护和相关方的安全责任提出了不同的具体要求，5G 安全监管难度更高。

（四）5G 网络基础设施安全风险

5G 基站设备存在多种安全风险隐患，如基础设施运行容易受到恶劣天气等环境因素的影响；空口用户数据面临被窃听篡改、基站数据传输未加密完保等数据泄露风险；基站设备面临被分布式阻断服务（DDoS）攻击、伪基站电信诈骗，或者遭受其他攻击源对空口的恶意干扰，导致正常业务中断等风

---

[1] 杨红梅，林美玉. 5G 网络及安全能力开放技术研究［J］. 移动通信，2020，44（4）：65-68.
[2] 袁静，任卫红，赵泰. 浅析 5G 环境下的网络安全等级保护工作思路［C］// 公安部第三研究所，江苏省公安厅，无锡市公安局. 2019 中国网络安全等级保护和关键信息基础设施保护大会论文集. 2019：4.

险。5G 核心网设备主要用于存储用户身份标识、位置信息、服务信息、能力信息等众多隐私信息以及通信数据，管理用户的接入及会话信息，转发用户流量数据等。若未得到有效的安全保护，则会造成用户隐私信息泄露或被非法滥用。[①] 5G 服务化架构技术、虚拟化技术、边缘计算技术等提高了核心网的灵活性和开放性，但也使 5G 网络基础设备遭受攻击的接口增多，安全风险系数提高。

（五）5G 数据安全威胁与风险

5G 时代下，大量数据在云端和物联网终端传输，开放的应用环境和庞大的设备数量将招致更多攻击，从而带来数据安全问题，且更高通信速率会让数据安全威胁扩散得更加快速、更加广泛，5G 网络客观上成为重要数据泄露和个人信息滥用的"加速器"。具体来看，其一，全覆盖的 5G 基站、泛在连接的终端网络意味着大量数据和个人信息趋向透明化与量化；其二，5G 网络具备极高的开放度，在无线接入时更容易遭受外界攻击，数据安全和个人信息保护形势愈加紧张；其三，在 5G 网络终端连接了大量移动设备后，为保证设备之间信息交互的低延时性，要求减少相关的安全认证程序，甚至会授予第三方设备较高的访问权限[②]，导致数据泄露风险随之递增。

（六）5G 产业供应链安全风险

5G 供应链从企业流、信息流、资金流、物流等多个方面对 5G 产业周期的各个生态环节产生动态影响。从物理属性来看，5G 网络供应链一般由网络规划、传输设备、终端设备、无线主设备、运营商设备等构成。[③]根据 5G 技术应用的特点，5G 网络设备接入种类复杂，供应链越来越长，涉及的国家和地区越来越多，被攻击面也越来越广，5G 供应链全球化态势明显，同时其面临的安全风险也与日俱增。

其一，5G 供应链面临中断风险。5G 网络产品和服务供应链由分布在全球各地、多个层级的供应方组成。随着异地供应方以及供应方层级的逐渐增

---

① 韩文婷，邵晓萌. 5G 网络设备安全评测护航"新基建"[J]. 通信世界，2022（7）：42.
② 王欣悦. 5G 时代侵犯公民个人信息罪研究［D］. 赣州：江西理工大学，2021：3-4.
③ 陆魏，张曼君，王姗姗，等. 5G 供应链安全风险与应对策略研究［J］. 信息安全研究，2021，7（5）：423-427.

多，5G 网络产品和服务供应链的安全风险控制能力在逐渐下降。由于国际政治、自然、人为等各方面原因，5G 供应链面临断供或终止的安全风险。特别是我国在 5G 核心元器件、设备精密仪器仪表以及其他关键的生产装备上，缺乏一定的自主研究能力，有一定的进口依赖性，国内替代率较低、迭代升级进度缓慢，5G 供应链安全存在较高的风险隐患。[①]

从国际政治角度来看，全球产业链日渐出现"去中国化"苗头，美欧等国可能对 5G 供应商施压影响，对我中断 5G 产品供应或终止服务，以遏制我国 5G 技术和相关产业发展。从自然风险事件角度看，突发自然灾害、气候变化、疫情等全球性事件可能造成 5G 供应链条中断。此外还有其他人为因素，如安全生产事件、网络安全事件等均影响 5G 供应链安全。5G 供应链各个环节联系紧密，任何元器件或原材料的供应出现问题都可能导致 5G 供应链条的中断。[②] 且 5G 供应链断供事件一旦发生，在短时间内难以通过采购、生产、备货、国产替代等措施解决，严重影响 5G 产业正常运营，对社会经济乃至国家安全都将产生较大影响。

其二，5G 供应链面临来自外部攻击的风险。5G 网络由于引入的网络功能虚拟化，且 5G 供应链产品和服务提供商通常分布在多地、多层级，异地供应方以及供应方层级的增多，更易遭受外部攻击。5G 供应链安全的透明度降低、安全风险控制成本增加，对 5G 供应链安全防护和运营部署等方面提出更高的安全要求。如果不采取供应链分级分类的安全保护措施，5G 产品、数据和服务的保密性、完整性和可用性，以及产品的功能、应用性能等将遭受严重威胁。对 5G 供应链的常见外部攻击包括信息泄露、伪装仿冒、拒绝服务攻击等。单就作为 5G 供应链环节上的网络切片而言，当某个低防护能力的网络切片受到恶意篡改攻击，且没有采取必要的安全隔离机制时，其他

---

[①] 韩晓露，段伟伦，吕欣，等. 5G 供应链安全风险分析与对策研究 [J]. 信息安全研究，2021，7（12）：1180.

[②] 霍梦瑶，孙松林，王少康，等. 5G 供应链安全风险评估模型研究 [J]. 信息安全研究，2021，7（9）：822-827.

网络切片也将受到影响，进而影响网络基础设施整体安全。[1]

## 二、5G 安全保护与标准法治化需求

5G 作为新基建之首、数字经济的重要基石，融合了传统安全和非传统安全，需要为 5G 安全保护提供更为可靠有效的保障支撑、更为快速准确的安全响应，安全保护之路任重道远。

（一）5G 安全保护结构化需求

5G 安全保护需求主要集中在对 5G 终端、网络服务接口的安全保护，对相关业务和应用的安全防护，以及保证 5G 网络安全运营，确保数据安全。

1. 5G 终端用户的安全防护需求

针对 5G 终端面临的网络攻击、数据泄露以及新型网络安全风险，需要完善 5G 智能终端安全标准，加强物联网终端、5G 专用终端安全等相关标准研究。依据现行成熟的行业标准对 5G 终端安全能力开展分级测评。为保证终端用户身份的真实可靠，防止攻击者冒充合法用户获取免费的服务或更方便地开展攻击行为，需要对接入的每一个网络终端进行身份验证。

2. 网络服务接口的安全保障需求

5G 网络服务接口具有开放性的特点，存在较大安全隐患，因此需要对网络接口进行严格的安全保护。首先需要考虑的是对访问权限进行认证授权的安全保护需求。经审查和身份验证后，向信任服务基础设施获取对应服务的访问权限，开放授权服务。其次要满足权限控制需求。对 5G 网络服务应用的全过程进行合规控制，及时阻断网络服务越权访问行为。同时通过对已获取权限及时进行资源的隔离控制，防止攻击行为的发生。最后还需要进行安全行为审计分析，即对访问行为进行严格的安全审计和行为分析，对攻击或越权行为进行告警。[2]在对网络服务接口进行通信加密、身份认证、访问控制等方面从严标准、从严管理。

---

[1] 韩晓露，段伟伦，吕欣，等.5G 供应链安全风险分析与对策研究［J］.信息安全研究，2021，7（12）：1178-1183.

[2] 闫新成，毛玉欣，赵红勋.5G 典型应用场景安全需求及安全防护对策［J］.中兴通讯技术，2019，25（4）：6-13.

第四章　内容标准：推进5G安全技术标准法治体系的权责构建

### 3. 5G业务和应用安全防护需求

传统的为单一接入场景设计的安全防护机制将难以应对5G网络的安全需求。不同垂直行业应用对5G网络的安全要求不尽相同，若以相同的安全机制和策略满足所有的垂直行业安全防护要求是不现实的。考虑到eMBB、URLLC、mMTC三大典型应用场景，以及5G融合应用领域中的安全需求，需要推动相关标准的研制和支撑，为不同的应用场景和融合应用领域提供可定制的、差异化的网络安全防护措施。

### 4. 5G网络安全运营的管理需求

目前国内尚缺乏针对5G网络的安全运维标准和管理机制。应结合"5G网络全生命周期的安全管理运维、安全应急响应、供应链安全需求"[1]，加快相关标准建设，推动相关管理标准尽快落地实施，通过安全运维管理确保5G网络运行安全。同时亟须建立支撑5G应用安全的运营系统，相关运营管理系统不仅包括类似于传统网络的故障管理、配置管理、告警管理、性能管理等功能，还要包括适应5G网络特点的虚拟化网络功能管理等功能。

### 5. 5G产业发展的数据安全需求

我国5G技术发展应用在数据安全保护上仍存在较多的薄弱环节，数据安全风险更加多样化。从政策层面来看，目前5G产业发展政策对数据安全产品的解决方案和服务体系尚不成熟，政策扶持机制尚不完善，5G产业联盟企业面临保障数据安全的成本投入压力，包括基础设施部署和服务运营成本。[2]从技术层面来看，5G网络虚拟化技术造成网络边界模糊，增加了数据保护和数据安全管理责任界定的难度，网络切片技术更是对数据安全隔离提出了更高要求。同时5G接入终端数量增多、应用场景的多样化以及防护能力的差异化导致数据泄露风险提高。

---

[1] 通信安全标准工作组. 5G网络安全标准化白皮书（2021版）[R]. 北京：全国信息安全标准化技术委员会，2021.

[2] 通信信息报社. 国内5G数据安全保护供给不足　运营商有望打造业务新引擎[EB/OL]. (2022-05-13) [2023-11-13]. https://www.hubpd.com/hubpd/rss/zaker/index.html?contentId=5188146770732103271.

（二）5G 安全标准法治化需求

一是严格制度建设。从 5G 发展面临的现实风险挑战为着眼点，完善 5G 安全法律法规和监管手段，推进 5G 安全制度构建，加快提升 5G 网络安全监管能力和技术能力。以目前的网络安全等级保护制度为基础，推进完善 5G 安全管理制度建设，填补政策空白和安全薄弱地带，为我国 5G 技术发展提供坚强的制度保障。在制度建设中，要明确不同部门的职责分工，明确主要管理部门和 5G 网络运营主体的安全保护责任和义务，提高网络运营主体安全防范能力。完善的 5G 安全法治体系应包括安全技术体系、安全管理体系、完善的安全管理辅助措施等。同时包括对 5G 安全保护对象、监管范围等进行明确界定，对相关主体的安全保障责任、安全保障义务作出严格规定。

二是完善标准体系。要推进 5G 安全标准研制和技术攻关，构建 5G 网络基础设施安全标准体系，不同垂直行业企业应通过标准化组织制定统一的安全标准。科学规划、前瞻布局，发挥 5G 安全标准在 5G 产业发展中的引领性、基础性、规范性作用，推动 5G 网络应用发展和网络安全部署同步规划、同步建设、同步运行。在 5G 标准体系建设中，第一，要紧密围绕 5G 网络安全需求，满足基础共性安全、网络运营安全、新技术新应用安全、网络终端安全、信息安全、数据安全等各个方面的安全要求；第二，要做好 5G 网络安全标准与关键信息基础设施安全标准、网络安全等级保护标准等国家标准的衔接，充分借鉴现有网络安全国家标准体系中的基础通用性标准，使得相关安全控制点映射到 5G 安全保护主体上形成保护机制；第三，要密切跟踪 5G 技术和应用发展趋势，随着 5G 技术演进和融合应用的持续深入推进，不断更新完善 5G 网络安全标准体系，加速 5G 安全生态标准共建和国际协同。

三是逐层完善安全防护手段。结合 5G 网络新特性，确定安全准入原则，保证数据的机密性、完整性，制定内部安全管理制度和操作规程，采取预防性技术措施，保障网络功能的可用性。在用户层面，确保用户身份标识的唯一性、安全性、真实可靠性。同时做好个人信息保护工作，防止敏感数据、隐私信息遭到泄露。在应用层面，提升 5G 网络应用安全能力，平衡网络功能、设备性能与安全需求。如涉及保密的，还应当依据国家保密规定和标准，同步实施"保密"和"密码保护"措施，并结合系统实际进行保密防护和保密监管。

四是建立 5G 网络安全分级分类保护机制。将 5G 网络安全风险涉及的各个领域进行分类，划分优先级，沿用网络安全等级保护的基本方法，对 5G 安全管理工作要求、工作流程、安全风险等级、密码管理等方面均作出细致规定，建立分级分类安全保障机制。同时还要突破传统网络安全的界限，将常态监管与风险预警相结合，将网络基础设施安全与 5G 终端应用安全相结合。统筹考虑共性安全风险与新型特殊安全需求，采用多层次、多架构设计，在 5G 技术框架各个不同区域中实施安全分类保障，建立差异化的 5G 网络安全保护机制，制定实施 5G 安全风险分级分类保障机制的统筹性、系统性、可操作性规定。

### 三、5G 安全保护的基本思路与做法

5G 安全保护基本思路和策略沿用网络安全等级保护思路，同时在 5G 新技术环境下，将出现新的等级保护对象，相关安全监管机制也需要根据 5G 本身的技术特点来展开。

（一）网络安全等级保护的基本思路

5G 时代数据安全和信息泄露、身份鉴别和访问控制、测评体系和安全标准等安全问题愈加突出，5G 技术演进带来的网络安全风险不断提升，5G 技术相关的网络安全等级保护需要兼顾来自多方面的安全威胁挑战，如不仅需应对 5G 新技术安全风险，同时要应对 5G 网络所运用的边缘计算、物联网、大数据、人工智能等新技术所带来的安全风险。因此，5G 安全防护难度更高，5G 环境下的网络安全等级保护工作面临重重挑战。5G 环境下网络安全等级保护面临的挑战主要来自两大方面，一是技术融合使得安全防护难度加大，二是等级保护的安全职责界定难度加大。[1]构建 5G 安全技术标准法治体系，需深入研究、综合考虑多种技术融合下的安全防护策略。

根据网络安全等级保护制度的规定，我国 GB/T 22239—2019《信息安全技术 网络安全等级保护基本要求》作为基础安全标准，采用的安全框架结构

---

[1] 万敏. 5G 移动通信对网络安全等级保护挑战与思考［C］//中国新闻技术工作者联合会 2021 年学术年会论文集. 北京：中国新闻技术工作者联合会，2021：8.

包括安全通用要求和安全扩展要求。安全通用要求适用各个行业和领域，安全扩展要求则针对个性化保护需求提出，是采用特定技术或特定应用场景下的等级保护对象需要增加实现的安全要求[①]，具体涉及云计算平台、移动互联、物联网和工业控制系统四项新型应用领域。现有的等级保护安全技术标准对5G技术应用领域的指导性并不全面，在安全防护层面缺少针对5G技术的权威性指导性标准规范文件。而随着5G技术的快速发展应用，可以预见未来5G应用领域的相关网络安全保护标准也会被纳入安全扩展要求中。

鉴于5G网络环境的新特点，按照网络安全等级保护制度基本要求开展网络安全防护工作的难度进一步加大。在防护工作中需要充分应对5G网络应用的多种新技术所带来的安全风险挑战。相比于传统移动通信技术，5G技术融合应用的边缘隐私计算技术、虚拟化技术、网络切片技术等安全风险隐患极大提升了安全监管难度，网络安全等级保护的难度随之大大增加。与此同时，根据原有的安全防护策略，安全区域的设置是根据等级保护对象划分的，而5G网络安全等级保护对象的安全责任界定困难。[②] 在5G环境下，传统基于物理资源边界划分的方法不再适用，鉴于5G环境下的等级保护对象与传统信息系统相比有其特殊之处，必须考虑新情况新问题科学界定5G运营商、终端用户、第三方应用之间的安全责任界限。

在5G新技术环境下，等级保护对象如何定级、测评、监督等方面都需要根据5G本身的特殊技术特点来展开。首先，应识别新的等级保护对象。如5G网络大规模商用化后，将出现新的等级保护对象，即网络切片服务平台及应用。5G网络运营商可以利用5G技术直接将网络切片作为一种服务能力对外提供。在切片即服务的商业形态下，5G安全保护工作涉及基础设施提供者、网络切片提供者、切片网络经营者、网络切片租户等多个不同的角色，如何划分5G安全等级保护对象的层级成为5G定级必须考虑的问题。

其次，关注5G网络技术安全测评中的难点。在测评时应着重关注5G新技术在应用过程和应用环境中是否能够保证安全，拓展测评广度，提升测评

---

① 马力，祝国邦，陆磊.《网络安全等级保护基本要求》（GB/T 22239-2019）标准解读[J]. 信息网络安全，2019（2）：77-84.

② 马遥. 5G环境下网络等级保护工作策略研究[J]. 通信电源技术，2020，37（5）：212-213.

深度，深入细节做好安全评估，综合评价 5G 技术应用安全风险，以最大限度地规避安全风险。同时，5G 网络中涉及终端与服务器之间、终端与基站之间、基站与核心网络之间等各级节点的远程传输，传输过程中的数据安全、身份鉴别以及传输安全等均应作为等级测评的重要关注点。特别是 5G 网络终端包括智能硬件、智能可穿戴设备、智能车载终端等新型移动智能终端，智能终端泛在化、精细化成为趋势，如何对大量泛在化终端进行抽样测评是 5G 安全测评过程中的难点。[①]

最后，完善 5G 环境下的建设整改与监督检查机制。建立 5G 安全常态化监督检查机制，针对等级测评以及安全自查中发现的安全风险隐患，5G 网络运营者应制订网络安全建设或整改计划，建设符合等保要求的网络安全设施、安全管理组织和管理体系，落实整改措施，及时消除安全风险隐患。

（二）5G 安全标准法治体系的系统化

第一，构建多元立体的综合防护体系。以网络安全等级保护制度、关键信息基础设施保护制度和网络运行安全制度为基础，建立健全覆盖"点、线、面"的多元立体 5G 安全标准体系。提升 5G 安全综合治理能力，在完善 5G 制度建设的基础上，将基本制度要求转化为技术标准和具体工作要求，完善 5G 内生安全机制。从"面"上看，5G 安全标准体系应统一规划、全面布局，协同发挥安全防护能力。从"线"上看，应着力打造全流程 5G 安全防护措施，改变传统安全防护理念，有效提升安全运营能力。从"点"上看，以 5G 发展全生命周期的各个环节为切入点，采用安全系统开发生命周期（S-SDLC）管理方法，以满足各个节点的业务安全需求，充分降低业务自身安全风险。[②]同时严格按照网络安全等级保护制度的"三同步"原则，同步规划、同步建设、同步运行 5G 安全保护措施。

第二，双维度双线轴、由内而外维护 5G 安全。鉴于 5G 安全涉及的应用场景和接入终端多样化，应从 5G 网络和应用两个维度维护 5G 安全，切实保障 5G 网络和应用安全。在 5G 时代，工业互联网、物联网、车联网等垂直行

---

① 袁静，任卫红，赵泰.浅析 5G 环境下的网络安全等级保护工作思路[C]//公安部第三研究所，江苏省公安厅，无锡市公安局.2019 中国网络安全等级保护和关键信息基础设施保护大会论文集.2019：4.

② 张滨，邱勤，张峰.5G 信息基础设施安全保护思路与实践[J].警察技术，2021（1）：17—20.

业应用的安全防护等成为重点关注领域。5G 产业链内部各方应加强合作协同，确保各环节安全。5G 应用场景安全值得高度重视，应将 5G 网络接入终端的安全风险纳入 5G 网络安全风险一并管理，建立配套的安全防护措施。向下重点保障 5G 基础设施安全，向上为 5G 行业化应用提供有针对性的安全配套措施。同时由内而外形成安全防护机制，对内"夯实设备和控制安全"，强化各类智能终端、工业生产系统等接入安全，对外建立并不断提升公共互联网系统平台、标识解析系统、App 应用等的安全防护和风险监测预警能力。[①]

第三，做好全链条、全过程安全防护。围绕 5G 安全技术标准法治体系建设，应建立事前、事中、事后的 5G 全流程综合防护体系，进行动态防护、主动防护、精准防护。其一，将安全防护重心前移。在事前，满足风险评估、态势感知、监测预防、通报预警等安全要求，提高安全风险识别能力，主动感知安全风险。其二，加强事中应急处置能力。实现对 5G 突发安全事件的及时应急响应处置，纳入现场检查、通案事件调查、数据防护、灾难备份、应急处置、紧急断网等安全技术措施，以第一时间将安全风险威胁和不利影响降到最低。其三，事后巩固加强安全防护部署。通过对 5G 网络安全事件进行事后溯源分析，巩固加强动态防护体系，加快形成防范和应对 5G 领域新型安全风险的关键能力，以最大限度降低风险、防止攻击威胁，保障用户信息及 5G 系统的安全。

第四，技术和管理双互动双促进。5G 新技术的发展倒逼网络安全技术防线和相关管理规定需要与时俱进、查漏补缺，相关的 5G 技术标准体系和管理方式需要双重并进。针对 5G 新技术平台的定级测评流程规范及相关的技术要求[②]、5G 安全管理制度建设等相互促进、互为抓手。通过技术标准创新完善监督管理机制，运用标准化手段规范 5G 管理，再通过严格管理推动 5G 技术创新，从而守好安全防线，为 5G 技术进步和应用产业发展保驾护航。

---

① 张滨. 构建"5G+"安全生态提升工业互联网防护水平[J]. 安全与健康，2020（3）：35-37.
② 傅钰. 网络安全等级保护 2.0 下的安全体系建设[J]. 网络安全技术与应用，2018（8）：13，16.

第四章　内容标准：推进5G安全技术标准法治体系的权责构建

## 第二节　权利与义务履行的法治构建

在5G时代，不应仅考虑5G技术风险治理问题，更要全面考虑如何构建整体性的法律治理体系问题。为推进5G安全技术标准法治体系建设，应进一步完成用户个人权利与运营方责任义务的法治构建，明确权利保障与义务统一的原则，厘清5G权利保障与义务履行的边界，切实保障5G用户的合法权利。应依据我国《网络安全法》《个人信息保护法》《数据安全法》等相关要求，在法律法规层面进一步明确规定政府部门监管职责。根据5G安全风险和技术特点，细化5G网络运营者的法律责任和安全保护义务。5G相关权利与义务的法治构建应注意在个人权益保护和社会自主创新之间实现平衡，为个人权益保护和5G的行业健康发展保驾护航。

### 一、明确权利保障与义务履行的核心

5G安全不仅包含网络安全范畴，5G垂直行业的很多应用业务与人身安全、社会安全乃至国家安全紧密相关，一旦发生5G安全事故，其后果不堪设想。应对5G的新技术风险和政治安全挑战，相关法律规范应调整与5G相关的安全关系，明确相关各方的主体责任，重构各方义务。

（一）5G安全的责任与义务履行主体

总体来看，5G安全防护的责任与义务主体主要分布在三个层面。

在行业监管层面，5G监管机构有责任通过法律法规的建立和完善5G网络安全标准体系，制定统一的5G网络安全标准和验证标准。依据上位法《网络安全法》，推动相关管理部门各尽其职，制定较为严格的监督管理措施，组织制定并适时修订有关5G网络安全管理以及5G产品、服务和运行安全的相关国家标准和行业标准。政府和行业监管部门还应做好5G发展关键性战略资源监管和5G供应链安全管理。

在5G运营层面，其一，运营商有责任采取必要措施保障5G网络运行安全，给行业应用、5G用户提供安全可靠的5G网络，保障5G用户的网络业

务安全稳定运行，保障相关 App 应用安全稳定运行。其二，运营商有责任保障 5G 关键信息基础设施安全。其三，运营商有责任和义务维护 5G 数据安全，保护用户个人信息安全及其他合法权益。

在 5G 供应层面，5G 网络设备供应商应遵从相应的设备制造标准和相关法律规定，为运营商提供安全的网络设备，其提供的产品应当符合相关国家标准的强制性要求，不得设置恶意程序，并能够采取必要的安全缺陷、漏洞补救措施，履行其所提供产品的安全维护义务等。[①]

### （二）5G 时代个人信息安全亟待保护

随着超高速率、超大连接、超低时延特性的 5G 网络对生产、生活和社会治理等各个领域不断赋能和渗透，被收集和处理的个人信息在种类、数量、颗粒度、实时性等各个维度大幅提升。[②] 如何在 5G 时代合理合法合规地使用数据，实现个人信息安全管理，成为亟待解决的问题。

由于个人数据权益、侵犯个人隐私信息行为波及范围的蔓延，对整个社会的法律权益保护、本罪打击面的广度和深度都提出了更为严格的现实要求。对此，5G 社会应筑牢网络信息安全防线，为 5G 数据安全保护、个人信息安全保护提供更为有力、更有针对性的法律保障，拧紧个人信息保护阀。同时为推进城市治理更高效更智能，社会公权力主体应持续探索出在合法合理的限度内实现公民个人信息最优合规使用的路径。应确立个人信息保护与利用多赢的新思维，实现"三方平衡"，即个人对个人信息保护的利益、信息业者对个人信息利用的利益和国家管理社会的公共利益之间的平衡。[③] 毕竟，隐私权与个人信息保护从来都不是绝对的权利，而是要在私人利益和公共利益之间进行权衡。[④] 5G 数据安全和个人信息保护的目标是既要加强个人信息保护以维护信息主体的权益，又要推动数据的流动与有效利用，充分发挥 5G 功

---

[①] 朱莉欣，李康. 网络安全视野下的 5G 政策与法律［J］. 中国信息安全，2019（9）：94-96.
[②] 张新宝. 互联网生态"守门人"个人信息保护特别义务设置研究［J］. 比较法研究，2021（3）：11-24.
[③] 张新宝. 从隐私到个人信息：利益再衡量的理论与制度安排［J］. 中国法学，2015（3）：38-59.
[④] 谷兆阳. 民法典中隐私权与个人信息保护的关系［N］. 检察日报，2021-08-25（3）.

能和社会价值。①

1. 个人信息保护的必要性

现今信息泄露问题更加严重。当前,数据利用和保护已上升至国家战略层面,与此同时与数据安全相关的信息泄露事件频发。中国互联网络信息中心《第51次中国互联网络发展状况统计报告》显示,截至2022年12月,有19.6%的网民遭遇个人信息泄露。5G时代,各种智能终端时刻收集着用户数据,更多的传感器将收集和分析更多的信息,个人信息被大规模收集、存储以及传播,用户信息泄露的概率不断增加,个人信息保护的监管难度也在提高。据统计,信息泄露事件发生的主要原因有:黑客攻击、数据库漏洞、公开数据库、网站漏洞、非授权访问、"内鬼"泄露数据等。针对日益发展的新技术新应用、5G时代下的物联网普及以及个人信息泄露的情况频发的现状,制定完善的信息保护措施已经迫在眉睫。

新型信息滥用现象频繁发生。为了更好地实现个人信息保护,除了重视个人信息泄露问题,如何防止个人信息滥用也是非常重要的问题。对个人信息的滥用情形主要包括超范围收集、超目的使用等。例如现今在公共消费场所,越来越多的商户和应用要求消费者使用"人脸识别"成为趋势。2021年1月,新京智库对78款热门的App进行了测评,其中有67款App支持人脸识别。经调查发现,商场、景区、小区、办公楼以及政务机构等公共场景均不同程度存在人脸识别技术滥用的现象。在支持人脸识别功能的App中,46.27%的App没有明确的人脸识别使用协议,或在人脸识别功能中没有征得用户同意。②个人信息被滥用、数据权力被滥用的风险需要高度警惕。在5G时代,采集、使用个人信息的活动可以贯穿于网络活动的始终,为个人信息滥用滋生了无限空间和可能。

侵权行为表现更加隐蔽。5G智能终端对个人信息的收集方式、收集类型等依托技术能力、商业模式而不断发展,容易淡化采集、使用个人信息的传

---

① 董宏伟,苗运卫,袁艺.《个人信息保护法(草案)》视角下5G数据安全的挑战及应对[J].中国电信业,2021(1):37-41.

② 王春蕊.人脸识别滥用现象调查[N/OL].(2021-01-26)[2023-11-03].http://epaper.bjnews.com.cn/html/2021-01/26/content_796796.htm?div=0.

统形式和传统范畴。5G 智能终端收集个人信息的方式从公开转向隐秘，有关个人信息收集、分析的大规模商业利益群体日渐形成，悄无声息地收集个人信息变得易如反掌。由于侵权行为表现得更加隐蔽，一般用户对此并不会直接产生个人信息被收集的强烈感知。随着信息主体对个人信息的保护能力和感知敏感度逐渐丧失，商业主体为了收集个人信息，直接将信息收集和分析的授权与浏览、消费相捆绑，迫使公众主动或被动放弃对个人信息的保护。

2. 个人信息保护的现实困境

当前，对侵犯个人信息的"全程打击"仍待完善。5G 时代，现有公民个人信息犯罪法律评价体系无法应对新型的个人信息泄露和信息滥用。"合法获取+非法使用"环节仍处于刑法评价的空白阶段，难以精准打击对个人信息的非法获取、非法使用等行为。特别是当前侵犯公民个人信息的危害性恰恰体现在非法使用环节。鉴于新型信息滥用现象频发的现状，有必要健全相关法律体系，兼顾"前端治理"与"全程打击"的治理模式，加以犯罪全链条的规制。对于人脸、指纹等生物识别信息的采集、使用等环节，应制定专门的信息保护细则和标准规范，构建多层次监管体系。

5G 互联网大数据企业未受到重点规制。从获取个人信息的体量来看，以数据为中心的互联网平台企业作为 5G 时代涌现出的新型经济组织和商业模式，对公民个人信息的占有率和应用度飞速增长，在公民个人信息占有量、利用率以及传输速度上都是自然人与传统企业无法企及的，相较于传统企业更具有垄断个人信息的能力。因此，从可能造成的社会危害性上来看，大型互联网企业日渐成为侵犯公民个人信息犯罪的典型主体，其实施犯罪行为造成的破坏量级和危害性也是传统企业不可比拟的，其对个人信息的侵犯行为对社会秩序造成的影响将更恶劣、更广泛。[1]因此，监管 5G 大型互联网企业理应区别于传统企业，对大型互联网企业与传统企业应做到分类管理，细化与区分两者对个人信息保护的责任。

监管滞后情况表现突出。结合 5G 网络时代特点，公民个人信息的侵犯行为趋于规模化和严重性，社会秩序往往被严重扰乱，其社会危害性呈现出由侵

---

[1] 王欣悦. 5G 时代侵犯公民个人信息罪研究 [D]. 赣州：江西理工大学，2021.

犯个体法益向侵害公共法益演变的趋势，致使社会危害后果更加严重，更加难以预料、难以控制。然而在法制层面，对个人信息侵犯行为的社会危害性并没有得到充分体现。现行个人信息保护法律体系建立的基础仍是互联网，侵权工具也多停留限制在网络层面，往往忽视了 5G 网络技术的延展性、主动性，以及在信息处理方式等方面质的改变，监管滞后的情况仍比较突出。与此同时，当前在个人信息保护方面，随着 5G 时代人工智能、云计算、物联网、移动互联网等新技术的快速发展，必要的技术反制手段仍未起到其应有的作用。

（三）个人信息主体的六种基本权利

明确个人信息在收集与使用过程中信息主体具有知情权、获取权、更正权、拒绝权、删除权、被遗忘权等权利，建立健全信息主体维护个人信息权利的机制。

1. 知情权

知情权，是指信息处理者在收集个人信息时应告知信息主体其个人信息处理目的、范围、方法、储存时间，以及信息处理者的基本信息等内容，信息主体对此享有知情权，信息主体在充分知情的前提下自愿作出同意与否的决定。个人信息的知情权是个人信息处理透明原则的基本要求，是个人信息权利中最为核心和最为基础的权能，也是个人信息不同于隐私的重要内容。[1] 数据主体的知情权是信息收集处理合法化的基础。[2] 用户个人敏感数据一旦以电子数据的形式提交至数据控制者和数据处理者，用户对个人数据的使用、流转、删除等将难以追溯，个人数据的收集环节是个人数据生命周期的入口，是个人信息保护的最重要一环。

需要注意的是，区别于隐私，个人信息不是要被严密保护起来不为人知、不为人用，而是要在充分尊重个人信息主体知情权的前提下，通过知情同意促进信息的处理使用，从而最大限度地实现个人信息的社会效益。数据主体的知情权赋予了大数据时代的数据主体对自身个人信息的控制力和参与权。相较于数据控制者和数据处理者在非授权情况下的数据活动，数据主体只能

---

[1] 申卫星. 论个人信息权的构建及其体系化 [J]. 比较法研究，2021（5）：1-13.
[2] 蔡星月. 数据主体的"弱同意"及其规范结构 [J]. 比较法研究，2019（4）：71.

采取事后救济的方式，不仅成本巨大，且会导致数据的高消耗回流，阻碍数据产业的发展。事前的同意与合法授权使得数据能够更好地发挥在市场流通中的价值，促进数据产业可持续发展。数据主体的知情权有效促进责任的合理配置，起到了风险预防的作用，有利于防止数据失控。

根据 GB/T 35273-2020《信息安全技术 个人信息安全规范》的规定，个人数据可以划分为一般数据、敏感数据和高度敏感数据三类。其中，收集一般个人信息，应向个人信息主体告知收集、使用个人信息的目的、方式和范围等规则，并获得个人信息主体的授权同意；收集个人敏感信息前，应征得个人信息主体的明示同意，并应确保个人信息主体的明示同意是其在完全知情的基础上自主给出的、具体的、清晰明确的意愿表示。此外，个人生物识别信息属于高度敏感数据，收集个人生物识别信息前，应单独向个人信息主体告知收集、使用个人生物识别信息的目的、方式和范围，以及存储时间等规则，并征得个人信息主体的明示同意。尤其是在医疗领域，使用敏感数据时需要严格遵循规定程序，由数据主体以书面形式同意数据处理者合理使用数据后方可使用。[①] 例如一般情况下，个人健康数据的处理被视为对数据主体构成高度风险的行为，包括歧视和隐私泄露等风险，所以将数据主体的知情同意作为法律依据和敏感数据使用的例外原则，处理个人健康数据通常比处理其他领域数据所需的同意类型更为正式。许多国家的法律要求使用敏感数据时需要书面同意，如在处理健康数据方面需要更严格的同意要求。这些要求在传统上表现为医疗保健环境中的知情同意书。多年来，签署同意书被视为知情明确同意的黄金标准。

虽然知情权不是处理敏感数据的唯一法律依据，但它是最重要的依据之一，而且对于许多没有其他选择的数据控制者和处理者而言，例如，传统医疗保健或科学研究环境，数据主体的同意可能是唯一可用的基础。书面形式的同意并不是简单的一张纸，数据的预处理者需要提前预测潜在的数据主体或者风险者，并且告知数据处理的具体流程，在面向的数据主体实际聚集到

---

① 刘云. 健全数据分级分类规则，完善网络数据安全立法 [EB/OL]. (2020-09-28) [2023-11-13]. http://www.cac.gov.cn/2020-09/28/c_1602854536494247.htm.

某个位置后提供必要的材料,并保存签名的表格记录。但随着数据共享能力的提高,传统的书面同意形式由于高成本被视为一个更大的障碍。比如远程机构之间传输医疗记录或者在各种情况下对患者进行远程监控或治疗,需要同意尽可能地细化,而静态的书面同意形式往往滞后于现实的紧急需求。所以在医疗系统数字化的基础上,需要创立新的统一形式,如电子或远程同意程序。

我国《个人信息保护法》明确规定信息主体享有知情权,但是对信息处理者应该公开的内容并没有作进一步的明确。数据主体通常通过数据控制者和处理者的相关隐私政策知晓相关信息,如该企业的服务类别、业务功能以及各个业务功能;收集了哪些信息、收集信息的目的;需要申请哪些权限、申请权限的目的;个人信息的使用范围,能否注销账户、注销账户后个人信息的处理方式;用户的权利及实现路径、投诉建议的渠道等。完整的隐私政策能够让用户更充分地享有知情权。根据欧盟《通用数据保护条例》(*General Data Protection Regulation*,GDPR)的相关要求,数据控制者应当遵守透明性原则,其应向个人信息主体提供的信息应包括控制者的身份和联系方式、处理的目的和法律依据、数据控制者的合法利益、个人数据的最终接收者、存储期限、信息主体的权利等。[1] 欧盟 GDPR 同时规定了数据控制者向个人信息主体告知信息的两种情况以及时间节点:一是若直接从信息主体获取个人数据,控制者必须在获取数据时将其所有相关信息和 GDPR 规定的权利通知信息主体;二是若个人信息不是从信息主体那里直接获得,控制者便有责任义务"在获得个人数据后的合理期限内,但最迟在一个月内"或在数据披露给第三方之前,向信息主体提供有关信息情况。欧盟 GDPR 中有关知情权的规定值得我国进一步借鉴。

2. 获取权

获取权,也称为信息访问权或查阅权。访问权是对知情权的进一步深化,是指数据主体有权访问其个人数据,了解数据处理目的、所涉数据类型、数据接收者身份及其类型、存储期、数据画像的逻辑设定、意义及其后续影响

---

[1] 沈萍. 解析欧盟与中国个人数据保护 [M]. 武汉:武汉大学出版社,2019:48-49.

等。相较于知情权，访问权属于一种更加积极的权利，访问权的创制是对动态数据流程的回应，有利于数据主体更及时地了解掌握数据处理的状态。信息访问权或查阅权能够保证信息处理和使用的实际情况被信息主体充分了解，实时掌握信息处理者是否有违背信息主体意愿进行信息处理的行为，也能够为信息主体后续行使更正权和删除权创造条件。

由于信息处理都是在具体应用场景中发生的，如果不了解信息处理行为发生的具体情境，就无法清楚地判断信息处理行为是否符合信息主体的权益。因此信息主体有权查阅的对象范围不仅限于个人信息，还应包括信息的使用方法、存储环境、使用情境、传输对象等。

在进行个人信息安全保护时，还应重视信息主体的数据可携带权。信息可携带权即信息主体在一定条件下，有权请求将个人信息转移至其指定的个人信息处理者，同时信息处理者应当配合并提供可转移的途径。保护信息可携带权的意义在于：其一，强化主体对其信息数据的支配权，提升互操作性，提高个人数据的利用效率，使得数据主体能以电子形式获取可供机读的、结构化的数据；其二，加快数据在市场中的流动效率，一定程度上遏制大型互联网平台的数据垄断，促进市场良性竞争；其三，增强了个人信息保护力度，使客户拥有更多的个人数据选择权和控制权。数据迁移权的创制体现了法律规范重心从数据收集转向数据处理环节以及隐私自治的法治发展趋向。[①]

3. 更正权

更正权，是指"报刊、网络等媒体刊载的报道内容失实或有关信息控制者记载、公开的信息有误，侵害他人人格权益的，受害人有权请求该媒体或信息控制者及时更正"[②]。即个人一旦发现其个人信息被不准确或不全面处理的，有权请求信息处理主体进行更正或补充。在性质上，更正权属于保护个人信息圆满状态的一种重要手段。[③]《民法典》赋予自然人请求及时采取更正

---

① 卢家银. 论隐私自治：数据迁移权的起源、挑战与利益平衡[J]. 新闻与传播研究, 2019, 26（8）：71-88, 127-128.
② 王利明. 论人格权请求权与侵权损害赔偿请求权的分离[J]. 中国法学, 2019（1）：224-243.
③ 李有星. 区块链应用中的个人信息删除权与更正权问题研究[J]. 浙江树人大学学报, 2022, 22（2）：1-8, 17.

第四章　内容标准：推进 5G 安全技术标准法治体系的权责构建

个人错误信息措施的权利，即更正权的行使以个人信息存在错误为前提。所谓个人信息错误，是指记载的个人信息与实际情况不一致的情形，即记载的个人信息未能准确反映自然人真实的情况。更正的目的是保护自然人的个人信息的准确性，指向的是人格权的完满状态。更正权的效果标准必须以切实维护人格权益为核心，而不是原有错误信息是否删除、是否有新信息出现等外在具体形式。[①] 更正权的行使主要有两种方式：一是对于信息遗漏的内容在不消除原有信息的基础上予以补充，对过时信息进行更新；二是删除已经存在的错误信息并予以纠正，并及时消除不良影响。作为个人信息的保护方式之一，通过保证信息主体的信息更正权，也可以更好地实现个人信息的社会价值。

值得注意的是，区块链技术在 5G 构建万物互联的时候，构建了所有数据的底层技术支撑。然而，区块链技术具有去中心化、不可篡改、不可撤销等特点，给个人信息更正权与删除权的行使带来了实践困境。法律规定的传统权利需要紧随先进技术的发展而不断加以调整。在 5G 网络环境中区块链、大数据、云计算和人工智能等技术广泛应用的背景下，如何充分保障个人信息主体更正权的有效行使，成为亟须解决的法律问题。随着区块链技术的应用规模不断扩大、涉及面不断蔓延，更正或删除信息的区块时间更加久远，产生的外部效应也更大，带来的社会成本更高。为此，区块链等技术与个人信息更正权、删除权的协调需要在保护个人信息安全的目标基础上，合理解释法律规则和利用技术手段。[②]

涉及个人信息处理领域，需要审慎选择区块链应用场景，避免在区块链上存储个人信息。在应用区块链技术前，应合理评估保障个人信息更正权与删除权的方案。在应用区块链等特殊场景下，信息处理者需要对信息主体的更正权和删除权的实现方式和替代方案等作明确说明，并取得当事人的事先同意和认同。

---

① 李有星. 区块链应用中的个人信息删除权与更正权问题研究[J]. 浙江树人大学学报，2022，22（2）：1-8，17.

② 同上。

### 4. 拒绝权

信息主体的拒绝权，是指信息主体有权限制或拒绝他人对其个人信息进行处理。如果信息主体的拒绝权行使成功，那么信息处理者将不再有权处理相关个人信息。但在拒绝权行使之前，信息处理者对个人信息的处理行为仍然是合法的。[1]拒绝权旨在保护信息主体的信息安全权利和信息处理者合规处理信息的合法权利之间取得平衡。信息主体的拒绝权体现为：一是同意的撤回，二是自动化决策的拒绝权。

对于同意的撤回，即个人可以基于自身意愿而撤回先前作出的同意决定，在同意撤回之后，信息处理者便不能再进行信息处理。对于自动化决策的拒绝权，我国《个人信息保护法》第二十四条第三款规定："通过自动化决策方式作出对个人权益有重大影响的决定，个人有权要求个人信息处理者予以说明，并有权拒绝个人信息处理者仅通过自动化决策的方式作出决定。"在通过自动化决策的方式进行信息推送和商业营销情形下，信息处理者应向信息主体提供便捷的拒绝方式。

如果信息处理者通过自动化决策的方式，将个人信息普遍用于用户画像，并由此影响到个人贷款、个人信用、面试筛选等各领域，影响到个人生活的方方面面，那么个人权益将面临重大风险。当前，法条对于信息拒绝权只有笼统的规定，信息主体行使拒绝权的具体方式仍没有实践路径。在5G时代，应对信息处理者的自动化决策提出更进一步的技术和程序保障要求，以更好地保护个人信息安全。

### 5. 删除权

5G网络时代，区块链、大数据等技术的发展，使得数据增加了记忆持久性、可访问性、全面性等属性，大大增加了个人隐私信息的泄露风险。删除权，是指在符合法律规定或者当事人约定的情形下，信息主体可以请求信息处理者及时删除相关个人信息的权利。该权利旨在保障信息主体对其个人信息的自主决定权。删除权作为个人信息权利主体的一项重要权利，在民法典和诸多单行法中均有所规定，该权利的行使对于保护个人信息安全、保障信

---

[1] 申卫星. 论个人信息权的构建及其体系化［J］. 比较法研究，2021（5）：1-13.

息的完整性与自决性具有重要的意义。然而，有关个人信息删除权的性质、地位、行使要点、法律效果等在学术界依然存在争议。[①]

在 5G 时代，网络平台承载着海量的个人信息，平台作为信息处理者，往往难以准确地判断哪些信息符合删除的法定情形。个人信息主体的删除权保护可通过两种方式实现：一是信息主体直接针对信息处理者提出删除请求或提起诉讼；二是信息主体提出删除请求后，一旦信息处理者拒绝删除，或造成信息主体权益损害，此时信息处理者应依法承担拒绝删除的侵权损害赔偿责任。在信息主体主张个人信息删除权时，也有法定例外情形。如根据《民法典》第九百九十九条规定，"为公共利益实施新闻报道、舆论监督等行为的，可以合理使用民事主体的姓名、名称、肖像、个人信息等；若使用不合理侵害民事主体人格权的，应当依法承担民事责任"[②]。数据处理者和控制者在注销账户后，应及时删除其个人敏感信息或进行匿名化处理。在法定的情形中[③]或者按照约定条款，数据控制者和处理者应当主动删除个人信息，并确保被删除的信息处于不被检索、不被访问和不可浏览的状态。如果处理者和控制者并未主动删除，则数据和信息的主体有权要求相关控制者和处理者履行法定的义务。

当前，信息主体行使删除权的法律效果普遍存在争议。一般认为，信息主体行使删除权的效果为被删除的信息处于不被检索、不被访问和不可浏览的状态。在实践中，删除权能否真正实现还要看信息处理者的删除行为是否具有客观可行性。我国《个人信息保护法》第四十七条第二款规定："法律、行政法规规定的保存期限未届满，或者删除个人信息从技术上难以实现的，个人信息处理者应当停止除存储和采取必要的安全保护措施之外的处理。"部

---

[①] 王利明. 论数据权益：以"权力束"为视角 [J]. 政治与法律，2022（1）：99-113.

[②] 王利明. 论个人信息删除权 [J]. 东方法学，2022（1）：38-52.

[③]《中华人民共和国个人信息保护法》第四十七条规定：有下列情形之一的，个人信息处理者应当主动删除个人信息；个人信息处理者未删除的，个人有权请求删除：（一）处理目的已实现、无法实现或者为实现处理目的不再必要；（二）个人信息处理者停止提供产品或者服务，或者保存期限已届满；（三）个人撤回同意；（四）个人信息处理者违反法律、行政法规或者违反约定处理个人信息；（五）法律、行政法规规定的其他情形。法律、行政法规规定的保存期限未届满，或者删除个人信息从技术上难以实现的，个人信息处理者应当停止除存储和采取必要的安全保护措施之外的处理。

分网络平台变相规避了个人信息的删除就等同于在数据库中彻底删除这些信息,或选择模糊化个人信息删除的直接效果。这时信息删除权的行使并不能彻底解决个人信息的销毁问题。各种网络平台设置的严苛的前提条件、免责声明以及隐蔽的注销功能等都在制约信息主体有效行使自己的删除权。有软件在用户申请删除账户时,只是在后台将该用户做删除标记,并未真正删除用户的个人信息或对用户信息进行匿名化处理,用户的个人信息仍可追溯定位到个人,这实际上已经侵犯了用户的合法权益。如何确保用户依法有效行使信息删除权,保护 5G 网络空间数字身份的权益仍值得进一步研究。

6. 被遗忘权

被遗忘权的概念最早是 2014 年由欧盟法院在针对西班牙的"冈萨雷斯诉谷歌案"(Google-González)作出的判决中提出的。欧盟法院认定,如果数据的使用超出收集或处理数据的目的,或者数据不完全、不正确、不相关,或者超出储存时间,或者存在强制性合法理由时,数据主体就享有"被遗忘权",这种权利的享有要求数据不会对数据主体造成伤害。GDPR 第 17 条进一步明确了被遗忘权的概念。控制者不但需要删除自己所控制的数据,还要对其公开传播的数据负有通知其他第三方停止利用、及时删除的义务。

有学者认为被遗忘权的实质就是删除权[①],尽管目前在我国的一般法律中没有明确提出"被遗忘权"的概念,我国的个人信息删除权并不是彻底的被遗忘权,但在我国的部门规章中,如国家互联网信息办公室于 2019 年 8 月 22 日发布《儿童个人信息网络保护规定》中,规定了多种情形,儿童及其监护人都可以要求网络运营者删除其收集、存储的儿童个人信息,实际上是较 GDPR 的一般性被遗忘权而言,针对易遭受攻击的特殊群体数据设置了一类专门的保护政策。个人信息被遗忘权的规制理念植根于公民的基本权利和自由的保障以及对网络空间信息权利的保护,应当兼顾自由法益和安全法益。从目前的个人信息被遗忘权的保护现状,可以认为其已经具备被遗忘权的外观,理应被纳入一般法律的规制范畴。在被遗忘权本土化的进程中,基于对于个人信息的风险防控,考虑到信息保护与公共利益、他人知情权和言论自

---

① 程啸. 论《个人信息保护法》中的删除权 [J]. 社会科学辑刊,2022(1):103-113,209.

由之间的平衡关系,将被遗忘权的权利客体界定为:一是对于主体而言具有身份可识别性的信息,即具有敏感性质的个人信息;二是信息内容一定要是对个人名誉或形象会造成较大损害的负面性信息,以彰显保护的必要性。[1] 同时创设例外的原则:比如对于公众人物的被遗忘权可以采用适度减免的原则。

## 二、抓住个人信息安全保护的关键

5G时代需要对个人信息安全进行严格立法保护,首先,应明确依法规范个人信息收集、处理行为的基本原则;其次,应落实政府部门监督管理职责,完善相关监管机制。

(一)坚持个人信息处理的基本原则

个人信息收集、处理行为的基本原则主要包括知情同意原则、最小必要原则、可注销原则、本土化原则、权责相应原则等。

1. 知情同意原则

规范网络运营者的个人信息处理行为,首先需要遵循知情同意原则。个人对其个人信息的处理享有知情权,并且对非必要情况下个人信息的采集和使用享有同意或者拒绝的权利,此处的非必要情况是指不是用于政府管制或者公益目的。[2] 信息采集和处理者获取和使用个人信息前需要征求信息主体的授权同意,并向个人信息主体明示个人信息处理目的、方式、范围等。

根据对个人信息安全的全生命周期保护的要求,在遵循知情同意原则的基础上,还应进一步规定动态同意原则。即公民有权利在已经授权同意被采集获取其个人信息之后,根据采集主体对个人信息的具体使用情况,可再选择撤销之前的同意决定。一旦个人信息的处理目的、处理方式和处理类型发生变更,应当重新取得个人同意。动态同意原则是在知情同意原则基础上的强化升级,既强化了对信息采集主体的全过程监督,又可以更好地保护个人信息安全。

5G网络时代,许多终端应用的隐私政策强制对个人信息的获取和使用进

---

[1] 王琮,赵婕. 大数据时代被遗忘权的现实逻辑与本土建构 [J]. 南昌大学学报(人文社会科学版),2020,51 (6):103-111.

[2] 罗攀. 人脸识别中个人生物信息处理的法律规制 [J]. 上海法学研究,2021,5 (1):200-214.

行统一授权。在现实操作中，用户一旦拒绝授权，则后续的安装应用步骤也无法再开展。例如"用户服务协议与隐私政策"的页面往往伴随着"二选一"的选项设置："同意并继续"或者"拒绝并退出"。这种"别无选择"的选项与信息的非对等性培养了大批"光速同意"群体，而继续安装并应用该软件就视为公民已默示同意了其对用户个人信息的获取和使用。[①] 再如一些居民小区将门禁统一换成刷脸识别，小区居民不刷脸就不得出入，居民被迫必须同意刷脸，人脸生物信息就此被采集。因此，即使个人信息的采集主体已经通过隐私政策、个人信息保护政策等各项通知履行其告知义务，但是很多情况下并没有赋予信息主体选择拒绝的权利，因为个人信息主体一旦接受信息采集主体提供的应用及服务，就必须对采集信息的行为予以同意。为此，有观点提出，如果公民是被格式条款强制而做出的"默认同意"（不同意即强制退出、无法享受特定服务等），就不应视为"已知情同意"。在不断强化规范知情同意原则的基础上，此提法值得进一步研究实施可行性。

2. 最小必要原则

《网络安全法》要求网络运营者收集和使用个人信息应遵循正当、合法、必要原则。如前所述，在社会实践层面，"知情同意原则"大多已流于形式，"知情同意原则"在实际操作中异化为"知情被同意"。因此需要进一步规定最小必要原则。

首先，采集主体收集个人信息应具有合法性、正当性和必要性。为其他非必要目的而收集个人信息，则可能对个人信息保护造成不利影响。信息采集目的应明确、清晰且具体，且后续的处理行为不得违背该目的。采集主体的信息收集和使用等行为应在对必要性进行充分论证的基础上展开，遵循"非必要不采集"的基本原则。

其次，应以最小数据量、最小权限、最短期限为原则。对个人信息进行采集、储存、处理等各个环节都应当遵循最小数据量、最小权限和最短期限原则，只赋予信息采集和控制主体达成个人信息主体授权同意目的所需的最小权限，要求信息采集和控制主体只能处理满足必要目的之下最少量的个人

---

① 王欣悦. 5G时代侵犯公民个人信息罪研究［D］. 赣州：江西理工大学，2021.

信息。个人信息的存储期限也应当限制在处理目的所必要的最短时间内。只有将个人信息的采集者、处理者、控制者等权限最小化，个人信息泄露的风险才能最小化，对公民个人信息的保护方能最大化。[1]

在具体实践层面，信息采集、处理最小数据量的具体额度，将根据任务繁杂程度、紧迫程度、系统的完善程度等综合考量，甚至需要一事一确定。[2]信息采集和控制者应采取足够的管理措施和技术手段，通过加强信息筛选能力、提高样本的科学性等举措，达到数据量收集最小化的目的。

3. 可注销原则

在信息采集者和控制者取得授权同意，并达成其必要目的之后，应及时删除个人信息。可注销原则即指个人信息主体有权要求信息采集和控制者从数据库中永久、彻底删除其被采集的个人信息。对于已上传至采集主体信息库的信息数据，个人信息主体有权要求其永久注销信息库中的个人信息。

在 5G 时代，为了解决网络平台过度收集和处理个人信息的问题，网络平台上的个人账号永久注销成为个人信息生命周期的最后一环，其法律效果应当是用户数字身份与个人信息的全部清除。但在实践中，当用户决定不再使用平台账号并予以注销时，存留于账号内部的个人信息是否真正被网络平台予以彻底销毁则无法予以确认。

因此，个人信息保护立法仍然存在"最后一公里"的问题亟待解决，即用户注销账号之后，是以账号的不可被检索为目标，还是以账号及其相关用户个人信息的彻底删除为目标？如果注销账号的结果仅是账号的不可被检索，网络平台则可能会以更加隐秘化、私密化的方式进行个人信息的加工分析处理。当前，国内 App 普遍存在数据清除、留存和后续使用不透明的问题，其中账号注销之后的个人信息残留风险尤为突出。[3]对于未彻底清除的用户个人信息，相关的信息数据仍然留存在互联网公司的数据库中，并存在信息泄露的风险隐患。监管部门有必要细化可注销原则的实践路径，特别是完善细

---

[1] 罗攀. 人脸识别中个人生物信息处理的法律规制[J]. 上海法学研究, 2021, 5（1）: 200-214.
[2] 皮勇, 吴勃. 人工智能应用对个人信息保护的挑战及其对策[J]. 保密工作, 2019（10）: 52-54.
[3] 赵精武. 账号注销权: 我们能否真从网络平台抽身[N]. 经济参考报, 2022-02-22（008）.

化网络平台账号注销的法律规制，形成个人信息生命周期安全的有效闭环管理。

4. 本土化原则

对个人敏感信息的存储和处理应当要求本地化完成，避免上传至企业云端。对于个人敏感信息和重要数据，应严格要求本地化存储。根据《个人信息保护法》第三十六条和第四十条的规定，"国家机关处理的个人信息"和"关键信息基础设施运营者和处理个人信息达到国家网信部门规定数量的个人信息处理者在中华人民共和国境内收集和产生的个人信息"需要遵守境内存储原则。

考虑到跨境数据安全，应对数据出境活动进行严格限制和规范，遵守《数据出境安全评估办法》，规定数据处理者有责任和义务保障出境数据的安全，以更好地维护数据主权，保护个人隐私和信息安全。个人信息主体行使查阅权、复制权、删除权等权利时，既可以向境内的个人信息处理者提出，也可以直接向境外接收方提出。个人信息的本地化存储和处理可防止因传输、处理、使用等行为导致的信息泄露，也限制了企业对个人敏感信息的过度利用行为。

5. 权责相应原则

信息处理者在开展个人信息处理活动时，一方面，获取由数据要素的流动带来的社会效益或企业利益；另一方面，有责任和义务采取技术和其他必要的措施保障个人信息安全，其个人信息处理活动对信息主体合法权益造成的损害应承担相应的法律责任。

信息采集和处理者必须依法规范个人信息收集和处理行为，有义务对数据信息妥善管理，并承担管理不善的责任。我国《个人信息保护法》规定，对于提供重要互联网平台服务、用户数量巨大、业务类型复杂的个人信息处理者，需要履行各项义务保护个人信息安全，如建立健全个人信息保护合规制度体系，定期发布个人信息保护社会责任报告，接受社会监督等。信息处理者还应区分个人敏感隐私信息、可直接识别个人信息与一般个人信息，对于个人隐私以及直接可识别信息，需承担更严格的保护责任，必要时做到匿名化处理。

## （二）厘清政府部门监管的主要职责

对于 5G 时代的个人信息保护，政府部门应切实履行监管职责，完善监管机制，对个人信息安全的全生命周期管理进行规范，细化并明确相关管理要求，在政府主导的社会信用体系建设中充分发挥其主动监管和动态监管职责，建立多层次监管体系。监管部门应从制定标准、技术检验、专项整治、行业自律等措施重点入手，规范信息拥有者和掌握者的使用权利，保障被使用者的合法权利，加强个人信息安全和数据安全保护工作。

对公共主体与私营主体实行分类监管。一是 5G 时代对公权力主体要进行合理约束。出于公共利益考量，当前政府公共管理走向精细化、信息化，公共主体对个人信息的采集获取逐步深入拓展到与公民日常生活相关的各个领域。在此过程中，海量的个人信息数据被积累，政府信息库体量日益巨大，政府公共部门获取个人信息的行为应得到有效的法律约束规范。为防止各部门重复获取信息导致 5G 信息安全风险扩大化，应在对个人信息收集的正当性、必要性进行充分论证的基础上，建立统一的信息收集标准，解除数据库之间的"信息孤岛"状态。为应对政府公共部门对个人信息进行滥用，或出现信息管理漏洞导致公民个人信息被泄露，需对政府部门的信息利用行为进行有效的法律约束和规范，强化公权力主体对个人信息的保护和利用的双重职能。二是对私营主体加大管理力度。将个人信息的采集、应用主体进行分类监管是必然趋势。公共主体与私营主体对个人信息采集和使用的目的不同，对这两类主体的监管力度也不可相同，对个人信息保护的监管重心应放到私营主体上。如明确 5G 终端特别是敏感信息采集系统的安装行业、安装门槛、安装范围以及主体责任等。[①]

健全问责监管制度。监管部门应为《数据安全法》《个人信息保护法》落地实施出台配套法律法规，规定数据处理者的具体责任和义务，加强核心数据安全监督与管理、评估与防护建设。同时监管部门应对侵害个人信息的行为加大惩处力度，对危害个人信息安全和数据安全的事件，应开展调查、认定责任，必要时公安机关可以责令 5G 运营者采取阻断信息传输、暂停网络

---

① 罗攀. 人脸识别中个人生物信息处理的法律规制[J]. 上海法学研究，2021，5（1）：200-214.

运行、备份相关数据等紧急措施，以及时终止侵害个人信息、危害数据安全的违法犯罪行为。公安机关在开展事件调查时，一旦发现网络安全事件，处置措施应果断且严厉，以打击5G运营者的违法犯罪行为。监管部门还应建立常态化监管机制，定期、系统地对采集、使用个人信息的企业进行审计和监管，加大运营企业的违法成本。为加强个人信息保护，应进一步建立行业许可制，提高个人生物信息等相关行业的准入门槛。一经发现企业对采集的个人信息管理不善或者存在恶意泄露、贩卖等行为，应立即吊销企业的经营许可证，并把对个人信息处理不善的企业纳入行业黑名单。

适应时代需求加强监管手段的科技化。监管部门必须适应5G时代新技术新应用发展需求，变被动和静态监管为主动和动态监管。随着新技术的快速发展，个人信息被处理使用的深度和广度不断增加，对个人信息权益保护的规定内容也需要不断更新拓展。一方面，监管部门应指导信息处理者完善其内部管理制度，构建更为细致更具操作性的合规体系。同时引导和鼓励平台企业，开发和应用合规科技。另一方面，监管部门自身应不断提升监管手段的科技化水平，实现监管能力的现代化。监管部门应运用先进监管科技手段，借助信息技术手段更加高效地核验信息处理者告知义务、保密义务等义务履行情况，更加快速地审查信息处理者的内部控制机制，更加便捷地发现监管漏洞，从整体上提升互联网平台监管水平和效率。[①]

## 三、理顺5G运营主体的责任与义务

5G网络运营者作为网络信息安全责任主体，有责任与义务保护用户个人信息安全、保障5G网络安全运行，为用户提供安全可靠的网络应用服务，将网络安全风险降到最低，从而维护国家安全、公共安全及社会稳定。

（一）落实个人信息保护责任

为保护个人信息安全，5G网络运营者有责任和义务遵守《民法典》《个人信息保护法》等相关法律法规要求，履行告知义务、保密义务和合规审计义务等信息安全保障义务，落实个人信息保护影响评估制度、数据境内存储

---

① 吴高臣. 个人信用信息权益的法律构造［J］. 云南大学学报（社会科学版），2022，21（5）：125−134.

与出境评估制度、个人信息保护负责人制度等。同时，5G运营者有责任建立内控机制，围绕信息安全风险点，设立相关组织机构、明确业务规则和提升技术手段，履行个人信息安全保护责任。

1. 开展个人信息保护影响评估

在个人信息处理行为日益复杂化、泛在化、链条化的5G时代，个人信息保护影响评估机制是风险路径的直接体现。该评估机制要求信息处理者完成完整的风险评估流程，根据评估得到的安全风险点自主提出合规整改措施。其目的是在一定的应用场景中，信息处理者应超越"静态底线式"的个人信息保护方式，实现有效、全面地掌握信息处理行为对个人合法权益影响的风险变化，从而有针对性地提出安全保护措施，最终达到动态优化式的权益保护效果。[1]同时，信息处理者开展个人信息保护影响评估，也能够在后续合规性审计中证明其遵守了个人信息保护和数据安全保护的相关法律法规和标准要求。从具体要求来看，信息处理者开展个人信息保护影响评估的主要内容包括：

一是评估个人信息收集、处理等环节是否遵循知情同意、最小必要、可注销和本地化等原则。信息处理者必须履行告知义务，征得个人信息主体的授权同意，尊重信息主体的知情权、更正权、限制权、删除权、拒绝权和数据可携带权等权利。

二是评估其信息处理行为是否会对个人信息主体合法权益造成不利影响，同时评估已采取的个人信息安全保护措施的有效性。

三是评估匿名化或去标识化处理后的信息能够重新识别出个人信息主体的安全风险。对匿名化或去标识化处理的信息，应确保数据接收方无法重新识别或者关联个人信息主体。

针对5G技术特点，运营者在进行风险评估时，还有责任对敏感数据的使用范围进行界定。当边缘应用服务器需要调用运营商的网络能力开放平台，获取终端用户的敏感信息时，需要获取用户同意，且要告知用户需要掌握哪

---

[1] 洪延青. 善用个人信息保护影响评估，灵活实现创新和个人保护的平衡[EB/OL]. (2021-08-25)[2023-11-03]. https://www.secrss.com/articles/33768.

些边缘计算应用及平台以何种频率获取终端用户的指定信息。5G 边缘节点应支持对传输以及存储的敏感数据进行机密性、完整性的保护,提供脱敏处理措施,并对存储的数据设置访问权限。在客户不使用边缘计算节点资源或者要删除存储在边缘计算节点上的敏感数据时,应支持对不需要的敏感数据进行彻底删除。①

2. 落实数据境内存储与出境评估

数据出境活动主要包括:数据处理者将在境内运营中收集和产生的数据传输、存储至境外;数据处理者收集和产生的数据存储在境内,境外的机构、组织或者个人可以访问或者调用等情况。涉及个人信息的数据出境安全关系到国家安全、公共利益和公民合法权益,一旦数据已经出境,就不受我国法律法规管辖且很难有救济挽回手段或者补救措施,因此数据出境属于高风险的数据处理行为。

针对个人信息出境,运营者有责任遵守《数据出境安全评估办法》相关规定,向境外提供数据的,应开展数据出境风险自评估,并通过所在地省级网信部门向国家网信部门申报数据出境安全评估,同时在与境外接收方订立的法律文件中明确约定数据安全保护责任义务。运营者应启动个人信息跨境流动保护模式,自行开展个人信息数据跨境流动的风险评估和第三方安全检测认证机制,并完成个人信息保护认证所必需的数据传输协议,设置统一的个人信息跨境处理规则、同等保护水平和机制等。

3. 建立健全内部管理控制机制

运营者有责任建立健全内部管理控制机制,在开展个人信息保护影响评估的基础上,切实履行个人信息安全保护责任。围绕安全风险点,运营者应制定个人信息安全事件应急预案,建立个人信息安全事件应急处置和报告机制,建立个人信息分类管理制度,建立已收集个人信息清单和与第三方共享个人信息清单等。

运营者在建立健全内控机制时,应首先落实个人信息保护负责人制度,

---

① 庄小君,杨波,杨利民,等. 面向垂直行业的 5G 边缘计算安全研究[J]. 保密科学技术,2020(9):20-27.

明确信息安全负责人和个人信息保护负责人,设立专职部门负责网络信息安全管理工作。

运营者应建立个人信息分类分级管理制度,实行清单管理,建立已收集个人信息清单和与第三方共享个人信息清单等。建立健全全流程全周期的数据安全和信息安全管理制度,针对不同级别个人信息特点,在信息采集、存储、备份、迁移、处理、应用和开放等环节加强安全防范管理。

针对可能发生的个人信息安全事件,运营者应制定安全事件应急预案,加强和完善应急管理措施,及时进行安全事件应急处置,采取安全事件报告措施。同时,运营者后续还要做好对安全事件的调查评估,分析事件发生原因,判断事件产生的影响、危害程度和可能波及的范围,提出应对措施和建议,并根据相关法律法规变化情况,以及安全事件处置情况,及时更新应急预案。

(二)维护 5G 网络安全责任

在建立个人信息安全管理机制的同时,5G 运营者有责任构建 5G 网络安全一体化防护机制,建立符合国家网络安全保护等级要求的业务系统,保障网络系统运行设施设备、安全控制设施设备以及终端应用程序的安全,保障系统物理安全、区域边界安全、通信网络安全等,切实承担维护 5G 网络安全责任,防范因网络安全漏洞引发非法入侵和数据泄露事件。

在规划和建设环节,5G 运营者应建立健全 5G 网络威胁信息共享联动机制,构建 5G 网络威胁监测、全局感知、预警防护和联动处置一体化网络安全防御体系,形成覆盖全生命周期的网络安全防护能力。

在运行环节,随着 5G、大数据、人工智能等技术快速发展并实现多种场景应用,越来越多的信息产品在为用户提供便捷多元服务的同时,因技术、管理等因素存在安全漏洞。为此,运营者应承担 5G 网络产品安全责任,出台终端产品安全技术标准,智能终端产品必须加装足够的安全防护措施等。同时,运营者必须履行网络安全漏洞管理义务,根据我国《网络产品安全漏洞管理规定》,发现或者获知所提供网络产品存在安全漏洞后,应当立即采取措施并组织对安全漏洞进行验证、评估和报告,及时组织对网络产品安全漏洞进行修补,并将其网络产品存在的安全漏洞风险及修补方式告知可能受影响的用户。

在采购环节，运营者应承担网络安全审查责任，采购 5G 网络产品和服务应当通过有关部门的安全审查，承诺不利用提供产品和服务的便利条件非法获取用户数据、非法控制或操纵用户设备，无正当理由不中断产品供应及必要的技术支持服务等。

以上对 5G 运营者维护个人信息安全和网络安全的主要责任义务做了简要梳理。为确保 5G 网络信息安全，应进一步建立健全符合 5G 技术特点的基本安全管理制度和特殊安全管理制度。运营者有责任遵守 5G 基本安全管理制度和特殊安全管理制度的相关规定，履行维护网络运行安全、网络产品和服务安全等义务，并对 5G 网络应用进行全过程、全方位的管理，将网络信息安全风险隐患降到最低。

## 第三节  5G 基本安全管理制度建设

针对 5G 安全保护的一般安全要求又称基本安全要求，是针对共性化、基础性的安全保护需求而提出。根据我国网络安全等级保护制度和关键信息基础设施保护制度的基本安全要求，5G 网络安全制度建设应从安全管理要求和安全技术要求两大层面着眼布局。安全管理要求包括制定一套完备的安全管理制度、建立安全管理机构，对安全从业人员进行管理及培训，严格的安全建设管理、安全运维管理和审计管理等。下面主要探讨从安全管理要求出发，围绕 5G 基本安全保护，在法律规范和安全技术标准层面，进行 5G 基本安全管理制度体系建设。

为应对 5G 安全管理活动中的各类管理内容，应建立完善的安全管理制度，建议全面构建由安全策略、一般安全管理制度、操作规程和记录表单等构成的全面的安全管理制度体系，从而有效规范 5G 基础设施建设、系统和网络平台建设、应用系统开发、运行维护管理等重要环节。[①]

---

① 陈赛梅. 基于 ERP 系统环境下的企业内部控制研究［J］. 财经界，2021（13）：119-120.

5G 安全管理制度体系框架可分为以下四层：

第一层：5G 安全策略。阐明 5G 安全工作的总体目标、安全管理原则和安全管理总体办法等。

第二层：一般安全管理制度。通过对 5G 安全中的风险管理、安全人员管理、三同步安全措施（同步规划、同步建设和同步使用）、安全运维管理、安全审计管理、供应链安全管理等各类内容建立相应的管理制度，约束 5G 安全管理相关行为。

第三层：操作规程。通过对 5G 安全管理人员或操作人员执行的日常管理或生产活动建立操作规程，对不同人员、不同部门、不同岗位制定有区分性的、具体的安全防范措施，明确规定其具体的职责范围。同时规范 5G 安全管理制度的具体技术实现细节。

第四层：评审和修订。实时动态跟踪 5G 网络发展运行情况，定期对 5G 安全管理制度的合理性和适用性进行论证和审定，对需要改进的安全管理制度进行修订，不断保持 5G 安全管理制度的适用性。[①]

## 一、5G 安全的整体策略

5G 安全策略由总体目标、管理原则和管理办法构成。其中 5G 安全总体目标要求保障 5G 技术应用安全和产业安全发展、保护个人信息安全和数据安全、明确安全主体，推动责任落实。5G 安全管理原则包括发展与安全并重原则、突出重点原则、安全增强原则。5G 安全管理办法是全生命周期的安全管理办法，风险识别、安全防御、安全监测、安全响应、安全恢复五个环节缺一不可。

（一）5G 安全总体目标

明确 5G 相较于传统 2G/3G/4G 网络所面临的新型安全风险以及安全需求后，建立并完善能够保护 5G 系统安全运行的标准管理机制和安全体系架构，并达到以下安全目标：

保障 5G 技术应用安全和产业安全发展。为促进 5G 产业的健康安全可持

---

[①] 马力，祝国邦，陆磊.《网络安全等级保护基本要求》（GB/T 22239-2019）标准解读［J］.信息网络安全，2019（2）：77-84.

续发展，提前布局、合理规划 5G 融合应用等领域的安全风险应对措施，切实发挥标准规范在 5G 网络安全工作中的基础性、规范性、引领性作用。构建覆盖 5G 基础设施、终端、IT、网络、应用、数据、运营管理七大类的标准管理体系，为 5G 运营商、网络与通信设备厂商、应用服务提供商、安全厂商等开展相关业务提供安全制度要求和工作规范。

保护个人信息安全和数据安全。指导 5G 应用行业落实个人信息保护和数据安全保护法律法规以及政府主管部门的管理要求，包括实现个人信息保护、数据安全规范、数据安全评估、监测预警与处置、应急响应与灾难备份等。保证用户数据信息具备完整性，避免信息被篡改、泄露或者直接被盗取。

明确安全主体，推动责任落实。明确 5G 安全主体的安全保护责任与义务，推动 5G 系统和应用安全责任的层层落实，落实防护范围及对应职责，逐级落实、层层防护，形成常态化的工作机制。明确网络运营商、设备供应商、行业应用服务提供商等 5G 链条上不同主体的责任义务，加强各主体之间的协同合作，统筹企业主体与行业监管两个责任，政府和企业两端发力，促进 5G 安全工作各项措施落地实施。[1]

（二）5G 安全管理原则

发展与安全并重原则。坚持发展与安全并重、鼓励与规范并举的原则，在加快 5G 网络部署、深度推进 5G 与各领域融合应用的同时，持续开展 5G 安全能力建设，统筹做好 5G 网络设施安全、应用安全、数据安全等工作。[2] 明确 5G 安全保护重点，密切跟踪 5G 安全风险，将保护 5G 发展安全、有效防范安全风险与推进 5G 快速发展应用、加快创新发展等有效统筹起来。

突出重点原则。在已有的网络安全国家标准规范体系的基础上，重点应对 5G 网络安全面临的风险。聚焦 5G 网络安全风险与 2G、3G 和 4G 网络相关风险的差异性，特别是重点关注 5G 网络在边缘计算、服务化虚拟化网络架构、网络基础设施等领域特殊的安全风险。兼顾全面与突出重点，在全面

---

[1] 网络安全管理局. 工业和信息化部部署推进 5G 安全工作［EB/OL］.（2021-06-07）[2023-11-14]. https://www.miit.gov.cn/xwdt/gxdt/ldhd/art/2021/art_88620c070ef34e97802a9a291f6479ec.htm.

[2] IMT-2020（5G）推进组. 5G 安全报告［R］. 北京：中国信息通信研究院，2020.

梳理分析5G安全标准化需求的基础上，建设完备的安全管理机制。

安全增强原则。明确5G的安全薄弱点，在对5G安全系统进行设计的时候需要先对4G系统的安全特性展开分析，在此基础上重新架构5G安全体系，为5G系统和用户提供足够的安全保护，对5G系统的安全设计要最终达到的安全等级不能比4G低、安全保护措施有效增强的目的。[1]

### （三）5G安全管理办法

对于5G安全管理，建议使用五步安全管理方法，即风险识别（I）、安全防御（P）、安全监测（D）、安全响应（R）、安全恢复（R）来实现安全流程和治理。该五步方法（IPDRR）是有效的网络安全管理计划（SMP）所需的五个过程类别。

对于5G安全来说，风险识别（I）即识别5G威胁防范风险，是对5G相关系统、资产、数据和网络所面临的安全风险的识别及确认，确保用户标识安全性，有效进行风险管控，利用安全威胁特征库等来分析识别安全威胁。安全防御（P）即制定和实施合适的安全策略，确保5G关键基础设施安全和应用服务安全，建立完备的动态防御体系，包括建立安全模型和闭环流程。安全监测（D）即实时监测5G运行过程风险，监控业务和安全保护措施是否正常运行，包括恶意代码检测、用户异常行为检测等，对5G垂直行业应用在网络服务调用的全过程进行合规性监测控制。[2] 安全响应（R）即响应和处置安全事件，对已经发现的网络安全事件采取合适的行动。根据响应决策，研究实施响应处置的方法，包括事件调查、评估损害、收集证据、报告事件、追踪溯源等，以及实时完成威胁处置。安全恢复（R）即将5G系统从不利的网络安全事件中快速恢复到正常的安全状态，修复安全漏洞，尽量降低负面影响。

以上五个过程覆盖5G安全生产应用的各个环节，动态管理5G各参与主体的安全生产行为，构成了对5G全生命周期的安全管理。

---

[1] 浮沉. 电子通信技术创新的重要性及优化策略[J]. 卫星电视与宽带多媒体，2020（13）：139-140.

[2] 张滨. 构建"5G+"安全生态提升工业互联网防护水平[J]. 安全与健康，2020（3）：35-37.

## 二、5G 安全的常规管理

构建完备的一般安全管理制度包括建立 5G 安全风险预防管理制度、5G 安全人员管理制度、"三同步"安全管理制度、5G 运维管理制度、5G 审计管理制度，以及 5G 供应链安全管理制度。

### （一）5G 安全风险预防管理制度

应建立健全 5G 网络安全风险预防管理制度、以风险管理为导向的动态防护制度，定期对 5G 网络进行安全风险识别与分析，每年至少进行一次全面的风险评估，以确定是否存在新的威胁或薄弱点，并分析是否需要增加新的安全控制措施。5G 安全风险管理制度包括建立风险识别机制、建立风险分析机制、建立风险评估机制等风险管理方面的相应规定。

1. 建立风险识别机制

当 5G 网络受到安全攻击时，其系统的完整性、可用性和机密性会遭到损害。建立风险识别机制，能够第一时间识别网络安全风险隐患。

其一，进行资产识别。5G 运营者应围绕关键技术业务，识别 5G 资产的类别，对数据、信息系统、平台硬件、技术设施、业务、服务、人员等不同类别的资产建立资产清单。基于资产类别和资产的机密性、完整性、可用性，对照资产清单对不同资产进行重要性分级，并以此确定资产防护的优先级。发现、管理所有与 5G 系统运行相关的软硬件，建立资产清单和资产配置清单的资产发现管理平台。标识 5G 重要系统和数据库，并明确对应资产的管理人员，以此为基础进行下一步的风险分析和风险评估。资产识别中还涉及数据资产的分级分类问题，需依据我国《数据安全法》相关规定，对数据进行分级分类识别，区分管理，针对不同等级制定与之相符的数据安全保护策略。

其二，进行威胁识别。应参照 GB/T 20984—2022《信息安全技术 信息安全风险评估方法》等网络安全标准，识别 5G 系统、基础设施等面临的安全威胁。对威胁动机、能力、频率进行赋值，从而进一步判断威胁出现的可能性。如对威胁出现的频率进行等级化处理，等级数值越大，威胁出现的频率则越高。

第四章　内容标准：推进 5G 安全技术标准法治体系的权责构建

其三，进行脆弱性识别。网络安全威胁要利用资产的脆弱性才可能造成危害，而脆弱性又具有隐蔽性，不易被发现。根据 GB/T 20984—2022《信息安全技术　信息安全风险评估方法》，脆弱性识别所采用的方法包括问卷调查、工具检测、文档查阅、人工核查、渗透性测试等。应定时扫描信息系统相关资产脆弱性，并对发现的漏洞进行及时加固，建立漏洞管理平台。最后，需要对具体风险对象的脆弱性程度赋值，根据脆弱性的严重程度及 5G 安全事件涉及的资产价值，整体衡量由于 5G 系统脆弱性导致的安全事件可能会带来的损失。

在识别脆弱性的同时，应对已采取的安全措施的有效性进行确认。已有安全措施可分为预防性和保护性两类。对预防性安全措施，要确认其是否真正地降低了 5G 系统的脆弱性，是否能够减少安全威胁利用系统脆弱性导致安全事件的可能性。对于保护性安全措施，要确认其是否能够降低安全事件发生后会对 5G 系统造成的不利影响和损失程度。在进行风险识别后，要根据识别结果确定风险处置的优先级，形成安全风险报告。

2. 建立风险分析机制

建立安全风险分级分类机制，将安全风险方划分优先级。如将 5G 用户按照风险等级的高低，从高到低依次分为高风险活跃用户、商业用户、工业用户以及普通公众用户四个层级。将风险所有者进行分级分类，可对照采用不同的安全策略，并提供优先级选择指南，按照网络安全等级保护制度的相关要求，对 5G 网络运行分级分类进行安全保护。[1]

确定风险用户后，应建立一套科学的分析计算模型，对 5G 安全事件发生的可能性、安全事件发生后的损失程度进行科学计算。进而综合分析安全事件发生的可能性与安全事件将会造成的损失，计算得出安全风险值，从而对 5G 系统进行风险等级划分，确认风险是否在可接受范围内。根据风险分析和等级划分结果制订风险处理计划，明确需要采取的安全措施、预期效果、进度安排等。通过建立风险分析机制，对 5G 网络安全风险进行实时分析、

---

[1] 张远晶，王瑶，谢君，等. 5G 网络安全风险研究［J］. 信息通信技术与政策，2020（4）：47-53.

精准识别、全场景覆盖，高度重视承担最多最大风险的 5G 用户安全需求，提前制定相应的保护措施。

3. 建立风险评估机制

在风险评估之前应首先确定风险评估的目标、范围，组建评估管理与实施团队，进行系统调研，确定风险评估方法。对 5G 系统各方面生命周期的安全风险点提前进行有效评估，对不同等级的安全风险进行风险预警，及时发现并解决安全隐患，为应急预案及预警机制提供决策依据。

风险评估具体措施可包括：识别 5G 网络资产的属性值，评估相关资产在完整性、机密性、可用性、可信任性和可审计性等方面的属性值。识别 5G 系统中的薄弱点，评估薄弱点对 5G 安全的完整性、机密性、可用性、可信任性和可审计性等方面的影响值。根据上述评估中得到的属性值和影响值，计算 5G 网络遭攻击后的损失值以及网络的安全风险值。通过建立风险评估机制，系统地分析 5G 系统所面临的威胁及其存在的脆弱性，直观反映 5G 网络安全风险状况，评估一旦发生安全事件可能造成的危害程度，并有针对性地提前制定防护对策和整改措施，将风险控制在可接受的水平，最大程度地保障 5G 运行安全。[①]

通过建立风险识别、风险分析和风险评估机制，可以及时发现和处置 5G 运行中的安全风险。同时应针对风险识别、分析及评估结果制定风险控制措施及操作性较强的实施计划，并及时向社会发布与公众有关的警示信息。在完成风险整改后，应再次进行风险评估，以确保风险得到正确规避，从而打造风险闭环管理体系。

（二）5G 安全人员管理制度

维护 5G 网络安全是一项全社会共同的责任，其中涉及包括 5G 运营商、互联网提供商、设备供应商、应用提供商、标准组织及政府管理部门等在内的众多关联者，而每个利益相关者都应在健全的管理制度下承担各自明确的责任。应对参与 5G 网络建设、运行和维护等过程中的人员进行严格管理，

---

① 诸葛理绣，王军华，周晨. 基于信息系统架构的信息资产分类与关系识别 [J]. 计算机系统应用，2009，18（7）：162-164.

确保人员操作符合安全管理制度规定。

设置专门的管理机构。设置专门的网络安全管理机构,建立首席网络安全官制度。5G运营者在组建专门安全管理机构时,应明确其主要工作要求。其具体工作要求应包括:首先必须符合国家以及5G行业和网络安全领域的政策规定、法律法规、标准规范的相关要求,同时满足5G关键信息基础设施保护的实际需要;在专门管理机构设置的过程中严格遵循"同步规划、同步建设、同步使用"的"三同步"原则,同步规划、同步建设和同步运转安全管理机构;管理机构的岗位设置应满足常态化安全保护工作需求,覆盖需常态化开展的网络安全活动;应标识关键岗位,明确规定对关键岗位开展安全背景审查,明确授权审批事项、程序与信息化决策参与机制;完成职责分离,建立各岗位之间,安全管理机构与运营部门、网信部门等跨单位跨部门之间的沟通合作机制。同时5G运营者应尽可能在项目开发建设阶段即完成安全管理机构的组建或调整。若因无法调度足够的人力、无法及时组建或调整完成安全管理机构,应制订岗位建立健全计划,逐步组建或调整完成专门的安全管理机构。

确定岗位职责。划分不同的管理员角色对5G安全进行网络和系统运行管理,明确5G各系统、各环节的安全主管、安全管理、运维管理和审计管理等各方面负责人岗位职责和权限,配备专职安全管理人员,指定专门人员或机构进行用户账户安全管理。对不同人员、不同部门、不同岗位制定有区分性的、具体的安全防范措施,制定关键岗位人员和第三方人员安全管理制度,明确规定其具体的职责范围。如在5G安全运行与维护阶段,明确安全运维工程师、安全运营工程师、数据安全管理工程师等具体岗位职责;在安全监测与分析阶段,明确网络安全监测工程师、网络安全态势分析工程师、渗透测试工程师等岗位职责,以应对不同的安全需求。认定5G网络安全关键岗位,与关键岗位人员、第三方人员等相关从业人员签订保密协议,约定岗位安全职责、奖惩机制,以及当离岗后的脱密期限等。如涉及保密系统或涉密网络,应遵守保密管理相关规定,落实密码安全防护要求。

进行安全审查。对相关5G运营商、供应商、工程师以及其他工作人员均应按照相关法律法规和对应的业务要求进行安全资格审查。特别是对5G

安全管理机构的负责人、重要系统负责人员和关键岗位人员的身份、安全背景、专业资格或资质等进行严格审查，同时对其应当具备的专业技能进行考核，符合要求的人员方能上岗。当必要时或相关人员的身份、安全背景等发生变化时（例如取得非中国国籍），应根据具体情况重新进行安全背景审查。加强外包人员的背景审查和保密管理，人员筛选的准则包括无过失、可靠、良好的背景审查，以及审查称职的官方证明、公民身份和国籍。在岗位能力方面，全面考察相关人员的综合能力、专业知识、技术技能和工程实践能力。

安全教育和培训。定期对相关从业人员进行网络安全基础知识、网络安全相关制度和规定、安全态势、安全教育、网络安全技术、岗位操作规程等培训。相关从业人员不仅包括 5G 专业技术人员、应用开发人员，还包括其他相关管理人员、操作人员、使用人员等。安全教育与培训内容应具有针对性，根据 5G 业务发展和信息系统的变化，及时进行调整、修改和补充。

建立考核和惩戒机制。明确相关的安全责任和惩戒措施，制定 5G 网络安全考核机制和监督问责机制。应定期对 5G 运营者及其他相关从业人员开展网络安全技能考核，记录并保存培训和考核情况，作为从业人员综合评价的一部分。

外部访问人员管理。在外部人员物理访问受控区域或接入受控网络访问系统之前先提出申请，经批准后方可访问，并登记备案。对涉 5G 网络关键区域或关键系统，严禁外部人员取得访问权限。外部人员接入受控网络访问系统的申请、审批等均应有记录文档。外部人员离场后应及时对其临时访问权限进行全面清除。

（三）"三同步"安全管理制度

《网络安全法》第三十三条规定："建设关键信息基础设施应当确保其具有支持业务稳定、持续运行的性能，并保证安全技术措施同步规划、同步建设、同步使用。"《关键信息基础设施安全保护条例》第十二条遵循了《网络安全法》确定的"三同步"原则，进一步强调"安全保护措施应当与关键信息基础设施同步规划、同步建设、同步使用"。根据以上相关规定，应建立 5G 系统"三同步"安全管理制度。

在规划阶段，安全防护关口前移，同步设计、建设 5G 网络与信息安全保障机制，制定网络安全方案，开展系统定级工作。项目上线前进行全面安全检测，明确项目立项的安全要求，提出配套的安全保障措施需求及相应技术标准。重要信息系统应开展商用密码应用安全性评估，以确保上线运营的 5G 网络和业务的安全性。加强网络安全论证审核，同步落实网络安全预算。

在建设阶段，加强 5G 相关软件开发、项目建设安全。明确软件开发、项目建设单位的安全责任。在系统上线及验收阶段，系统运营使用方可成立安全验收小组，对系统安全进行全面验收和检查测试。[1]对验收过程中发现的问题及时进行整改，特别是对定级为等保二级以上的应用及系统平台，上线前应开展安全审计和等保测评，未通过安全测评的应用及系统平台原则上不得上线运行。

在运营使用阶段，同步实施防御、监测、响应、预防一体化的防控体系，提升网络安全保障水平，强化常态化安全防护与管控。"树立动态防御理念，推进安全策略配置和优化、规则库更新、补丁更新、变更管理、人员安全管理常态化，减少安全风险。"[2]在 5G 系统及其运行环境发生明显变化时，及时评估安全风险，必要时升级安全设施并实施变更管理。对 5G 系统设施同步实施配置管理，包括制订配置安全管理计划，制定、记录、维护基线配置等，并保留基线配置的原始版本，便于必要时恢复历史配置。

一旦有 5G 系统设施被废弃使用，应采取措施保护被废弃系统中所存储数据信息的安全。具体安全保护措施应包括由专门管理机构妥善保存或处置数据存储介质；对含有敏感信息或涉密信息的重要介质，选择有资质的机构进行安全销毁并在销毁后保留详细的处置记录。如需要建设新的 5G 系统承接替换原有的系统功能，应保障新旧系统交替平稳、业务功能安全迁移。在新系统建设完成、通过验收并正式上线前，不得关闭原有业务系统。5G 运营者应保障 5G 关键信息基础设施安全平稳运行，在规划、建设以及使用阶段均能够保证数据的完整性、保密性和可用性。

---

[1] 廖其耀，李若虹. 等级保护与三同步的过程结合 [J]. 数字通信世界，2019（5）：246.
[2] 揭建成. 数字化项目须遵循网络安全"三同步"原则 [J]. 浙江经济，2022（1）：55.

## （四）5G 运维管理制度

由于 5G 网络环境更加开放，并且引入了大量新技术，运维对象也不断增多，给安全运维管理带来了新风险和新挑战。5G 安全运维的对象主要为网络功能虚拟化基础设施、SDN（Software Defined Network，软件定义网络）、5G 网元、网络切片、边缘计算软件和硬件等。通过建立健全运维管理机制，可以有效保证 5G 网络的运行质量，实现网络运行稳定有序、突发事件处理及时，确保安全机制和安全策略落实到位，从而提升 5G 网络支撑能力和安全管理水平。[1]

安全运维体系通常由人员组织管理、网络和系统安全运维管理策略、安全运维规章制度和相关技术手段等方面组成。

### 1. 明确运维管理主体权限

明确不同管理员对 5G 网络和系统的运维管理责任和权限。对于重要运维岗位、重要系统管理人员设立双人备份机制。系统管理员严格按照管理制度进行用户管理，定期检查系统用户账号与实际使用人员是否匹配、是否合规。对管理员账户的申请、建立以及删除进行控制。在相关内部人员发生岗位或工作单位变动后，及时对其相应权限进行变更或删除。

加强对外包运维服务商的管理，确保外包运维服务商的选择符合国家有关规定。确保选择的外包运维服务商在运维管理和技术服务等方面均具有按照网络安全等级保护制度的要求开展运维工作的能力。在与外包运维服务商签订的协议中明确所有的安全和保密要求。

### 2. 完善系统安全运维管理

对于访问和通信运维安全，完善双向认证和授权访问机制，对终端身份进行安全存储和双向认证。采用安全协议和算法、设置访问控制规则及开启鉴权认证实现对管理端口的限制访问。在通信过程中，采取完整性验证、权限认证和重放保护等保护策略，防范通信安全威胁，保证数据传输安全。

对于 5G 基础设施和应用运维管理，针对 5G 物理基础设施、云化基础设施实施安全运维措施，保护云基础设施主机和虚拟化层、设备层运维安全。

---

[1] IMT-2020（5G）推进组. 5G 安全知识库［R］. 北京：中国信息通信研究院，2021.

## 第四章　内容标准：推进5G安全技术标准法治体系的权责构建

对宿主机、虚拟机、物理网络设备、虚拟网络设备、镜像和应用软件包（网元、第三方应用）进行基线核查，确保平台本身以及上层应用的安全性。对运维管理系统划分安全域，根据运营需求和5G网元功能，对网元进行安全等级划分，为不同等级设置不同的安全域，对不同的功能网元和管理网元实现域间隔离。[1]

对安全漏洞和风险运维管理，应满足安全合规配置、漏洞风险管理、账号口令管理和安全补丁管理等基本的网络安全要求。对接入5G边缘计算的设备进行全生命周期管理，定期远程更新所有边缘设备和节点，维护管理补丁升级和固件升级，及时修补安全漏洞。对虚拟机系统定期进行安全风险评估，严格遵从补丁管理流程进行补丁更新。

建立运维日志分析机制，确保安全事件取证，建立事后回溯机制。详细记录运维操作日志，包括对运行维护活动的描述、维护日期和时间、记录日常巡检工作、参数设置和修改等内容。同时对用户信息、配置信息、软件包等关键数据的流转进行记录，形成数据流转路径。当发生数据泄露事件时，为事件追溯提供证据。

严格运维审批程序，针对5G系统重要操作、系统变更、物理访问和系统接入等运维事项建立审批程序，按照审批程序执行审批过程，严格设置远程运维的开通程序，限制远程维护访问权限。

（五）5G审计管理制度

安全审计是从管理和技术两个维度检查网络安全策略和控制措施的执行情况，对系统运行状态、系统日志进行详尽审计，从而达到及时发现安全隐患，降低安全风险的目的。5G运营者应定期进行安全审计工作，并根据审计内容调整确定安全审计周期。审计功能应与身份鉴别、访问控制、风险识别、信息完整性等安全功能设计紧密结合。同时审计方与被审计方应保持相对独立，包括审计职责和流程，以保证审计结果公正可靠。

安全审计内容具体可包括：制定明确的安全审计策略和确保安全审计策略正常实施的规章制度。审计时间、内容和范围应得到上级监管部门的批准。

---

[1] 方琰崴. 5G核心网安全解决方案[J]. 移动通信，2019，43（10）：19-25.

根据系统风险识别和脆弱性分析、系统运行性能等确定安全审计范围。加强 5G 安全审计措施，监测、记录系统运行状态、日常操作、故障维护、远程运维等，留存相关日志数据不少于 12 个月。开启日志审计，包括所有对系统状态有影响的操作，所有安全相关操作的日志（如创建用户、登录/登出等），系统自身重要事件的日志（如定时触发的任务等），用户普通操作的日志（如业务上下线等）。有可能对关键业务系统造成负面影响的安全审计活动必须经过上级部门的批准。特殊或者额外的处理要求应与相关业务部门确认，并得到相关管理部门批准。定期对远程维护日志进行审查。

根据审计结果制定整改措施。资产责任人为安全审计提供支持，对安全审计中发现的问题进行分析，确定并采取必要的整改措施。监管部门应跟踪督促责任人按期完成整改。制定基于审计结果的奖惩措施，纳入被审计方的考核内容。安全审计方应秉承客观、公正、公平的原则实施审计活动。审计方应详细记录并保存安全审计活动过程和后续整改工作过程，审计所涉及的所有访问过程、审计过程的所有程序和要求都应被监控并记录，以便后续跟踪调查。

严密保护审计记录和审计工具。安全审计工具可以用于记录网络行为，分析系统或网络安全现状；审计记录可以作为风险评估中的安全现状数据等。严密保护审计记录和审计工具，防止审计记录用于不良目的，避免泄露被审计对象的信息和安全属性。应防止任何不当使用行为对系统的安全性造成威胁。

（六）5G 供应链安全管理制度

当前，欧美等国已普遍认识到加强 5G 供应链安全管理的重要性，并将 5G 供应链安全列入其国家战略。针对 5G 供应链存在的安全风险隐患，需要建立一套供应链安全管理机制，形成从 5G 设备生产到应用的端到端安全管理常态化模式，提升 5G 供应链抗风险的能力。具体 5G 供应链安全管理制度建设应包括：

一是加快国内 5G 供应链安全标准的研究和编制。当前我国关键信息基础设施标准中供应链安全标准仍然缺乏。特别是 5G 作为数字经济发展关键支撑，其供应链更加具有复杂性和特殊性。随着 5G 商用进程不断深化和产业发展的不断完善，5G 供应链安全标准亟待出台，应加快明确 5G 供应链的安全要求、评估模型、评估指标和方法，填补 5G 供应链安全的网络安全评估无标准可依的空白。为加强 5G 供应链安全管理，应参照欧美等国际相关标准，推动我国供应链安全标准的研究制定，尽快编制国内 5G 供应链安全标准。

在供应链安全标准编制方面，应结合 ICT 供应链安全需求及相关标准、关键信息基础设施供应链安全需求及相关标准，以及 5G 应用场景安全要求等，在此基础上制定和完善 5G 供应链安全标准。针对与 5G 通信基础设施相关的无线基站系统设备制造企业、关键芯片和模组生产企业、网络设备制造企业、仪器仪表生产企业、网络运营企业、网络规划设计企业、网络运行维护企业、终端及应用场景相关厂商等相关 5G 生产方和其各自特点，提出不同的安全保障要求，确保 5G 供应链上下游运行同步安全。配套研究 5G 供应链安全相关审计要求、风险评估办法、风险管理等系列标准，形成系统化的标准规定，确保 5G 供应链安全要求在 5G 产业链运行过程中可以有效实施与应用。[1]同时加强国际交流与合作，坚持自主创新与开放合作相结合的原则，努力建立国际互信的供应链安全标准体系。

二是建立 5G 供应链风险管理闭环的运作模式。为加强 5G 供应链的安全弹性和韧性，在 5G 建设和运营阶段需加强供应链安全管理，建立一套 5G 供应链风险管理闭环机制，从国家、产业、城市、企业等各层面构建我国 5G 发展和供应链安全体系，构建有弹性、可持续的 5G 供应链。从风险管理角度，应构建 5G 供应链风险识别、漏洞修护、持续检测、弹性运作这四个方面的循环运作系统，系统化地识别各个环节的风险，对 5G 供应链的关键资产进行安全风险识别和分级分类管理，共同提升 5G 供应链的安全性。在相关供应采购合同中，"将网络安全等级保护和信息安全要求纳入合同条款，通过合同条款落实系统集成商、软件开发商、厂商等各方的安全责任，避免后期遇到无据可依的问题"[2]。同时建立和完善 5G 供应链安全风险监测评估机

---

[1] 张祺琪，韩晓露，段伟伦. 5G 供应链安全现状及标准化建议[J]. 信息安全研究，2022，8（2）：158-164.

[2] 廖其耀，李若虹. 等级保护与三同步的过程结合[J]. 数字通信世界，2019（5）：246.

制、快速响应和补救机制，以保证在发生 5G 供应链中断时可迅速恢复其供应能力。

三是在采购等环节落实网络安全审查制度。对供应链进行安全审查正在成为各国通行的做法。近年来，为确保供应链安全，美国正在通过战略、立法、审查、评估等一系列政策措施加速构建全面、完整的供应链安全管理体系。特别是美国实施了安全审查政策，对信息通信技术供应链各层级的承包商、分包商和供应商的评估审查不断深入，同时扩大了对各级供应商的安全评估深度和广度，并从对联邦政府的采购供应链评估扩大至任何个人和实体。[1]在我国，为确保 5G 供应链安全，必须严格落实中央网信办、国家发展和改革委员会等 13 部门出台的《网络安全审查办法》。该办法明确规定了供应链厂商、服务商的相关安全责任与义务。在采购环节，运营者应当及时申报网络安全审查，通过采购文件、协议等要求产品和服务提供者对网络安全审查进行配合，不得采购未通过网络安全审查的产品或服务。

四是制定具体措施降低攻击者利用供应链造成的危害。建立机制保护 5G 供应链相关信息，包括用户和供应商身份、网络产品和服务的用途、安全需求、设计说明书、测评结果、信息系统或组件配置等。为尽可能降低攻击者利用攻击供应链带来的负面威胁，5G 运营者在采购时应优先购买现货产品，避免购买定制设备；储备足够的备用组件；建立合格供应商列表名单，防范供应商锁定风险；定期检查、评审和审核供应商的服务交付。一旦发现所使用的 5G 产品或服务存在安全缺陷和漏洞等风险，应及时联系供应商，采取措施消除风险隐患，对存在重大风险的网络产品、服务，按照相关规定及时上报给 5G 安全保护部门。在新技术快速发展的时代，还应充分发挥新技术应用对 5G 供应链安全的重要支撑作用。利用区块链、量子计算、数字孪生等新技术打造 5G 供应链技术能力中台，降低安全风险，持续赋能供应链安全，增强供应链韧性。

五是打通国内国际双循环的"传动轴"。尽快加强我国 5G 全球供应链系统建设，做强做大供应链安全生态圈，通过"一带一路"倡议以更加开放、

---

[1] 姚力，王凤娇. 美国 ICT 供应链安全管理新政观察[J]. 保密科学技术，2019（5）：22-26.

合作共赢的态度带动 5G 全球供应链发展，加强与其他国家形成战略产业联盟，建立联动机制，推动 5G 价值链、供应链、产业链的创新与完善，保护我国 5G 全球供应链的连续性。对于国际政治、自然因素以及人为因素可能造成的供应链中断风险，针对性地制定应对措施。在国际方面，壮大 5G 供应链，畅通外贸物流和国际供应链，不断延伸和优化升级产业链，保证重要国际物流通道安全。同时为应对自然因素以及人为事件，建立 5G 供应链应急响应安全机制，包括设置相关的应急响应机构、制定应急响应预案等，制定并实施适当的应对措施，尽快恢复供应商、物流运输、通信设施等。

## 三、5G 安全操作规程管理

应对管理人员或操作人员执行的日常管理操作建立安全操作规程。围绕 5G 网络安全保护工作，需要建立标准化、规范化、流程化的工作规范，以规范安全管理制度的具体技术实现路径。依据《信息安全技术 网络安全等级保护基本要求》（GB/T 22239—2019）的规定，应详细记录运维操作日志，包括日常巡检工作、运行维护记录、参数的设置和修改等内容。

对于 5G 网络安全工作，具体需按照 5G 网络安全监测管理的要求，制定网络安全监测措施、监测信息审核、上报/通报等方面的具体操作规程；按照网络安全预警的要求，制定预警发布、预警分级、升级降级、响应处置、解除等方面的具体操作规程；按照网络安全事件处置的要求，制定处置程序、处置方法、处置要求、上报/通报、总结等方面的具体操作规程；按照业务连续性安全管理的要求，制定关键业务连续性的稳定持续时间要求、受到破坏的恢复和补救时间、业务连续性支持措施等方面的具体操作规程。通过操作规程的制定，可以明确 5G 安全生产每个环节的具体要求，实现突发 5G 网络安全事件应急处置工作的科学化、程序化与规范化。

安全管理制度、操作规程实施时需记录和填写表单、操作记录等，以保证电子数据在存储和传递中的完整性和可靠性。在数字化时代，应注意留存网络日志、网络记录等电子记录，电子数据可以作为法律证据以备不时之需。

在网络实名制的要求下，大部分网络应用后台均实名化，电子数据记录具有较强的可信度、可靠性和真实性。在实名认证的基础上，可以将符合相关规定的上网日志、操作记录、应用表单等电子记录形成的证据链作为法律证据。[①]同时，电子表单、操作记录和网络日志的留存，也可作为网络安全事件溯源分析的依据，具有深度挖掘和分析利用的重要潜在价值。

对于表单记录、网络日志的管理，应能够为 5G 安全保护工作相关部门和执法机构提供准确可靠的存档记录。5G 网络日志具体包括网络访问日志、物理访问日志、系统日志、维护日志、操作日志、事务日志、审计日志和错误日志等。其中 5G 网络访问日志负责监测、记录网络运行状态、网络安全事件，按照规定留存相关的网络日志不少于六个月。物理访问日志应对信息系统设施进行物理访问监测记录，定期或当安全事件发生时，对物理访问日志进行安全审查。维护日志应记录监测 5G 系统和基础设施运行、操作、故障维护等行为，日志留存时间不少于十二个月。对原始日志进行统一化处理，原始日志信息存储须进行防篡改签名处理，以便其可以作为司法证据。应制定并执行严格的日志管理措施，并定期备份，防止网络日志因人为或技术原因被删除或修改。

## 四、5G 安全管理制度的修订评审

应建立 5G 安全管理制度的修订、评审、发布、执行、检查和变更等机制，在修订和评审环节，设计明确的工作程序或机制以便后期对 5G 安全管理制度进行维护。

（一）5G 安全管理制度的修订

第一，确定负责机构和人员。设置专门的管理机构，指定或授权专门人员和专业部门负责 5G 安全管理制度的制定、变更和后期修订，指定相应部门和责任人员负责对 5G 安全管理制度的日常维护。

第二，及时修订变更。5G 安全管理制度应至少每年修订一次或当发生重大变化时及时修订。应定期或根据实际需要，如有无出台新的或变更的 5G

---

① 刘国荣，沈军，蒋春元. 5G 安全风险与影响及对策探讨［J］. 中国信息安全，2019（7）：77–79.

相关法律法规、5G 相关安全标准规范或其他要求,检视有无不合时宜的条款,或缺少对某一类网络安全行为进行约束的制度、操作规程等,并根据检视情况,对存在的不足或需要改进的 5G 安全管理制度进行修订,对失效或过时的安全管理制度应及时予以废止。

第三,限期完成修订。应保证时效性,对需要修订的安全管理制度,应由指定人员在规定期限内完成。对涉密的 5G 安全策略、规章制度和相关具体操作规程的评审和修订应控制在相应范围内。

第四,确保过渡稳定。5G 安全管理制度的修订工作完成后,应记录网络安全责任人,并进行版本控制,保证新旧版本衔接的统一性和稳定性。

(二)5G 安全管理制度的评审

5G 安全管理制度制定、修订工作完成后,下一步应组织专门安全管理机构、业务和使用部门、相关专家等共同对新管理方案进行评审,做好评审记录,并按照评审意见对安全管理制度进行修改,保留版本修订记录、必要时应对修订方案重新进行评审。对安全管理制度的评审过程和评审结果记录存档,保留必要的记录和依据。

安全管理制度的评审内容应主要包括:评审 5G 安全管理制度是否存在内部设计缺陷;评审 5G 安全管理制度的适用性、适宜性、合理性和有效性等;评审该制度设计是否能够覆盖 5G 安全保护所需要的所有网络安全活动、全部安全应用,以及是否对每一项网络安全活动及应用具有指导、规范和约束作用。对于评审工作,还应建立明确的评审程序,实现对 5G 安全管理制度的适用性、有效性等内容进行程序化、周期性评审。

## 第四节　5G 特殊安全管理制度建设

如前所述,除建立 5G 安全风险管理、人员管理、"三同步"管理、安全运维和安全审计管理、供应链安全管理等一般安全管理制度,制定安全操作规程等组织管理层面外,还应针对 5G 自身特点和安全技术要求,从技术标准层面规定 5G 特殊安全管理机制。在技术标准、法律规范等层面,应更进一步从制定 5G 网络安全监测预警机制、应急处置机制、5G 应用场景安全防护机制和数据安全保护机制等方面布局，对 5G 运营方规定更加严格的 5G 安全保护责任和义务，从而全方位满足 5G 安全防护要求。

## 一、设计 5G 网络安全监测预警体系

2016 年 12 月，我国发布了首个《国家网络空间安全战略》。该战略明确规定"完善网络安全监测预警和网络安全重大事件应急处置机制"。根据《关键信息基础设施安全保护条例》第二十四条的规定，"保护工作部门应当建立健全本行业、本领域的关键信息基础设施网络安全监测预警制度，及时掌握本行业、本领域关键信息基础设施运行状况、安全态势，预警通报网络安全威胁和隐患，指导做好安全防范工作"。建立 5G 网络安全监测预警体系的目的是通过统一的安全态势感知、协同防御能力建设，实时进行 5G 运行安全风险监控，提升安全监测预警技术手段，实现安全事件预警，确保 5G 安全风险处于总体可控状态，建立一套集 5G 系统安全监测、安全响应、安全防御于一体的自适应安全风险防控机制。为此，应同步完善建设监测管理恶意软件、恶意代码、恶意攻击、内容安全等 5G 安全监测设备、配套相关监测管理流程，提升监测发现能力，构建 5G 网络安全态势感知能力。[①]

（一）安全监测预警机制

5G 网络安全监测预警机制的监测对象包括 5G 网络和系统运行状态、相关人员行为、物理环境和策略运行效果等。应对监测对象采取监测及记录网络运行状态、网络安全事件、操作及故障维护等行为的技术措施。应定期对监测情况进行安全检测评估，行业主管或监管部门应组织对安全监测信息进行风险分析研判。

从监测内容来看，5G 网络安全监测预警可分为 5G 信息系统监测、物理访问监测、信息泄露监测和恶意代码监测。具体来说，对于信息系统监测，5G 运营者应及时发现针对 5G 信息系统的网络攻击行为，使用自动化工具对攻击事件进行实时分析；应能够发现非授权的本地、网络和远程连接以及对

---

① 刘国荣，沈军，蒋春元. 5G 安全风险与影响及对策探讨[J]. 中国信息安全，2019（7）：77-79.

5G 系统的非授权使用；同时要确保系统监测活动符合关于隐私保护的相关政策法规。对于物理访问监测，5G 运营者应对网络系统设施进行物理访问监测，并形成物理访问日志；应定期对物理访问日志进行安全审查；应安装并监视物理入侵警报装置和监测设备。对于信息泄露监测，应重点监测是否有擅自泄露 5G 重要系统有关信息、资料及数据文件，是否有重要数据泄露、较大规模个人信息泄露等情况。对于恶意代码监测，应采用白名单、黑名单或其他方式，实施恶意代码防护机制，对系统进行定期扫描检查，确保恶意代码和垃圾信息防护机制得到及时更新。

从监测架构来看，应用层、控制层和设备层是 5G 网络安全监测预警体系架构中的三级层面。借鉴 5G 网络的 SDN 架构，应建立新型的 5G 网络安全监测预警机制。SDN 是一种数据控制分离、软件可编程的新兴网络体系结构。5G 网络中的 SDN 典型体系架构即分为应用层、控制层、设备层三个层面。其中设备层由各种网络硬件组成，实现网络状态收集、存储、发送功能。控制层连接应用层以及设备层，可以实现各种形式的服务访问、报告网络状态等功能。应用层则是主要满足各类用户的服务需求而开发的各类商业应用。[1]为了避免只是从核心网中添加离散的互不关联的安全监测模块，应突破传统的仅关注应用层监测的局限，将安全监测架构与 5G 网络架构相融合，构建从设备层到控制层再到应用层的全流程的安全监测预警系统。

健全的 5G 网络安全监测预警体系应可以同时适用于规模较大的商用 5G 网络和 5G 专用网络中。对于 5G 商用网络，可以根据其实际安全监测需要进行部署，既可以仅侧重于应用层等某一层的监测预警，也可以扩展至全域监测。5G 专用网络的安全监测需求则更高，特别是对于 5G 军民融合专用网的安全预警，可以将其划分为普通域和高安全域，通过网络侧将普通域与高安全域进行防火墙隔离过滤。

（二）安全预警响应机制

根据我国《中华人民共和国突发事件应对法》《网络安全法》《电信条例》

---

[1] 王建英，吕俟林，李文江. 5G 网络安全监测预警机制浅析［J］. 通信技术，2020，53（11）：2780-2785.

等法律法规和《国家突发公共事件总体应急预案》《国家网络安全事件应急预案》等相关规定要求，5G行业主管、网信监管部门应组织预警响应工作，实施安全预警管理，及时汇总监测预警信息，联系相关单位、5G安全专家学者、专业技术人员和有关机构，组织对事态发展情况进行跟踪会商研判，研究制定防范措施和应急工作方案，指导组织开展预警响应，协调组织资源调度和部门联动的预警响应工作。

根据预警事项的重要程度不同，可将预警响应分为红色预警响应、橙色预警响应、黄色预警响应、蓝色预警响应。在预警响应启动后，5G行业主管、网信监管部门应要求相关单位和企业进入随时待命状态，组织相关方加强对5G重要网络系统的安全防护工作，并针对预警信息研究制定应对方案，协调调度各方资源做好各项准备工作。实时跟踪预警项进展，预警内容一旦出现重要变化应及时上报，必要时调高预警级别并采取更严格防范措施。预警发布部门或地区根据实际情况，确定是否解除预警。

（三）信息通报共享机制

网络安全监测和研判分析、预警响应后，应进一步制定信息通报和信息共享机制。经相关部门和专家研判，需要立即采取防范应对措施的，应及时向所有相关运营者发布预警信息及应急防范措施建议。

5G运营者应根据关键信息基础设施网络安全信息通报制度的要求，依据《国家网络安全事件应急预案》等相关规定，制定并完善本组织内的5G信息通报机制，具体内容应包括：配合做好网络安全信息通报，明确负责信息通报工作的主管领导和承担信息通报工作的责任部门、具体负责人和联络人；及时汇总本组织内部不同部门、不同渠道掌握的网络安全监测信息；规范通报信息的内容、形势和预警信息分级标准，如将预警信息分为特别重大、重大、较大和一般网络安全事件四个层级；对监测信息进行研判，必要时发出内部安全预警信息并提出适当的处置建议；及时响应行业主管及监管部门的安全预警信息和建议。发布预警信息时，信息主要内容应当包括预警起始时间、预警级别、可能产生的影响范围和危害程度、建议采取的防范措施、防范时限要求以及预警信息发布主体等相关要素。

同时，应建立完善5G网络安全信息共享机制，建立信息共享渠道，促进相关部门企业、5G 运营者以及网络安全服务机构之间关于网络安全威胁、安全漏洞、安全事件等的网络安全信息共享。建议 5G 网络安全厂商、软件厂商和互联网企业建立 5G 安全漏洞等信息共享知识库，与国家政府部门、重要信息系统用户、科研机构共同建立软件安全漏洞统一收集、验证体系。5G 运营者还需要及时接收行业主管及监管部门发布的网络安全风险、预警信息和应急防范措施建议。[①]

## 二、制定 5G 安全应急处置机制流程

我国《网络安全法》第二十五条明确规定："网络运营者应当制定网络安全事件应急预案，及时处置系统漏洞、计算机病毒、网络攻击、网络侵入等安全风险；在发生危害网络安全的事件时，立即启动应急预案，采取相应的补救措施，并按照规定向有关主管部门报告。"《网络安全法》第五十三条第二款、第三款也明确规定："负责关键信息基础设施安全保护工作的部门应当制定本行业、本领域的网络安全事件应急预案，并定期组织演练。网络安全事件应急预案应当按照事件发生后的危害程度、影响范围等因素对网络安全事件进行分级，并规定相应的应急处置措施。"2017 年 6 月，中央网信办发布《国家网络安全事件应急预案》，该预案是国家层面组织应对特别重大网络安全事件的应急处置行动方案，也是各行业开展网络安全应急工作的重要依据。[②]《国家网络安全事件应急预案》要求，各地区、各部门、各单位需制定、修订本地区、本部门、本行业的网络安全事件应急预案，在事件分级上与国家预案一致。与之相配套，在 5G 行业管理方面，我国 5G 安全也应完善应急处置机制，建立应急处置标准，制定 5G 网络安全事件应急预案并定期组织演练等，保证具有对网络安全威胁进行事先预防及事后应急处置的能力。

（一）明确应急预案制定基本流程

根据相关规定，行业主管部门要依法履行监管职责，完善 5G 安全事件

---

[①] 李盛葆，程姣，赵煜，等. 面向区域关键信息基础设施的网络安全形势分析和防护机制研究 [J]. 网络安全技术与应用，2021（7）：27-29.

[②] 胡俊，严寒冰，吕志泉，等. 从《国家网络安全事件应急预案》看我国网络安全事件应急体系 [J]. 中国信息安全，2021（3）：68-72.

应急预案，采取应急措施，发布警示信息。一旦发生 5G 安全事件，应当依法启动应急预案，采取相应的应急处置措施，防止负面影响和安全危害进一步扩散。[①] 根据《国家网络安全事件应急预案》的规定，根据事件相应等级，按照事先拟制的应急预案进行处置。

编制 5G 应急预案，应首先明确何为网络安全事件，并对网络安全事件作出分级。对于网络安全事件，根据《国家网络安全事件应急预案》第一章第三条的规定，网络安全事件可包括"有害程序事件、网络攻击事件、信息破坏事件、信息内容安全事件、设备设施故障、灾害性事件和其他事件"。网络安全事件可根据三项指标：重要网络和信息系统遭受的系统损失程度和业务处理能力受影响程度，国家秘密信息、重要敏感信息和关键数据是否发生了丢失或被窃取、篡改、假冒等问题，以及事件对国家安全、社会秩序、经济建设和公众利益造成的影响程度，分为四个级别：特别重大网络安全事件、重大网络安全事件、较大网络安全事件、一般网络安全事件。不同级别的网络安全事件对应不用的应急响应措施。

针对 5G 安全制定综合应急预案和特定系统应急预案。综合应急预案及操作办法是针对 5G 安全而面向全面的、整体的、综合性应急预案，能以直观化方式体现，能有效指导社会层面 5G 安全应急工作的开展。特定系统应急预案是对综合应急预案及操作办法的延伸和细化，其面向的对象主要是负责具体应急处置的技术工作人员。5G 应急管理者应定期识别评估职责范围内的安全风险，根据实际应急响应、安全事件、系统调整、人员变动、业务变化及应急演练中发现的安全风险及问题对综合应急预案、应急预案操作办法、特定系统应急预案等进行动态维护和更新。

根据《网络安全法》和《国家网络安全事件应急预案》的相关要求，5G 网络安全应急预案主要内容应围绕事前预防管理、事中应急处置、事后调查评估与追责三个方面展开。

事前预防管理。5G 网络安全事件应急预防工作主要包括进行安全风险评

---

① 朱莉欣，陈伟. 数据安全法视野下的网络安全漏洞管理[J]. 信息安全与通信保密，2021（8）：2-8.

估，加强日常安全管理，定期组织安全演练，进行安全宣传和培训，以及在重要项目建设和重要活动期间部署预防措施。

事中应急处置。各部门按照其岗位职责和权限设置，根据事件情况和预案要求分别承担不同的任务，负责本部门5G网络安全事件的监测报告和应急处置工作。在网络安全事件发生后，根据事件级别的不同对应启动相应级别的应急响应流程，按既定流程实施网络安全应急处置工作，跟踪事态发展，检查影响范围，引导社会舆论，并及时报送事态发展变化、处置进展等情况，做好信息通报工作。应尽可能快速及时、高效跟踪、处置与防范，控制事态并消除隐患，确保5G网络安全。

事后调查评估与追责。在重大5G网络安全事件发生并处置完成后，应组织研判，进行事后总结，对安全事件的起因（包括直接原因和间接原因）、经过、性质等开展调查[1]，评估突发安全事件造成的影响和损失，总结安全事件防范和应急处置工作的经验教训，对事件责任进行鉴定，经分析评估后向上级主管部门提交总结调查报告，提出处理意见和后续改进措施。[2] 按照应急预案要求，网络安全事件应急处置工作实行责任追究制，应对相关方进行责任问责追究与奖惩。基础电信企业有关情况纳入企业年度网络与信息安全责任考核。

5G安全突发事件发生后，事发单位按照应急预案的要求第一时间向主管部门报告的同时，应当立即启动本单位应急预案，争取用最短时间尽最大努力恢复网络和系统运行，尽可能降低对5G用户和社会的影响，同时注意留存网络攻击、网络入侵等网络安全威胁证据。在突发事件的影响和危害得到控制或消除后，及时结束应急响应状态。

（二）建立5G安全应急管理平台

依据《国家网络安全事件应急预案》相关要求，应加强5G安全应急基础平台和管理平台建设，做到早发现、早预警、早响应，提高应急处置能力。

---

[1] 宁宣凤，吴涵，李沅珊，等. 如何应对网络安全勒索事件[C].《上海法学研究》集刊（2020年第13卷　总第37卷）：金杜律师事务所、金杜研究院文集. 上海：上海市法学会，2020：44-48.

[2] 胡俊，严寒冰，吕志泉，等. 从《国家网络安全事件应急预案》看我国网络安全事件应急体系[J]. 中国信息安全，2021（3）：68-72.

建设 5G 综合应急管理平台。在原有信息发布平台的基础上建立综合应急管理平台，包括建设基础支撑系统、应急应用系统和应急指挥场所等，在促进官方信息公开透明的同时，能够在综合应急管理平台上实现对应急部门进行实时反馈，有效应对社会上各种信息对官方权威信息发布的冲击。5G 综合应急管理平台服务于 5G 突发网络安全事件的应急处置与统一指挥管理，作为综合平台实现与上下级应急平台的互联互通，重点实现应急处置、综合协调、信息报告、综合研判、调度指挥和应急演练等网络化、信息化，同时兼顾不同层级应急平台的垂直联动等。

将 5G 大数据信息汇聚到应急管理平台。为更高效地开展 5G 安全应急管理工作，应利用 5G 通信技术特点和优势，把移动设备、传感器平台等收集的数据信息统一汇集到应急管理平台上，以应急资源整合为手段，并集成多种技术指挥调度，利用大数据、云计算等技术对相关数据信息进行各维度的量化分析，对信息分级分类归纳处理。通过平台数据信息的规模处理和快速共享，可以迅速抓取重点和关键信息，发现网络安全问题，帮助运营者和管理部门在面临突发事件时减少决策反应时间，提高应急决策对象的反应能力和决策质量。[1]

针对应急数据建立质量管理制度。由于安全应急事件本身所具有的即时性、突发性特点，要求快速响应、迅速处置，一旦数据信息的真实性和完整性出现偏差，会造成应急事件处置也出现偏差，进而产生重大公共安全事件处置失当风险。因此对应急平台的管理要尤其重视对应急数据质量的检测和把控，需建立相应的应急数据质量管理制度，采用先进的技术工具，对数据库进行规范化管理，对数据质量严格把关。确保应急状态下所需要的数据信息具备真实性和完整性，并能够在短时间内得到有效处理，确保其达到可共享到应急管理平台的标准。同时要在法律层面出台相应法规来保障该体系得到有效执行。

（三）建设专业化的应急支撑队伍

为进一步做好 5G 安全应急处置工作，建议加强网络安全应急技术支撑

---

[1] 宋衍涛，张乐乐. 5G 背景下的政府应急管理分析［J］. 理论与现代化，2021（5）：40-48.

队伍和专家人才队伍建设，同时调动社会力量，建立并完善网络安全应急技术支撑服务体系，提高应对 5G 网络安全事件的能力。

一是加强 5G 安全应急技术支撑队伍建设。为做好网络安全事件的应急处置、应急技术支援等工作，支持 5G 运营者和相关企业提升应急处置能力，应配备必要的网络安全专业技术人才，建设专业的 5G 安全应急支撑队伍，提供应急技术支援。由国家网信部门制定评估认定标准，组织评估和认定 5G 应急技术支撑队伍。所建立的技术队伍应具备提供 7×24 小时 5G 网络数据安全应急保障支撑相关能力，具有实施网络数据安全服务必需的工作环境、实验环境、工具或软件及其他必要的保障措施。

二是建立 5G 安全应急专家组。专家组的成立旨在为 5G 安全事件的预防和处置提供技术咨询和决策建议。应建立并完善专家库管理与建设，充分发挥专家学者、智库机构在应急处置工作中的作用。应急专家组专家学者应在 5G 网络安全领域具备一定专业实力和技术优势，为各层级提供 5G 安全事件的应急响应咨询、论证和技术支持等专业工作。

三是依托社会专业力量。汇聚教育科研机构、企事业单位、相关协会等机构的技术人才与数据资源，建立网络安全事件应急服务体系，提高应对特别重大、重大 5G 安全事件的能力。同时保证社会人才支撑力量能够严格遵守《中华人民共和国保守国家秘密法》及其他安全保密规定，保守相关数据安全技术支撑工作中涉及的秘密和敏感信息，确保相关系统信息和数据的安全。社会专业力量不局限于国内，可探索建立国际合作渠道，必要时通过国际合作共同应对 5G 突发安全事件。

（四）定期组织突发事件应急演练

网信部门协调有关单位定期组织 5G 安全应急演练，检验和完善应急演练预案，并提交给网络安全部门备案，提高相关企事业单位应对 5G 安全突发事件应对的实战能力。5G 运营商、相关互联网企业要积极参与监管部门组织的应急演练，并应每年组织开展一次本单位网络安全应急演练。

应急演练的目标包括：检验在处置 5G 突发事件中涉及的应急通信、应急人员、应急设备和应急操作流程的可靠性和可用性；发现并及时修正应急预案中存在的缺陷和不足；检验各企业各部门的应急响应速度和应急保障能力、应急人员对应急响应工作的了解程度和实际操作技能等。

在应急演练之外加强 5G 突发安全事件预防和处置的有关法律法规、政策规范、应急预案的宣传培训，加强 5G 安全应急预案和网络安全应急知识的教育培训，提高 5G 运营企业和社会公众的网络安全应急意识和防护意识、应急技能。同时鼓励 5G 运营企业围绕 5G 安全中的前沿及现实问题组织开展各种形式的网络安全竞赛。

## 三、建立 5G 应用场景安全防护体系

建立 5G 应用场景安全防护体系首先应制定 5G 应用与服务安全标准，为 5G 通用应用提供安全信任防护，同时制定对 5G 网络及其应用的安全扩展要求。

（一）制定 5G 应用与服务安全标准

为满足 5G 不同应用场景与服务的安全需求，建立安全防护机制，应制定 5G 应用与服务类安全标准，用于指导 5G 应用安全保护工作。

1. 为 5G 通用应用提供安全信任防护

目前 5G 网络主要有 eMBB、URLLC 和 mMTC 三大应用场景。[1] 5G 应用场景具有开放性、虚拟性、多元性，对 5G 安全保护提出了更高标准和更严要求。为此，应制定 5G 应用安全框架、提出 5G 应用场景下新业态特有的安全要求等，为 5G 网络层、应用层安全交互进行规范指导。为实现 5G 网络安全功能按需重构，保证多接入边缘计算安全，在多信任域共存的边缘计算环境下，需要解决不同信任域中各信任实体的身份管理问题，在实现访问实体身份认证的同时兼顾认证功能和隐私保护特性。为更好地实现不同信任域之间的多实体访问权限控制，建议出台 5G 终端安全认证技术规则，引入统一身份管理、多元信任机制、安全审查机制等安全机制，加强安全防护技术的演进升级，对 5G 垂直行业应用提供安全信任防护。在部署 5G 应用安全时，根据部署模式明确各方责任划分并协同落实。

第一，建立多元信任机制。面对不同应用场景的安全信任需求，5G 环境

---

[1] 张继红. 5G 赋能千行百业 开启万物互联新时代 [J]. 通信管理与技术，2021（3）：47-50.

下建立可信保障体系成为亟待解决的问题。在传统的网络环境下,交互双方存在明确的身份定义,服务提供者可以根据服务请求者的身份信息和授权关系作出明确的服务应答。而在5G开放、虚拟、多元的网络环境下,参与协同的实体和应用场景可能来自不同的信任域,它们之间并不存在预先定义的可信授权关系,交互双方的身份信息可能完全陌生。这种缺乏集中控制机制的网络环境要求交互双方必须在信息不完整、不对称的情况下作出交互授权决策。5G授权决策的困境可以通过建立多元信任机制来解决。[①]通过信任管理机制,交互双方可在信息不完整的情况下、在可接受的风险范围内完成交互决策,系统地建立其对信任用户的授权,从而促进5G网络环境下用户、终端、网络、应用服务多层面协同操作。

在信任管理机制之下,建议构建面向5G用户、终端、网络、服务之间的多元信任模型,建立维护5G用户、基础设施提供商、运营商、第三方服务提供商等各类型参与者的多元信任机制和安全专用访问通道,实现用户、行业应用及边缘计算应用服务之间的场景信任,实现跨区域、跨平台、跨行业的安全互认。多元信任机制应既能保证安全机制的灵活性,降低安全风险,又可以保证实现并拓展面向5G开放环境的应用系统功能。

建立多元信任机制的关键步骤有:建立信任关系模型;在认证交互前利用已知的身份信息和信任证据,对交互方进行信任计算和风险评估,从而作出信任决策;根据信任决策机制,在可信条件下,由相关应用决定是否为用户提供服务、提供何种权限的服务以及如何提供服务等。[②]

第二,严格身份管理机制。从身份可信的角度,5G应用场景和服务通过身份验证确保系统运行的安全性是可信研究的基础。由于5G通用应用具有海量终端接入的特点,为确保网络安全,应构建统一的身份管理机制,以解决5G参与者的身份管理、权限管理、身份标识和身份验证问题,实现不同层次身份标识的统一管理、融合和用户的管理、验证等,以此实现网络空间与现实空间身份的可信对应。5G身份管理机制应根据内生安全理念和关口前

---

① 顾宝军.虚拟计算环境下的信任管理研究[D].上海:上海交通大学,2008.
② 同上。

移的思想，在云端或核心网数据中心建设身份安全管理平台，严格审核并验证用户身份。在安全管理平台中建立用户安全访问通道，通过可信访问代理，加强用户访问应用的安全防护和 API 端口的安全防护，同时实现 5G 参与者的网络行为分析和动态访问控制。

第三，健全安全审查机制。5G 网络开放特点创造了新的网络运营模式，即通过运营商向垂直行业提供应用程序编程接口，以便垂直行业可以创建和管理服务于自身的网络切片。但同时这一新模式提供了开放的网络接口，也更易招致非授权的网络攻击，甚至导致网络核心数据被非法访问、恶意篡改。[①]因此，需要建立安全审查机制，不仅要对人员管理进行安全审查，还要实现对垂直行业服务的安全认证，对 5G 网络服务接口提供安全防护。安全审查机制包括对 5G 应用服务设置对应的访问权限，对网络服务调用的全过程进行监测管理，对应用业务的访问行为进行安全审计和分析，及时对非法或越权行为进行告警和阻断等。

第四，加强安全防护技术的演进升级。针对 5G 典型应用场景安全风险点和新技术新应用特点，运营者应当不断更新安全防护技术、升级安全设备，以有效应对 5G 超大流量等特性对既有防护手段带来的冲击。同时应建立面向低时延需求的 5G 安全防护机制，统筹和优化业务接入认证、数据加密/解密等环节带来的时延问题，尽可能提升低时延条件下的安全防护能力。运营者还有义务构建 5G 海量机器类通信应用场景的安全模型，建立智能动态防御体系，从而有效阻断网络安全威胁横向扩散。

2. 为 5G 产业行业应用制定安全标准

5G 网络切片可以和各行业实现多层融合，形成"5G+工业互联网""5G+公共服务""5G+智慧医疗""5G+车联网"等各种应用生态。针对工业互联网、车联网、智能家居、智慧医疗、公共服务等 5G 融合应用重点领域及行业，应指导各行业安全开展 5G 网络应用和服务。一方面，垂直行业通常关注 5G 网络运行是否足够安全、可靠，能否稳定承载应用业务；另一方面，由于不

---

[①] 闫新成，毛玉欣，赵红勋. 5G 典型应用场景安全需求及安全防护对策［J］. 中兴通讯技术，2019，25（4）：6-13.

同垂直行业应用存在较大差别，其安全诉求存在差异，安全能力水平不一，因此难以采用单一化、通用化的安全解决方案直接覆盖各垂直行业安全应用。[①] 运营者应重视对 5G 行业虚拟专网安全能力、行业应用安全解决方案进行安全测评及验证，探索 5G 与垂直行业融合应用的最佳安全实践和示范案例，引导全行业在设计、建设和使用 5G 网络过程中采用最佳安全实践[②]，融合形成统一的安全架构，从而培育开放合作的 5G 行业应用安全保障生态。

5G 与行业的深入融合带来的安全风险呈现出复合型特征，行业安全风险与 5G 安全风险交汇叠加，因此相关安全风险防范和安全保护工作需要各行业、各产业链共同推进。面向 5G 应用的安全管理，建立应用安全管理制度，制定应用开发管理要求、应用安全功能要求和安全开发编码规范，形成从应用安全设计到安全检测再到安全运行的全生命周期安全保障能力。针对"5G+重点行业"，应实现开放的安全能力，进行针对性、定制化的安全防护。对于不同的行业应用，考虑各主体不同层次的安全责任和要求，根据安全需求和资源投入，选取不同的安全措施和安全防护体系。[③]

在总体安全要求上，应建立安全技术防护、动态风险评估、关键设备检测认证等制度和机制。重点依据现行成熟的行业标准开展 5G 应用安全能力测评，测评内容包含硬件安全、操作系统安全、外围接口安全、应用层安全、用户数据保护安全等方面，建立健全 5G 应用安全评测机制。[④] 在管理机制上，相关监管部门应在加强监督执法的同时，划分网络运营商、行业服务提供商等各方网络安全、数据安全和个人信息保护安全的保护责任，明确 5G 垂直应用行业环境下的网络信息安全基线要求。同时各垂直应用行业如金融、工业、能源、医疗、交通等行业应用服务提供商有义务采取恰当的安全措施，推动形成多主体参与、多部门联动、多行业协同的 5G 行业安全治理机制。

---

① IMT-2020（5G）推进组. 5G 安全知识库 [R]. 北京：中国信息通信研究院，2021.
② 中国信息通信研究院. 共筑 5G 新基建安全防线 [N]. 人民邮电报，2021-04-20（6）.
③ 乔思远. 5G 安全该怎么建？[EB/OL]. (2020-04-21)[2023-11-03]. https://www.secrss.com/articles/18846.
④ 胡业林，孟子筠，陈华亮，等. 基于 AHP-FCE 的通信系统风险评估 [J]. 科学技术与工程，2022，22（28）：12460-12467.

## （二）实现 5G 应用安全扩展技术要求

按照网络安全等级保护制度的相关规范和技术标准要求，应实现对 5G 网络及其应用的安全扩展要求，包括要求建立安全物理环境、安全区域边界、安全计算环境等。

### 1. 实现 5G 物理环境安全

传统的采用物理隔离部署的安全措施已不再适用，应充分考虑 5G 新技术特点进行物理环境安全防护。为此，应明确 5G 各行业应用场景的网络安全隔离要求——如物理/逻辑网络隔离、单向隔离等，5G 用户功能模块（UPF）应和 5G 核心网之间进行严格的安全隔离，并设置物理防火墙和虚拟防火墙，建立统一的 5G 安全管理系统来管理物理域和虚拟域。应确保为相关基础设施提供安全的运行环境，其中不仅包括物理环境安全，还需包括物理 I/O 安全接入、操作端/客户端安全加固、虚拟机镜像防篡改、虚拟化软件安全加固、容器仓库及容器镜像防篡改等，从整体上确保 5G 组网安全和基础设施安全。同时应支持物理安全保护，如设备断电/重启、链路网口断开等问题发生后应触发告警等，从而保证 5G 应用运行在安全可信环境。

### 2. 实现 5G 应用边界安全

5G 由终端侧、接入网、边缘侧、承载网、核心网等部分构成，打破了传统网络端、边、云的网络架构，因此需要重新定义网络边界。5G 虚拟专网、资源云化等行业应用的服务模式导致出现更多虚拟网络边界，运营商与垂直行业之间需要明确在混合组网、共享云平台等场景下的安全责任边界划分，在物理边界和虚拟边界部署入侵检测、安全隔离等安全防护措施，提高安全边界防护能力，保障 5G 网络边界安全。

### 3. 实现 5G 计算环境安全

在 5G 核心网络层和应用层，由于广泛采用虚拟化和软件定义的网络计算环境，安全问题包括针对云平台的横向渗透、身份仿冒、权限盗用、非授权访问、虚假规则等。根据 5G 应用行业需求，开启身份标识、数据加密以及完整性保护，支持对通信通道的两端进行身份安全认证。一旦发现出现任何安全与信任异常，及时采取适当的安全管控策略限制终端访问，防止攻击者权限盗用、伪造节点或拦截篡改客户的业务敏感数据。

## 四、完善 5G 数据安全保护体制机制

5G 数据信息通常包括 5G 用户的身份标识信息、网络位置信息、业务数据信息以及网络设备信息、管理运营信息等网络资产和管理数据。[①] 5G 网络的高度开放性特征使得用户个人信息、业务数据等不再局限于网络运营商的内部封闭平台，同时垂直行业的大量业务数据通过 5G 公共网络环境传输，5G 运营商和各垂直行业对用户数据、业务数据的管理能力和控制能力随之减弱，数据泄露的风险显著增加。因此，必须建立 5G 数据安全和信息安全保护机制，部署数据安全防护手段，制订数据安全计划，通过细化规则，要求数据处理者对数据妥善管理，特别是在对隐私数据的收集、传输、处理、存储、转移、销毁等全周期过程中保证相关法律法规要求的落实。

（一）建立数据资产分级分类管理

根据《数据安全法》，我国建立数据分类分级保护制度，对数据进行分类分级管理。对于 5G 数据安全管理，应进一步明确管理细则，建立数据识别策略，并要求运营商进行 5G 数据资源清单管理。

为实现对 5G 数据的分级分类管理，应首先对重要、敏感数据进行识别，厘清重要数据的分布情况，对 5G 数据的分布情况进行全面呈现，实现 5G 数据态势可视化感知。运营商有责任和义务对 5G 网络中的个人信息、业务数据、系统资产信息、生产运维数据等进行发现梳理与识别，对采集的原始数据进行数据预处理，包括格式统一、数据清洗、要素补全、归并去重、数据标签化等，构建数据资源清单，实行 5G 数据资源备案管理。根据所掌握的数据资产清单和数据安全态势，对数据进行安全管控，防止个人信息和业务数据以违反安全策略规定的形式流出 5G 网络，实现数据溯源和数据风险监测。

参照我国数据分类的相关标准规范，在整理数据资产清单时，应对所识别的数据进行分类，以便根据不同类别数据的安全保护需求制定相应的保护策略。例如，可根据数据来源的不同，将数据分为用户数据、业务数据、系统运行数据等；可根据数据内容和敏感程度的不同，将用户数据分为用户身

---

① IMT-2020（5G）推进组. 5G 安全知识库［R］. 北京：中国信息通信研究院，2021.

份数据、用户服务内容数据、用户服务衍生数据等。可根据数据的处理情况，将数据分为原始数据和结果数据等，结果数据即运营商在 5G 安全业务系统平台、安全设备中已处理过的数据。[①] 可根据"5G+垂直应用行业"的不同，将业务数据分为工业生产数据、智慧城市交通数据、安防数据、医疗数据、教育数据等。

在数据分级时，根据数据信息的敏感程度，可将敏感信息分为极敏感级、敏感级、较敏感级和低敏感级四个等级，遵守数据分类分级管控的原则，确定不同等级敏感数据的安全保护要求，规定相应的涉敏人员范围和人员管理方案。[②] 按照内部管理制度，在数据分级分类管理的基础上，对不同部门、不同层次的从业人员设置对应权限，规范权限管理流程。对于敏感数据信息均应启用数据保护策略，防止发生数据泄露以及数据非授权访问、数据篡改等风险。

（二）建立数据多重维度保护策略

5G 网络运营者有义务采取重要数据和敏感数据保护策略，具体包括数据脱敏策略、数据加密策略、数据访问控制策略、数据完整性保护策略和数据备份策略等。

数据脱敏策略。5G 网络运营者有义务对涉及个人隐私或商业秘密、国家秘密等的敏感数据进行脱敏处理，利用脱敏技术保护个人隐私等敏感数据在传输、存储、使用等过程中的安全。脱敏规则重点要求对敏感数据进行去标识化和变形处理，处理后的数据不再含有敏感内容。在对敏感数据进行处理时，运营者应注意保持原有数据的特征信息、数据之间的一致性和连续性，以及业务规则之间的关联性。

数据加密策略。针对需要进行加密处理的业务场景，运营者应利用密码算法等加密技术，对个人信息和业务数据等关键数据进行加密存储、加密认证和备份处理，特别是要采用加密方式传输和存储用户身份信息、位置信息等敏感数据，保护个人关键信息安全。数据加密策略能够更好地保护数据的

---

[①] 李雪芳, 吉翔川, 丁志刚, 等. 5G 网络安全风险应对思路研究 [C] //TD 产业联盟, 中国电子科技集团公司第七研究所《移动通信》杂志社. 推动网络演进　促进应用创新：5G 网络创新研讨会（2021）论文集. 2021.

[②] 林玉广, 张恒. 基于机器学习的客户信息安全防护研究 [J]. 电信技术, 2018（7）：13–18.

第四章 内容标准：推进 5G 安全技术标准法治体系的权责构建

机密性和完整性，防止无权限人员查看机密的数据文件，防止特权用户（如系统管理员）查看私人信息，有效防范数据被泄露或被复制被篡改。

数据访问控制策略。运营者应按照最小化原则，严格控制数据的访问范围，关闭所有不必要的服务及端口。5G 应用终端同样应遵循最小化原则，只安装必要的组件和应用，并使用防病毒软件定期进行病毒查杀。运营者应严格限制每类网元可访问的数据类型，采用严控数据导出操作、禁用特权操作等措施保障数据安全。同时采用身份认证管理、安全审计管理、安全监控管理等技术管理手段，对重要数据的违规访问和使用情况进行警告和控制。

数据完整性保护策略。运营者有责任对传输、存储和使用的数据进行完整性保护，确保数据在处理过程中不会被损毁、丢失或篡改，同时数据的完整性一旦遭到破坏，能够及时发现情况并进行处理。运营者应采取的数据完整性保护措施还包括在 5G 网络漫游接口上部署安全防护措施，保护 5G 网络与其他网络之间、不同运营商 5G 网络之间的漫游和互联消息及保证敏感数据免受窃听、篡改等攻击。

数据备份策略。运营者有责任提供数据备份功能，准确识别需要定期备份的重要业务信息、数据信息及软件系统信息等，定期对重要系统和数据库进行备份。在对数据进行分级分类的基础上，根据数据本身的重要程度和各类数据对系统运行的影响程度，制定不同重要等级的数据所对应的数据备份策略和恢复策略，以及具体的备份程序和恢复程序，同时提供备份数据的一致性检验、备份位置查询等功能。

（三）关注民生行业数据安全保护

"5G+不同的应用场景"对数据安全保护的需求各不相同，尤其在工业互联网、能源、医疗、智慧城市等行业领域，涉及的用户信息和业务数据量庞大，稍有不慎就会造成数据泄露，因此实现对行业敏感数据的保护成为 5G 运营商必须解决的问题。

实现数据不出场。智慧城市、医院、工业互联网、能源等行业的数据敏感程度较高，运营商应部署手段，提高网络隔离能力、严防外部入侵 5G 网络对园区 App 内部数据造成攻击风险。对敏感程度高的数据，应满足数据安全保护和个人信息保护相关要求，确保数据在本地应用内部实现采集、传输、存储、使用闭环，确保数据不出场，用户数据和业务数据只能终结在本地。

实现数据分流。对于能源、医疗等高度敏感的数据，应部署数据分流、边界防护等安全措施，对流经 5G 基站和边缘计算平台的敏感数据进行精准分流。为实现数据分流管理，运营者有责任采取严格的网络隔离措施，避免把重要网络区域部署在边界，在重要网络区域与其他网络区域之间部署技术隔离手段，从而严格规制敏感数据从高网络安全等级系统流向低网络安全等级系统。对于涉及数据传输的工业控制系统，运营者应使用独立的网络设备组网，在物理层面上实现与其他数据网及外部公共信息网的安全隔离，尽可能保护工业控制系统和 5G 边缘计算平台的敏感数据不被外界窃取。

实现内容数据安全。对于"5G+智慧文旅""5G+行业视频"等具有社会公众效应的信息内容，一旦内部数据被篡改或者泄露，不仅会对用户的隐私安全造成危害，还会产生严重的社会影响。因此对于相关垂直应用行业，应支持对 5G 用户的内容数据进行传输和存储的机密性、完整性保护，设置访问控制权限。为进一步保证内容安全，避免传播非法内容、影响社会稳定，5G 边缘计算节点应支持对内容进行信息安全审核。鉴于针对内容信息安全的传统审核机制无法覆盖边缘计算场景，应考虑部署基于边缘计算技术的新的信息安全审核措施。[1]

在满足"5G+"不同行业数据安全保护特殊要求的同时，应保证数据传输、迁移、存储等全过程安全。应制定严格的数据安全管理策略，对数据的采集、存储、传输、迁移等过程进行安全保护。特别是在进行业务迁移或弹性扩缩过程中，应根据业务需求做好迁移和扩缩过程中的数据保护，防止敏感信息泄露。在数据存储介质的销毁过程中，应部署必要的硬销毁和软销毁等数据销毁技术手段与策略机制。同时应建立规范的数据销毁流程和审批机制[2]，明确数据销毁场景、销毁对象、销毁方式和流程要求，监督操作过程，有效防止因对存储介质中的数据内容进行恶意恢复而导致的数据泄露风险，

---

[1] 庄小君，杨波，杨利民，等. 面向垂直行业的 5G 边缘计算安全研究 [J]. 保密科学技术，2020（9）：20-27.

[2] 顾欣，易豪，徐淑珍，等. 基于 BIM 数据的安全评估体系研究 [J]. 现代计算机，2021，27（24）：21-25.

确保数据存储介质上的敏感数据和授权软件等无法被恢复重用。

通过以上客观全面分析 5G 发展面临的安全风险挑战、5G 安全保护需求、5G 安全标准法治化需求，明确 5G 安全保护基本思路，到立体化构建用户和运营方、监管方等相关方的权利和义务规定，建立面向 5G 技术特点的基本安全管理机制和特殊安全管理机制，健全多元分层立体化的 5G 安全技术标准法治体系，以期从整体上实现 5G 风险社会治理，实现 5G 发展风险最小化、运营收益最大化。

# 第五章　隐私标准：推进 5G 安全技术标准法治体系的价值构建

除了构建 5G 安全技术法治体系的主体标准和内容标准，完成头部建设和权责建设，还要进一步深入推进隐私标准的建设。由于 5G 技术的发展应用涉及敏感数据的处理使用、个人信息保护、终端安全认证等方面，隐私标准的法治化构建不可或缺。考虑到 5G 技术和应用特点，5G 安全技术标准法治体系中隐私标准的构建主要包括：在个人信息保护层面，实现个人数据主体的权利保障，完善敏感数据的处理规则，明确数据控制者和数据处理者应承担的责任。在信息安全防护层面，出台 5G 终端安全认证规则、强化边缘计算规则下的隐私保护等，实现不同信任域之间的多实体访问权限控制，构建从静态被动到动态主动的数据安全保护策略。在风险社会治理层面，通过设定相关制度保护个人数据隐私、安全及相关权益，抵御可能的集体风险，将数据创新和利用纳入法治的轨道的同时，最大限度地实现个人数据权益保护和社会自主创新之间的平衡。

## 第一节　个人信息保护层面

在 5G 时代，随着大数据应用的日益普及和数据量的剧增，敏感数据和个人隐私信息保护等问题变得越发重要。欧盟 2016 年出台的 GDPR 是一部全面的欧洲数据保护法律，为个人提供了更广泛的数据权利并增加了组织的合规责任，对数据隐私监管格局的转变产生了重大影响。在个人信息保护方面，我国应借鉴欧盟先进做法，对敏感数据的界定标准进行完善，明确敏感数据的主体归属。敏感数据本身既属于公民的隐私，又能与公民其他的隐私信息相关联。因此，敏感数据带有较强的人格权益属性，敏感数据的主体归属应为个人。

在实践层面，建议进一步完善数据保护评估制度，建立差异化数据保护标准，有效区分个人敏感信息和普通信息，及时跟踪信息状况进行动态风险评估，并针对敏感数据设置动态特权访问权限，建立更完善的数据安全防护网。在当前敏感数据保护的责任分配中，合理分配不同环节责任，规定数据控制者和数据处理者在不同环节承担对数据妥善管理的相应责任，严格保障个人数据主体的相应权利。

## 一、聚焦敏感数据的界定以及归属主体

随着新兴移动通信技术的发展，大数据正在逐渐脱离基于高技术要求的垄断性特征，向普遍的数据主体演进。在数据收集和数据处理的过程中，不同数据主体在短时间内将会产生大量数据的交互。现代数字生活的新兴技术正极大地改变各类行业，如大型数据库、自动学习、人工智能、全球数字社交网络、大型数字公司、远程医疗等。5G网络中引入的SDN/NFV和网络切片技术，使得传统封闭的管理模式变得更加开放[1]，但用户自定义、资源可视化、网络虚拟化等功能的实现增大了5G网络的攻击面，使个人数据更容易暴露在风险之中。

5G网络中端到端的数据流包含广泛的个人敏感数据，如机密数据、身份、位置等。同时敏感数据的性质正在随着计算能力的不断增强和各种形式的大数据可用性的推广而发生变化。这样的过程意味着数据的敏感性可能不再像过去那样直观明显。随着大数据的日益普及和线上数据的增加，这些问题变得越发严重。因此，有必要保护该概念免受过于严格或过于广泛解释的风险。如果只有少数特定类型的数据是敏感的，数据控制者可以使用替代方式处理敏感信息，从而规避适用于敏感数据处理的规则和保护措施。如果将敏感数据的标签应用于任何揭示一定敏感信息的数据，结果可能是大多的个人数据

---

[1] 强奇，武刚，黄开枝，等. 5G安全技术研究与标准进展［J］. 中国科学：信息科学，2021，51（3）：347-366.

都属于敏感数据的范围。鉴于现代数据挖掘算法的计算能力和大数据生态圈中其他潜在兼容数据集的可用性，在大数据生态圈中，任何数据原则上都可能揭示数据主体的某些敏感性质。采用如此广泛的概念，敏感数据可能会演变成一项"空洞口袋"的概念。所以，需要将敏感数据作为一种单独和特定的形式来保护个人信息。

（一）敏感数据界定的域外流变与启示

《欧盟个人数据保护指令》明确了欧盟国家将敏感数据的保护视为人权基本保护的一项重要组成部分，欧盟 GDPR 则更是进一步明确了敏感数据的范围。欧盟对敏感数据的界定标准对我国有重要的借鉴意义。

1. 欧盟法律法规对敏感数据的界定

敏感数据的概念可追溯到 1993 年，艾伦·威斯汀（Alan Westin）首次使用"医疗敏感指数"，以区分隐私中的敏感度差异，注重保护在医疗事件中患者的隐私。[1] 在 1990 年联合国发布的《计算机个人数据文件管理指南》（以下简称《管理指南》）中为界定敏感数据提供了一定的依据，《管理指南》认定此类数据可能导致"非法或任意"的歧视，主要围绕防止歧视的议题展开：用于处理被认为比其他形式的数据对数据主体构成更高风险的几类数据一旦遭受攻击，对于数据主体造成的侵害将难以逆转。这种风险通常被认为是对社会弱势群体的歧视或相关伤害的可能性增加。1995 年《欧盟个人数据保护指令》中，敏感数据被界定为"特殊类型数据"（Special Categories of Data），即"揭露或表明数据主体种族血缘、政治观点、宗教信仰或者健康、性生活的细节性数据信息以及与违反法律和确认犯罪有关的信息"[2]，这一含义明确了欧盟国家将敏感数据的保护视为人权基本保护的一项重要组成部分，在《管理指南》防止歧视目的的基础上，增添了对敏感的、可能造成个人隐私侵害的数据进行重点保护。

随着数据内涵的不断延伸和形式的不断演进，隐私权渐渐无法完整地涵

---

[1] 吴靖. 精英控制互联网议程的机理分析：资本裹挟下的网络公共领域"单极化"[J]. 人民论坛·学术前沿, 2013 (12): 19–28.

[2] 资料来源：https://rm.coe.int/CoERMPublicCommonSearchServices/DisplayDCTMContent?documentId=09000016806aef99。

盖个人数据。隐私权所涉及的信息属于私密信息，但鉴于数据的财产属性，将会被运用于各类行业的不同领域。仅将敏感数据作为隐私权的保护范畴，不但限制了敏感数据的范围，而且会阻碍数据经济的流通与发展。在欧盟2016年发布的GDPR中，扩大了敏感数据的范围，认为敏感数据包括："种族或民族起源、政治观点、宗教或哲学信仰、工会成员资格、基因、生物特征、个人医疗、性生活、性取向"的数据，增添了基因数据、生物特征数据和性取向的数据。[1]但采用列举的方法界定敏感数据过于机械化，未涉及敏感数据的本质特征。如生物特征数据，只有明确将生物特征应用于图像或者其他材料的情况下才会构成侵害敏感数据的风险，一般情况下其并不具有敏感性。GDPR认为就敏感数据的性质而言，侵害敏感数据将会对个人基本权利和自由造成重大的风险。总体来看，欧盟对个人敏感数据的界定标准采用对个人基本权利与自由影响程度的标准。[2]

2. 敏感数据界定标准的本土化借鉴

第一，敏感数据的界定标准应以基本权利和自由为基础。GDPR 第五十一条规定，保护个人数据（尤其是敏感数据）免遭不当使用的侵害也应以基本权利和自由为基础。仅仅单方面列举静态的敏感数据的类型将会导致范围的僵化与机械化，而敏感数据自身的动态性决定了绝对化定义敏感数据易遗漏实际中需要保护的各类数据法益。欧盟也应当改变原来机械地仅依靠"敏感数据"这一概念来确定信息保护规则适用的陈旧观念，在制定个人敏感数据保护规则时结合具体的情况采用更实际的判断标准，具体如下：

影响对象是指个人敏感数据所影响的明显或者潜在的风险受害者。根据《数据安全法》第二十一条"……根据数据在经济社会发展中的重要程度，以及一旦遭到篡改、破坏、泄露或者非法获取、非法利用，对国家安全、公共利益或者个人、组织合法权益造成的危害程度，对数据实行分类分级保护……"的规定，国家在数据安全立法中，根据数据对国家安全、公共利益

---

[1] 张可法. 共享价值视域下数据交易与法律规制[J]. 西北民族大学学报（哲学社会科学版），2022（4）：65-75.

[2] 陈骞，张志成. 个人敏感数据的法律保护：欧盟立法及借鉴[J]. 湘潭大学学报（哲学社会科学版），2018，42（3）：34-38.

或者公民、组织这四类主体的不同意义和可能产生的损害后果，对不同类别的数据分别采取严格保护、内容监管、鼓励流动、强制公开等不同管理方法的数据利用规则，并对不同级别的数据分别采取不同授权和责任模式的数据处理规则。①

影响广度是指数据所披露的信息的数量与暴露程度。第一，明确数据控制者将会使用哪些数据，因为各类数据在结合的过程中，原本不具有敏感属性的数据性质将会发生一定的改变。所以不仅要考虑控制者实际拥有的其他数据，还要考虑可能在其他网络中被访问的数据。第二，要考虑数据控制者或其他潜在数据控制者的技术能力。这将包括数据控制者可用的计算或分析能力或技术诀窍。鉴于这些因素处于不断发展的状态，并且对潜在互补数据集的访问不断增加，数据的范围也会随之扩大，因此会带来潜在的"敏感性风险"。

影响深度包括"轻微、一般、严重和特别严重"四个不同层次的影响后果。敏感数据的损害结果难以补救，短期内难以消除不良影响，将会对公共安全和个人利益带来严重威胁。鉴于数据的类型和级别可能在处理（脱敏、去标识、聚合分析等）过程中发生变化，敏感数据的界定应当考虑数据在不同的生命周期中受影响的程度，还应当根据数据的应用场景、重要程度、流通性等进行综合评判，且各行业还应结合行业标准给出具体判定准则和裁量依据。②

第二，界定敏感数据应当考虑数据控制者的主观目的。虽然从基本权利和自由保护的角度出发定义敏感数据，能够最大限度地覆盖敏感数据的概念，但是包括潜在的风险在内，扩展敏感数据的范围可能导致"数据保护膨胀"。所以应当在前文的基础上，将数据控制者的主观意图纳入现实因素的因素考量，比如数据控制者的身份、公开的目标、处理数据的历史记录和商业动机等。

---

① 刘云. 健全数据分级分类规则，完善网络数据安全立法［EB/OL］.（2020-09-28）[2023-11-13]. http://www.cac.gov.cn/2020-09/28/c_1602854536494247.htm.

② 高磊，赵章界，林野丽，等. 基于《数据安全法》的数据分类分级方法研究［J］. 信息安全研究，2021，7（10）：937-940.

第五章　隐私标准：推进 5G 安全技术标准法治体系的价值构建

第三，特别值得注意的是，敏感数据并不能完全等同于个人隐私。有学者认为个人敏感数据是个人隐私的一部分。[①] 然而在万物互联的时代中，敏感数据的交互比个人隐私更为迅速。敏感数据形式上属于一类电子代码，其表征蕴含的本质才是个人隐私的相关信息。敏感数据具有明显的财产属性，尤其是在数据交易的过程中，经过"去标识化"的敏感数据从孤立的角度来看，并不具备侵犯个人隐私的风险。

总之，以基于基本权利和自由相关的影响深度和影响广度作为敏感数据界定的基线，且合理考虑数据控制者的主观意图。这类敏感数据的界定方法不仅在于在数据收集与处理的过程中，规避真正风险并合理界定敏感数据，而且可以同时避免在无意处理敏感数据的情况下应用敏感数据的标签。这样的表述，才能让敏感数据的概念在数据收集与处理中取得平衡，并为处于弱势地位和面临风险的数据主体提供与基本权利和自由相一致的数据保护。

（二）明确敏感数据的主体归属

敏感数据所有权归属的关键在于数据主体的确认。有学者认为个人的敏感数据一旦进入互联网平台和数据流通市场中，个人数据就有了公开性，其所有权的归属并不在于数据所表征的个人信息的原所有者，个人数据和其他数据仅仅存在内容上的差异，同其他数据没有差别。[②] 另有学者认为敏感数据基于个人的信息基础而产生，并不能独立于个人而存在，所以敏感数据的主体应当依然认定为个人，而并非公共主体。也有企业提出数据产权原始所有权主体是个人，但数据控制者和处理者应对处理加工后的数据也享有一定的所有权，因此敏感数据的所有权主体属于公共主体。厘清敏感数据的人格权属性和经济价值是判断其归属主体的基础。

欧盟标准下将更多地敏感数据视为一种人格权，注重个人生命健康和人格尊严神圣不可侵犯。第一，敏感数据能够体现个人的人格尊严，如生物特征信息的数据具有个体身份的表征性和识别性。人脸识别数据关系到肖像权

---

① 齐爱民. 论个人信息的法律保护 [J]. 苏州大学学报，2005（2）：30-35.
② 史宇航. 个人数据交易的法律规制 [J]. 情报理论与实践，2016，39（5）：34-39.

的侵害问题。① 一旦人脸识别数据被恶意泄露，个人的隐私权将难以得到保障，不法分子甚至可以利用人脸识别数据这一"密码"进行相关的财产或人身犯罪。如在第三方支付平台中，犯罪分子能够伪造人脸识别的敏感数据非法转移账户内的财产。第二，尽管敏感数据在数据流通中具有一定的公开性，但是敏感数据所表征的信息仍然能够定位到个人。不法分子获取了公民个人公开的敏感数据，往往就能得到相关联的其他非公开的个人敏感数据，从而准确定位到唯一的数据主体。敏感数据，承载了复杂的多重人格权益，能够直观体现个人的人格尊严与精神价值，其本身既是公民的隐私，又能与公民其他隐私信息关联。因此，敏感数据带有较强的人格权益属性，数据的主体是个人。

承认敏感数据的财产属性是个人数据所有权确定的前提之一。② 有学者认为，数据主体对个人数据享有优先的财产权，因此其他的数据处理者在使用数据之前应当经过个人数据主体的同意。③ 敏感数据与个人人格尊严有直接关系，其商业价值具有一定的私人属性，不能随意交易流通。在大数据时代，庞大的数据群意味着巨大的经济价值。例如2013年12月19日，美国零售商Target确认4000万条银行卡号泄露。据华尔街Jefferies估算，这将导致总金额达118亿美元的诈骗交易。④ 数据泄露事件实际上表明了隐私数据的经济价值，个人数据属于一种"弱财产权"。对于商业机构和社会而言，敏感数据的交换价值弱于其他一般个人数据，其经济效益的选择权应当优先掌握在个人数据主体手中。

## 二、厘定数据归属主体的责任与义务

明确了敏感数据的主体归属是个人数据主体之后，接下来要明确数据控

---

① 《民法典》第一千零一十九条规定："任何组织或者个人不得以丑化、污损，或者利用信息技术手段伪造等方式侵害他人的肖像权。未经肖像权人同意，不得制作、使用、公开肖像权人的肖像，但是法律另有规定的除外。"

② 王融. 关于大数据交易核心法律问题：数据所有权的探讨 [J]. 大数据，2015，1（2）：49-55.

③ 丁道勤. 数据交易相关法律问题研究 [J]. 信息安全与通信保密，2016（10）：54-60.

④ ERTC W N，MILLER R S.The Target and Other Financial Data Breaches：Frequently Asked Questions. [R]. Washington DC:Congressional Research Service，2015.

制者和数据处理者应承担对数据妥善管理的责任。

（一）审查评估潜在风险

建立 5G 安全技术标准应当要求企业增设"数据保护官"(DPO)的角色，建立数据保护影响评估制度，判断个人信息处理活动对个人信息主体合法权益造成损害的各种风险，以及评估用于保护个人信息主体的各项措施的有效性。

1. 设立"数据保护官"机制

欧盟 GDPR 规定：DPO 的职责是实施合适的数据保护策略以符合 GDPR 和其他隐私法律的要求，支持业务目标及降低风险。DPO 应该帮助数据控制者或数据处理者内部遵守 GDPR 相关规定，提高数据控制者或数据处理者在数据保护方面的合规性，具体包括：收集信息识别数据处理活动；监督数据隐私和数据保护策略的开发、实施和维护，并确保组织以合规的方式处理数据主体（员工、客户和其他个人）的个人数据；提供数据控制者相关的建议，从而减少数据泄露的可能性并对数据的整个生命周期进行保护。[1]

数据保护官在数据安全影响评估中的作用同样举足轻重。GDPR 规定，DPO 的一项重要职责就是在进行数据保护影响评估时提供意见，监督数据控制者或数据处理者执行 GDPR 相关规定的情况，例如：是否启用数据保护影响评估，采取何种技术手段能够正确规避风险，哪些措施能够最大限度地减少对数据主体基本权利和自由的负面影响等。DPO 还应与监管机构进行相应的合作，将数据控制者或数据处理者与监管机构的数据保护监管工作相互联系起来，为数据保护工作的开展提供便利，并及时向数据控制者传达监管机构的相关规定或整改意见，高效配合监管机构的工作。鉴于监管主体缺失的现实情况，5G 安全技术标准应当要求企业增设"保护官"的角色。

2. 完善数据保护评估制度

GDPR 的一项新要求是提议数据控制者在处理数据时，对"可能会造成自然人的权利和自由构成高风险"的情况执行"数据保护影响评估"(DPIA)，

---

[1] 刘江山. 欧盟通用数据保护条例中的数据保护官制度[J]. 中国科技论坛, 2019(12):173-179.

以符合"大规模处理特殊类别数据"的现实需求。DPIA 让数据控制者承担其责任，更多地考虑其处理决策数据时面临的潜在风险，希望数据控制者能够降低歧视和相关伤害的风险。

全国信息安全标准化技术委员会于 2017 年 12 月 29 日正式通过了 GB/T 20984—2022《信息安全技术 信息安全风险评估方法》（以下简称《规范》），个人信息安全影响评估被定义为"针对个人信息处理活动，检验其合法合规程度，判断其对个人信息主体合法权益造成损害的各种风险，以及评估用于保护个人信息主体的各项措施有效性的过程"。《规范》要求从个人信息处理活动和安全事件的风险程度与可能性两个要素出发评定风险等级，并且区分个人敏感信息和普通信息，及时跟踪信息状况重新进行动态的风险评估。在此基础之上，5G 安全技术标准应当增设咨询环节和复审阶段[①]，并制定强制性国家标准，将个人敏感数据纳入个人信息审查的重点项目之中。

（二）建立差异化保护标准

为增强对敏感数据的保护，需要建立差别化标准，包括建立基于任务导向的数据分割的数据中心、针对敏感数据设置动态特权访问权限等，从而建立起更高的数据安全防护网。

1. 建立基于任务导向的数据分割的数据中心

5G 技术对信息基础设施又提出新的需求：非常低的、确定的网络时延。然而大量的用户端将会产生海量的异构数据，这种异构数据的接入如果不能在本地解决势必会造成网络拥塞和数据泄露的风险。在这种情况下，部署专治的敏感数据中心能够有效解决这项难题。

设立专治的敏感数据中心不仅可以防止云管理员、根用户和其他网络系统管理员滥用特权，防止其成为高级持续威胁（APT 攻击）和其他恶意软件的受害者，还可以使企业随时监控敏感信息在网络传输和存储环境中的具体情况。分流的敏感数据中心在减小数据收集与传输压力的同时建立起了更高的数据安全防护网，强化对敏感数据的保护。

---

① 肖冬梅，谭礼格. 欧盟数据保护影响评估制度及其启示[J]. 中国图书馆学报，2018，44（5）：76-86.

## 2. 针对敏感数据设置动态特权访问权限

敏感数据的特权访问管理（PAM）因其关键性质已经成为企业管理人员关注的话题。[1] 基于数据安全协议用户密钥的访问具有更高的风险，因为在数据控制者开展业务时，数据处于一种不受控制和非托管的访问状态。在评估企业所使用的敏感数据的安全性时必须优先使用安全协议中规定的访问权限，因为它提供了最高级别的访问权限。

企业的业务向云计算的过渡正在全面展开，云计算应用程序具有弹性、可伸缩性和动态性，而传统特权访问管理是为小型环境中的静态物理服务器设计的。但是传统特权访问管理不能提供云计算所需的敏捷性，无法适应新兴 5G 移动通信技术的数据交互速度，并且不能很好地处理弹性服务。事实上，它甚至不能很好地处理传统基础设施的业务，反而会增加业务成本。静态安全措施（如密码和保险库）不会随着当今业务的速度而相应改善，并且安全性不足。

一种新的 PAM 解决了这些问题。它不需要服务器上的永久访问凭据，只使用按需创建的短期临时凭证。其没有密码可循环使用，不需要储存它们的数据库，也没有必要在服务器上安装和更新软件。[2] 这种方法提供了一个非常快速和直接的部署项目，具有无限的可扩展性。PAM 能够灵活地访问 5G 的密钥体系，是 5G 信任模型的重要体系。

### （三）承担管理不善责任

首先应厘清在数据的各个环节中不同数据控制者和数据处理者的责任和义务，同时相关监管部门要制定并落实严格的数据处理行为规范和行业标准，相关企业应自觉接受监管机构的检查，并定期开展自身数据保护影响评估。

## 1. 确认责任主体，合理分配不同环节责任

在当前敏感数据风险分配的责任中，通常由企业通过单方的协议分配数据主体和数据控制者的责任。然而单方协议大部分属于格式条款，企业往往会将大部分责任分配给个人数据主体，个人数据主体在没有其他可替代

---

[1] 段颖龙. 2018 年网络安全需要解决 3 个问题［J］. 计算机与网络，2018，44（6）：54.

[2] 企业网. 2018 年网络安全：需要解决三个问题［EB/OL］.（2018-02-28）［2022-07-13］. http://www.d1net.com/security/news/520819.html.

的技术服务的情况下只能被迫接受企业转嫁管理不善的责任。① 鉴于个人认知能力和技术水平的局限性，个人数据主体承担防范风险的责任时，用户需要付出大量的时间和精力去监管和保障敏感数据安全，所付出的成本与所获得的数据安全效益不成比例。而企业相较于用户能够以更低的成本达到更优的防范效果，因此应当由企业承担数据安全的主要保护责任。

在万物互联的数据网络中，应当进一步厘清在数据的各个环节中不同数据控制者和数据处理者的责任和义务。在数据收集阶段，数据的收集者实际就是数据的控制主体，企业要承担非法获取超出约定范围数据的责任；在企业合法获取数据后，通常由技术公司决定数据的处理方式和具体用途，并且具备更高的数据安全保障能力，因此应当承担主要责任；当数据涉及多个企业时，数据控制者和数据处理者应当共同对数据主体承担连带责任。

2. 细化相关规定，明确企业数据保护义务

相关监管部门要制定并落实严格的数据处理行为规范和行业标准，督促企业内部制定严格的数据安全保护措施和数据管理人员规范等相关规章制度。如 GB/T 41819—2022《信息安全技术 人脸识别数据安全要求》中就对数据控制者提出"应采取安全措施确保数据主体权利"，"应具备与其所处理人脸识别数据的数量规模、处理方式等相适应的数据安全防护和个人信息保护能力"等安全保护要求。在开展数据活动之前，应当首先审查企业是否具备合法合理处置数据的资格以及评估风险抵御能力。应当根据不同数据的敏感程度设定标识，并与其他一般个人数据划分处理，制定对这类敏感性数据操作使用的特殊规范。② 在数据流动环节，企业应当自觉接受监管机构的检查，并定期开展自身数据保护影响评估，降低敏感数据泄露风险。若数据泄露无法溯源时，企业应当主动承担赔偿责任，及时采取措施弥补用户损失。此外，还有充分规定企业的免责事由：一是对于敏感数据进行"去个性化"处理，使得敏感数据在后续的流通环节中不再具备可识别性；二是充分得到数据主体的明确授权，确认敏感数据可以对外开放。

---

① 方俊棋. 第三方支付平台的规范发展［J］. 中国电信业，2022（10）：36-39.
② 刘军平，杨芷晴. 人脸识别数据保护困境及其法律应对［J］. 科技与法律（中英文），2021（6）：18-28.

第五章　隐私标准：推进 5G 安全技术标准法治体系的价值构建

## 第二节　信息安全防护层面

在信息安全防护层面，首先，应出台 5G 终端安全认证规则，强化对移动智能终端硬件的保护，明确对企业 5G 终端安全监管的要求，强调终端安全保护的重点内容，将越来越多的"云化"设备纳入终端安全的保护范围中。其次，应强化边缘计算规则下的隐私保护，包括对不同身份认证主体的访问权限进行严格区分，设计分级访问控制的新方案，实现动态访问的灵活调整等，从而在有效提升访问效率的同时满足多种安全需求。再次，应保证不同信任域之间的多实体访问权限控制，对用户设置必要的系统资源访问权，并增加权限控制的灵活性。此外，要细化动态数据安全与隐私保护颗粒度，从实体安全、身份可信、业务合规三个目标出发，构建监管系统化的有机整体，提升整体防护水平，实现从静态被动到动态主动的数据安全保护策略。最后，应加大对国家级核心数据的重点保护，最大限度地保证核心数据不受攻击侵害。

### 一、出台统一的 5G 终端安全认证规则

5G 时代，网络服务器的安置靠近计算机用户的终端，有效缩短了终端与服务器之间的距离，提高了服务器与终端处理数据和信息的效率，使得信息反馈的时长更短，用户可更精准、高效地接收数据信息。要保证数据传输的安全可靠，就需要加固中心服务器的安全，同时保护计算机边缘设备不被破坏，以降低终端设备被恶意攻击所带来的终端安全问题。高性能的移动终端不仅可以保证信息传输的精准性、可靠性与高效性，而且本身天然保护屏障，不易受木马、蠕虫等病毒以及黑客等的攻击，极大保证了网络信息传输的安全性。[1] 移动终端供应商的技术水平往往是确保移动终端安全性的关键所在，

---

[1] 沈文旭. 5G 时代计算机网络信息安全问题研究 [J]. 信息与电脑（理论版），2022，34（2）：235-237.

应当坚持立足于当前的立法环境推进 5G 安全标准化工作，为 5G 终端安全提供审查、评估、监测等方面的标准依据，引领各行业产业规范有序发展。成熟的标准模型可以帮助企业发现自身的能力短板，帮助政府部门推进终端安全治理，实现网络终端安全能力和竞争力兼顾。

首先，要确立统一的终端硬件的安全认证规则，即推进规则的法律层面的制定工作。为避免移动终端设备遭破坏而引发网络信息安全问题，有必要强化对移动智能终端硬件的保护。其一，从平台资质认证与行业监管规范着手，确立移动智能终端硬件供应商的行业标准规则。以行业自治组织实施监督，资质认证时应分别审核供应商的法律资质与技术资质。法律资质要求供应商公示注册资金、技术人员队伍、存证业务类型等，技术资质认证标准则可以由国家权威科研机构发布，行业自治组织根据技术标准现场检验供应商的专业技术能力，通过检验后上报相关部门发放一定期限的供应商资格认定。其二，由于终端供应商的核心技术具有专业性强、更新迭代速度快等特性，应当重视供应商行业自治组织的建立，定期组建工作组对供应商的安全能力进行评估。技术评估标准可以围绕电子数据存储、抓取标准以及计算机环境清洁能力等条件进行制定。其三，目前对于供应商安全能力认定并没有统一的标准，各个地方各自为政，缺乏统一的标准和规则，出现鱼龙混杂的乱象，也为移动终端的安全性埋下了隐患。应当成立相关的全国性的 5G 技术认定协会，以便制定统一的行业标准以及技术准则。

此外，出台 5G 终端安全规则的同时，政府要监督企业落实。如在终端安全响应系统（EDR）的技术能力与产品成熟度上，企业在面对隐蔽且复杂的终端恶意威胁时表现仍然不够成熟，政府需要引进专业的安全技术人员为企业提供技术指引，提高企业对风险的防范能力。政府提前布局 5G 技术应用安全标准的研制与规划，并增强技术标准和认证规则的可操作性，完善企业的技术安全标准体系，包括与新兴行业如智能汽车、人工智能等行业的特定安全领域相衔接，及时向企业公布新的终端安全标准与资讯。另外，政府部门定期召开 5G 企业行政指导会，如国家互联网信息办公室、国家市场监督管理总局等部门召开网络经济秩序有关的行政指导会议，并梳理、讨论、分析企业现存的突出问题，会后从主体准入、产品信息、运营行为内部管控

第五章 隐私标准：推进 5G 安全技术标准法治体系的价值构建

等多个方面编制行政指导工作情况的"白皮书"，明确对企业 5G 终端安全监管的要求。

其次，要强调终端安全保护的重点内容。随着物联网、云计算、5G 等技术的普遍运用，互联网企业除了传统的数据库、服务器等资产，虚拟主机、智能设备、视听系统等云化设备也被纳入终端安全的保护范围。在使用终端硬件时应及时进行更新防护，提升硬件性能。最主要的是要经常使用杀毒软件对移动终端硬件进行系统升级、漏洞修补与病毒查杀。在大规模的物联网设备中，物联网设备包括物联网终端、无线射频识别（RFID）标签、摄像头以及传感器网络网关等。[①]当前移动终端制造企业对于设备没有建立起完善的防御机制，其自带的安全防御机制安全性能和防护能力较差。因此应当依据行业标准定期检查终端硬件的安全状态：一是物理层的硬件移动终端基础设备是否出现老化故障。尤其是聚合型的计算机服务器中，终端遭到破坏将会造成大范围的损害。如今的终端已经包含多种形态，如手机终端、平板电脑终端、Windows 终端、云终端和物联网终端。[②]二是技术层的终端数据上链后的加密情况。在国内，大多数企业都倾向于将海量的用户数据存储在云服务提供商处以便共享。第三方可信机构常利用区块链技术将数据复制并分布在各个节点中，由于区块链的透明性和公开性，应定期检查区块链上的数据是否出现泄露、删除和修改等情况。总之，要保证移动智能终端的安全，除了采用常规的安装病毒软件进行病毒查杀之外，还需要有硬件级别的安全环境，保护用户的敏感信息（如更新关键数据的密钥）、敏感操作并且能够从可信根启动，建立可信根、引导加载程序（Boot Loader）、关键应用程序的可信链，保证智能终端的安全可信。[③]

最后，将加密算法融入安全规则的适用中，使访问控制能够适用于安全规则中的各类环境。在安全规则的实际运用中，由于用户量规模过大，对数据的频繁操作将会消耗大量的资源。云服务供应商要建立网络监控、访问控

---

① 雷兴国. 5G 环境下网络视听安全风险分析 [J]. 广播电视网络，2021，28（8）：58-60.
② 吴庆升，李晓敏. 未来终端安全防护的发展方向 [J]. 信息与电脑（理论版），2019（16）：208-209.
③ 张传福. 5G 网络安全技术与发展 [J]. 智能建筑，2019（11）：21-23.

制、加密措施等针对性的技术方案来保证云计算环境的安全性和完整性[①]，确保不可信的服务器环境中数据的机密性，以及防止未授权的用户数据非法访问，在源头避免数据风险隐患。

## 二、强化边缘计算规则下的隐私保护

移动边缘计算（mobile edge computing，MEC）作为 5G 网络的关键技术之一，在整体性、可扩展性、时延性、自动化方面能够满足 5G 的要求。[②]边缘计算模型充分融合网络、存储、应用和计算等多元功能，满足了服务消费者的多种需求，因此在 5G 网络整体安全能力中，MEC 的网络安全防护能力就是其核心内容。在边缘节点设备对用户数据采集的同时，尽管多方面满足了用户需求，然而也伴随着相应的隐私泄露风险。数据处理者和使用者一旦将用户完整的数据公开，其初衷可能是为了更便于对用户数据进行深入挖掘利用，然而同时也可能带来数据被不当攻击利用的安全问题。

在移动边缘计算的架构中，云服务器、边缘节点、边缘网络与移动终端等多种功能相互作用，边缘服务器不仅是服务的请求者，同样也是服务的提供者。在该架构中，数据安全问题和数据主体的隐私问题涉及数据的颗粒度权限、数据加密和数据共享的授权范围。日益扩大的互联范围与终端间的资源受限问题对边缘计算的安全和隐私防护提出了新的挑战。数以百亿计的各类物联网终端、设备等资产直接暴露在互联网上，若未对这些终端实施恰当的安全管理，可能被攻击者嗅探发现进而入侵利用，攻击者就可能通过规模化的设备僵尸网络发起新型高容量攻击，并向用户应用和核心网络双向辐射，引发安全威胁。[③]

随着 5G 连接移动终端设备的增多，终端设备直接对接 5G 网络，5G 网络需要对信任的终端进行实体身份验证后方可允许连接，从而确保交互过程

---

[①] 张国梁，李政翰，孙悦. 基于分层密钥管理的云计算密文访问控制方案设计［J］. 电脑知识与技术，2022，18（18）：26-27，30.

[②] 杜璞. 移动边缘计算环境下 5G 通信网络数据安全与隐私保护技术研究［J］. 长江信息通信，2022，35（10）：211-214.

[③] 筑牢下一代互联网安全防线：IPv6 网络安全白皮书［R］. 北京：中国信息通信研究院，2019.

## 第五章 隐私标准：推进 5G 安全技术标准法治体系的价值构建

中的真实可靠性。5G 终端安全依靠多层次的安全凭证管理：一种是数据对称型的安全凭证管理机制，比如传统的基于 SIM 卡实现数字身份管理的蜂窝网络，对称型的安全凭证已经得到 3GPP 的标准化认可，并且在实践中被广泛运用。而在 5G 面对海量终端的应用场景中，为了更好地支持物联网设备接入 5G 网络，3GPP 还将允许垂直行业的设备和网络使用其特有的接入技术。另一种是数据非对称型的安全凭证管理机制，即拥有一个公开密钥（简称公钥，public key）和一个私有密钥（简称私钥，private key），公钥与私钥具有一对一的紧密关系，用公钥加密的信息只能用相对应的私钥解密，用户应保障私钥的安全，公钥则可以向外发布。

而用户的身份不同于单纯的用户账户：用户账户是用户进行平台登录的工具与依据，自身作用范围存在较大的局限性；用户身份则囊括了用户基本情况、岗位信息、账号信息、数字标签和用户属性等多维度、多类型的数据信息，是实现用户身份验证、用户访问控制的基础支撑。[1] 所谓身份认证，即认证以数字身份进行活动的操作者是否是此身份的合法拥有者。[2] 常见的身份认证主要有"账户+密码"的认证模式，活动操作者通过输入唯一的 ID 账户，并匹配相应的密码后完成认证程序。比如在政务网站中，重要系统采取的是基于用户名和密码的认证和基于 USB Key 的认证模式。然而在万物互联的领域，通过恶意爬虫技术很容易爬取到安全防范措施薄弱的终端所存储的账户与密码。近年来，基于生物特征的相关技术加入到身份认证行列中，比如人脸识别、指纹、虹膜等生物数据，基于生物特征识别的统一身份认证具有唯一性的特点。即便试图复制相关的数据，对技术的要求也比较高。生物特征的认证方式远比账户密码的认证技术破解难度要高，更加有利于保障身份认证的安全性和保密性。然而在各类信息认证方法兴起的同时，个人隐私安全风险也在逐步增加。移动云服务通常运行在无线网络这种开放的环境下，

---

[1] 白浩, 张永涛, 王静, 等. 网络信任体系中零信任架构的应用思路 [J]. 网络安全和信息化, 2022（7）：110-112.

[2] 赵安新. 电子商务安全 [M]. 北京：北京理工大学出版社, 2016：82.

因此攻击者可方便地截获、删除、修改信道上传输的信息。[①]比如人脸识别所采集的个人身份信息具有被泄露或者被截获的隐患，非法获取者可能会利用获取的信息建造相应的3D人脸建模模型，利用模型去验证其他的应用程序。终端环境的安全程度是个人隐私保护的关键，应当从多角度测评终端环境，为用户提供安全保障。

一是严格规划不同身份认证主体的访问权限，设计分级访问控制的新方案。在多信任域共存的边缘计算环境下，数字身份认证构成了终端访问的不同主体。在多主体连接的数据链中，不同的身份主体有权限访问的空间范围也有所区别。例如在电子政务中，政府部门的访问权限往往要大于一般公众的访问权限和层级，如果不对一般公众的访问权限加以限制，政府的重要政务信息易遭受侵害。故需警惕低权限主体的越级访问，防止敏感数据的泄露。设置不同主体之间的分级访问首要确认的就是终端用户的身份认证信息以及其对应的权限。当前此类认证方案普遍的关注重点是从用户身份认证和隐私权限来判断用户是否以合法的身份访问移动服务，却没有考虑到移动用户之间的分级访问问题。基于硬件设备资源的有限性，将身份认证的重心放在硬件设备上不利于数据流通运行。而云服务的终端不同于物理面的移动终端，前者以高效的计算程序与充足的设备资源为依托，实现身份认证和隐私保护功能的双管齐下。

移动云服务系统通常由移动用户、移动云服务提供者和注册中心（registration center，RC）组成。注册中心是一个可信第三方，负责分发系统的安全参数、注册管理以及访问权限管理；移动云服务提供者为移动用户提供不同权限等级的服务；移动用户利用移动设备能访问各种服务。目前服务器的认证方法主要分为两类：一类是注册中心参与制。由注册中心负责用户登录服务器的身份认证，连接认证过程中的通信。然而在用户数量超载的情况下，往往会给注册中心的通信和计算系统带来较大的压力。另一类则不需要注册中心参与，具有较高的通信效率。随着云服务和移动通信技术的发展，

---

① DELY P, KASSLER A, CHOW L, et al.A software-defined networking approach for handover management with real-time video in WLANs [J]. Journal of Modern Transportation, 2013（21）: 58-65.

第五章　隐私标准：推进 5G 安全技术标准法治体系的价值构建

适用于移动通信技术和云服务的认证方案应用范围更加广泛。尽管云服务的身份隐私认证技术已经逐渐趋向成熟，但仍然会存在生物特征适用错误、无法保障用户的自主删除撤销权利等明显缺陷。增加分级访问控制这一新功能是更新认证方案的重点。与传统认证相比，增加分级访问的方案不仅实现了防止用户访问越权、提供动态更新服务、动态更新访问权限等功能，还满足了传统认证方案的互相认证、身份隐私保护、不可追踪、多因子安全等需求，此外还具有较高的计算和通信性能，使移动终端能够避免复杂性高的运算，提升计算和通信的效率，并能满足移动云服务环境的多种安全需求。[①]

具有分级访问控制的多服务器认证方案兼有身份认证和隐私保护的双重功能，可有效提升移动云服务环境的访问效率。设置用户的访问分级权限，依据每个用户在终端上不同的访问等级分别提供服务，且严格界定用户在不同的移动服务终端的访问等级。例如某个移动用户在甲服务提供者中仅能试用，而在乙服务提供者处拥有完整的访问权限。改进认证协议方案可以满足互相认证、双因子安全等需求，以抵御多方位的攻击。

二是设置动态访问的灵活调整。在边缘计算节点处，能够实现多类型设备的统一日志管理和时间关联分析，对物联网、工业互联网等环境下的安全策略进行管理和部署，根据业务的变化及时实现安全策略自动化分发和动态调整。[②] 动态访问控制主要分为两类[③]，即匹配优化和规则自动生成。匹配优化主要指优化搜索匹配算法，以降低匹配所需的时间成本，提高效率。而规则自动生成是运用 AI 技术自动生成访问控制规则，通过自动化控制适应动态访问的速度与准确率。然而在动态网络环境下，庞大的数据计算量将会给运算带来较大的负担，动态访问控制受到数据量和匹配策略的约束，难以适应网络安全的需求。

---

[①] 王捷，李晶，罗影. 面向移动云服务的分级访问控制的认证协议 [J]. 应用科学学报，2022，40（6）：1006-1008.

[②] 吕振峰. 云安全，究竟需要什么样的管理平台？[EB/OL].（2015-03-26）.[2023-11-13]. https://www.51cto.com/article/469679.html.

[③] 余滢鑫，余晓光，翟亚红，等. 5G 终端安全技术分析 [J]. 信息安全研究，2021，7（8）：704-714.

动态增删移动服务用户。将新用户添加到移动云服务时，已经注册过的用户无须重复注册即可沿袭前账户，而已有的移动云服务提供者注销时也不得影响已经注册的用户访问。动态增删移动服务用户的数据有助于避免数据被纳入算法控制系统重复判定，有效收缩处理数据量的范围，减轻计算服务的压力。

采用匿名清洗功能。用户匿名主要包含用户身份信息保护和不可追踪两种属性。用户身份信息的保护要求对于用户信息的内容及时做到去标识化的清洁处理。对于不可追踪性，服务者可采用动态更新密钥措施，用随机数生成的数值轮流更替每次会话中的计算值，降低攻击者窃取用户信息的概率，使用户信息在更迭交流中不可追踪。值得注意的是，技术上的匿名不同于法律上的匿名，采取技术匿名化手段并非法律上的免责事由。以服务者的识别能力作为匿名化的基准要求过高，服务者是匿名化的主要实施者，其所掌握的技术能力和内部信息远高于第三人。匿名化标准的应用应当具有相对性，根据不同的场景采取相应的标准。经清洗或者替换后的数据禁止再被识别，即指匿名化数据的处理者和接收者不得再次识别数据主体，违者将承担行政或刑事法律责任。禁止再识别制度赋予了服务者强制性义务，从而精准弥补了"服务者标准"的技术视野盲区。

### 三、控制不同信任域之间的多实体访问

访问控制技术是保证云服务组合和增值应用完整性、安全性的关键技术，其主要目的是对用户设置必要的系统资源访问权限，让合法用户可以访问并且只能访问被授权的资源，并拒绝非法用户的访问企图，从而保障数据安全。[1]访问控制技术涉及多实体之间的访问权限，基于实体角色实施的访问控制方案不再直接面向用户分配权限，而是面向实体角色分配权限，将权限的初始化、分配、回收的流程与各个实体角色关联起来，增加权限控制的灵活性。

数据共享平台中所涉及的实体角色主要包括：

（1）授权中心，即身份认证与访问控制的中介是数据属主和云服务器之

---

[1] 雷惊鹏. 一种基于角色访问控制模型的设计与实现[J]. 长沙大学学报，2022，36(5)：15-23.

间的第三方可信机构。该机构负责确保用户的合法资料和操作权限不被随意窃取和修改[①]，且负责平台数据的初始化和密钥的生成，以及系统参数的生成与分配。授权中心需要将初始化系统的公共参数分开，并且保留系统的私钥。针对数据所有者和数据处理者传递的参数分别为二者生成相应的密钥，将密钥分别发送给用户，用于在系统各个部分进行全局的认证。当发生属性撤销时，负责更新属性群密钥。

（2）数据主体，即数据的所有者。数据所有者需要将自身的身份信息提交给授权中心，待数据上传完成后，先用密钥将其进行加密，并上传到星际文件系统（Interplanetary File System，IPFS）中，得到哈希地址后将生成的密文上传到数据共享平台。此时只有满足访问设定方案属性集的用户才能访问系统中的数据。

（3）分布式文件系统，即负责存储数据及其加密文件的软件系统。可以将加密的文件存储在区块链上，有效缓解区块链的存储压力，并对密文的哈希值进行签名，防止密钥的重复使用和非法访问，用户必须使用新版本的密钥进行访问，否则会因为密钥不匹配而不能解密数据。

（4）数据处理者，即负责链上与链下数据的交互。为数据所有者进行可信授权和定义访问策略，对所属用户的可操作数据进行加密处理。数据所有者模块向认证中心申请公私密钥，然后使用分层加密算法分别对明文数据和密钥数据进行加密处理，把上层的密钥密文和下层的数据密文上传至云服务器供合法用户下载使用。

（5）数据的消费者和使用者，即对平台数据提出访问需求。可根据自身的属性向授权中心申请相应的密钥，对授权访问的数据密文和密钥密文进行解密处理，获得用户的身份认证、访问权限等数据。解密后的用户密钥如果满足访问策略，就可以继续对密文数据进行解密；获得明文数据的申请者只有通过密钥才能获取共享链上的明文数据，获得其想要的数据集。在请求访问数据的同时，用户还可在解密阶段验证数据是否发生篡改。

---

[①] 张国梁，李政翰，孙悦. 基于分层密钥管理的云计算密文访问控制方案设计［J］. 电脑知识与技术，2022，18（18）：26-27，30.

基于不同信任域实体之间的访问控制方案引入了密钥的分层加密技术，达到了快速完成撤销数据而不干扰其他数据正常使用的目的，节省了解密的运算成本，保障了用户合法访问数据的权利，且实现了颗粒度的访问控制。

### 四、细化动态数据安全与隐私保护颗粒度

大数据时代，数据安全的理念与方法的演进就是从静态被动防御到动态主动保护的转变。伴随着移动服务环境的动态化，带来的数据风险也是瞬息万变，对于数据安全的管控需求必然也需要动态化的安全思路和方法。

零信任理念是一种以数据资源为中心，强调对保护的数据要制定颗粒度的权限策略。该策略区别于传统的评估方法，依据数据主体、客体以及所处的环境等多维属性进行构建[1]，一旦影响数据策略的因素发生变化，用户的权限也会自动发生转变。在零信任环境下，每一个个体都是计算节点，用户的每一次行为都要进行实时的判定，即每时每刻都需要执行面向访问控制的安全规则。零信任基于灵活性和单点信任的思路，通过采集环境感知数据风险情况，建立了环境信任风险等级，同时还采集用户和应用行为数据，持续对访问会话进行评估，从动态信任域中保护数据安全。目前，零信任理念已经逐步被运用于多种数字化场景，围绕业务和数据的动态细粒度防护，取得了显著成效。在政策上，2021年3月，《北京市"十四五"时期智慧城市发展行动纲要》在第五项主要任务"把握态势、及时响应，保障安全稳定"中提出："建立健全与智慧城市发展相匹配的数据安全治理体系，探索构建零信任框架下的数据访问安全机制。"将零信任作为北京"十四五"发展规划中的关键技术之一。在实践中，不少企业开始尝试基于零信任实施数据和业务访问的细粒度控制，并提升了整体防护水平。

零信任动态授权能力建设主要是围绕数据的颗粒度防护展开，从实体安全、身份可信、业务合规三个目标出发，抽象出主体、客体、资源环境，通过动态评估主体的数字身份、安全状态和信任度量，结合数据安全治理的成

---

[1] 张泽洲. 基于零信任的数据动态授权体系 [J]. 中国信息安全，2022（2）：42-45.

## 第五章 隐私标准：推进5G安全技术标准法治体系的价值构建

果，进行动态细粒度授权及访问控制，逐步实现对应用和数据的精准管控，构建数据安全防护体系。安全防护体系的内容全面，包括团队设立、运行流程、操作规范、依托平台和基础设备等，而每一个任务设置都要从运营、开放和管理等多方面综合考虑，衔接各个任务之间的关联，构建网络监管系统化的有机整体，避免因为断裂而出现无法监控到的空白区域。

  首先，在实体安全上，应围绕基础设施建设统一管理平台，并把控制的执行层面从基础设施扩展到应用和数据层面。ENISA 提出从关键信息基础设施保护视角看待网络运行，如在云计算实际运用的过程中，提出了包括自然灾害、停电和硬件故障等几大突发事件的安全威胁。[1]作为监测预警后的重要环节，应急处置工作将对关键信息基础设施的网络安全产生直接影响[2]，实体部门应当力求尽快恢复重建能力。而"恢复"环节侧重网络安全态势感知和网络攻击之后的应对恢复，能够确保核心功能正常运转[3]，且更加关注关键信息基础设施核心功能的持续运行。其次，在身份可信度上，构建身份对应的视图，梳理设备清单与属性，明晰数据访问的上下层级关系。从设备和用户身份认证开始，进行主体身份治理，采用实人认证、设备认证等方式加强认证的强度，保证数据主体仅在其权限范围内使用或提供服务。最后，在企业的业务合规上，数据服务提供者尤其是涵盖大量信息的网络社交平台，需要随时保持风险管理意识，不断规范业务活动的准则，实现对于具有风险因子的信息的精准识别与智能对抗，确保客户的信息安全。如新浪微博平台设立了保障数据安全和微博安全合规的专职团队，全面加强对于个人信息的保护力度。通过设立用户的个人信息分级、加大专业管理从业人员的培养力度，明确信息的安全防护标准等，保护微博用户的个人数据安全。同时持续优化产品功能，明确用户对数据授权的权限范围并且尽到保护义务，保证用户对数据主体的知情权与控制权。

---

[1] 沈玲. 国际关键信息基础设施安全保护之新趋势[J]. 现代电信科技，2014，44（10）：1-5.
[2] 丁丽. 做好关键信息基础设施监测预警和应急响应：《关键信息基础设施安全保护条例》解读[J]. 网络传播，2021（9）：33-35.
[3] 黄道丽，原浩. 我国关键信息基础设施网络安全应急响应的法律保障[J]. 中国信息安全，2020（3）：42-43.

引入数据脱敏技术。数据脱敏（Data Masking），是指通过脱敏规则私有化或变更数据去隐私化，对隐私数据进行隐藏，确保核心数据不被泄露。数据脱敏能够结合平台实现海量数据的高效处理，并通过采集系统衔接第三方的数据收集软件，达到数据存储和数据处理一体化的效果。在分辨敏感数据的阶段，脱敏系统的数据库需准确识别敏感数据，确认敏感数据的范围种类，并准确划分其归属。基于设定的脱敏策略，将数据分为可恢复数据和不可恢复数据，并在此基础上通过修改、加密、替换等操作处理敏感数据，接着与私钥授权相结合，进一步处理可恢复性数据并弹性还原，通过彻底删除操作处理不可恢复性数据，在脱敏方案的基础上，实现数据运算效率的提升和隐私安全的保护。

针对云计算中的用户属性隐私泄露问题和僵化管理，更新访问策略，对用户访问策略的动态方案进行研究，设计一种支持隐私保护的多机构加密方案。属性基加密（Attribute-based Encryption，ABE）的提出即是为了解决大数据云端存储环境中的颗粒度访问控制问题，核心理念为由用户自身制定访问策略、加密明文数据，并通过策略的核对接通，实现一对多的数据安全共享，具有更高的灵活性和实用性。ABE方案主要分为两类：一类是CP-ABE，另一类是KP-ABE。[1] 在前者的方案中，解密密钥与属性绑定。如果密钥的属性满足密文中的访问策略，则密文可以被解密。在后者的方案中，数据的访问策略被嵌入到了解密密钥中，当数据的属性满足访问策略后，数据就可以被解密。[2] 在实际应用中，用户属性将发生动态变化，为此大多方案不能确保数据的完整性、保密性和真实性。为防止云服务器篡改数据，新方案应支持多个属性机构管理不同的属性集，并为其权限下的用户分发密钥，将ABE与区块链技术相结合[3]，防止云服务器随意篡改数据。同时将访问策略转化为访问结构，使策略完全隐藏在密文中。相对于身份认证的访问控制，属性加密

---

[1] 刘萌，陈丹伟，马圣东. 基于区块链可追溯的个人隐私数据共享技术研究［J］. 信息安全研究，2023，9（2）：109-119.

[2] 刘东琦. 智能电网中基于属性密码的访问控制研究［D］. 重庆：重庆邮电大学，2020.

[3] 闫玺玺，刘媛，李子臣，等. 云环境下理想格上的多机构属性基加密隐私保护方案［J］. 信息网络安全，2017（8）：19-25.

的访问控制策略对用户身份的验证颗粒度更小，操作权限更细化。根据制定的属性设置访问权限和加密方法，用户获取私钥后才能操作具体属性的数据。当发生属性撤销时，由授权中心与云服务器进行密钥与密文的更新，从而保护用户的具体属性值不被泄露给任何第三方，并降低服务器的运算成本。

## 五、加大对国家级核心数据的重点保护

《数据安全法》创造性地提出了"国家核心数据"的概念。"国家核心数据"关系到国家安全、国民经济命脉、重要民生、重大公共利益等重大领域[①]，在敏感数据匿名化和脱敏处理的基础之上，面向无人驾驶、工业控制等运用5G技术安全性要求较高的领域，除了在基础网络层保证低延时和连接的可靠性，还要保障网络所传送控制指令和核心业务数据的机密性和完整性，防止信息泄露或被篡改导致的自然人及其业务安全风险。

首先，建立统一高效的网络安全评估机制、信息服务机制和风险报告机制。强化以能力为导向的网络安全防护体系，通过应用系统访问的全面审计和日志采集实现全天候全方位感知资产安全状况，通过数据包抓取和分析，记录核心应用系统的请求和应答数据日志，检查其敏感特征内容信息，记录相应日志数据，并通过保密程序将核心数据存储在数据中心，保证核心数据不受攻击侵害。

其次，建立风险通报与监管预警制度。构建风险评估和突发事件应急的处理机制，提前做好应急方案并且定期检查预演。通过数据分析技术对各类日志进行特征分析和规则过滤，结合建模算法和业务特性，对各方数据参与主体的行为合法性和合理性进行分析、研判，及时发现核心数据泄露违规行为，推动提高自我评测的能力。如在中国电信集团有限公司IPv6规模部署中，设计运行在防火墙设备的NAT64功能和性能测试方案，测试用例包含12个功能大项和5个性能大项，并以此测试用例对多家主流防火墙设备进行了NAT64功能和性能的测试。测试结果验证，2020年被测防火墙设备均支持NAT64功能，但性能上还有一定的提升空间，在总体能力上符合NAT64的要

---

① 汪淼. 知网突遭审查 奇安信：数据安全关乎国家安全 合规是生命线［EB/OL］.（2021-11-25）［2022-12-24］. http://www.cac.gov.cn/2021-11/25/c_1639439849620158.htm.

求，完全可以满足现网试验要求。①

再次，在管理事态本身的同时精准追踪受侵害源。多维度关联泄露数据源头日志和出口方向，准确记录和串联人员、终端、操作行为、数据泄露途径等信息，为事后追溯提供更多的分析证明材料，实现对数据侵害的追踪溯源。

最后，优化核心数据保护的软硬件设施条件。国家要加大对核心数据保护的资金投入，建立相应投入增长机制，稳定每年技术支出的增长，如扩大直接费用的预支范围，保障核心数据所需的技术供给，为科研人员创造良好的条件。构建综合性的国家科研中心和重点实验室，让广泛的高校、企业、科研机构和个人充分利用数据资源，并加大对技术人员的培养，加强对人才培养的重视，培养一批走在核心技术前沿的高水平创新团队，切实落实人才奖励机制，如设立国家级别的科研奖励基金、优化人才晋升要求、改革人才评定考察，破除固有僵化的人才考核机制，构建稳定的研究环境。重视企业与高校机构的联盟合作，通过基金资助、融资合作、税收优惠等多种方式，引导企业建设创新研究新高地，以新型合作机制推动基础研究与应用研究的对接。高校则需要以"市场需求"为标尺优化人才培养结构，与企业形成研发的双向合作，努力将高校的人才优势与科研成果转化为技术力量。例如，复旦大学联合三大基础运营商，建成基于 IPv6 的 5G 虚拟校园网，通过 IPv6 为每一台设备提供一段/64 前缀地址段，不仅可以保证终端快速自动获取地址，而且便于对终端溯源，提升安全性。

## 第三节　风险社会治理层面

通过设定相关制度保护个人数据隐私、数据安全及相关权益，抵御系统性风险，维护国家安全、公共安全及社会稳定，在个人数据权益保护和社会

---

① 中国网信网. 5G 独立组网（5G SA）的 IPv6 单栈验证：中国电信集团有限公司 IPv6 规模部署和应用案例［EB/OL］.（2021-11-25）［2022-12-24］. http://www.cac.gov.cn/2021-11/25/c_1639439849620158.htm.

自主创新之间实现平衡。①

"风险可被定义为以系统的方式应对由现代化自身引发的危险和不安。"②简而言之，风险并非属于日月流转所带来的自然危害，而是由于现代技术发展所引发的"人造风险"。风险社会是科学技术发展的产物，以数据技术为驱动而推进社会发展的大数据时代正孕育着新的不确定性。对于数据技术的依赖更是革新了数据风险的表现形式，使其更具有不可控性、隐蔽性和难以预测性。③

随着新一代信息技术的迅猛发展，尤其是移动互联网、云计算和智能穿戴等技术的广泛普及，数据呈爆炸式增长态势，人类社会进入一个以数据为主导的大数据时代。④在大数据浪潮的裹挟下，个人数据将远远超出个人自主掌控的范围，而是被占据经济或政治话语权的主体加工以创造更大的价值，数据作为生产要素的属性日渐凸显，拥有更多的个人数据逐渐成为互联网企业的核心竞争力。然而，数据的高度聚集不可避免地会对数据的安全和发展带来负面影响。例如网络平台已经成为主导经济发展的中流砥柱，数字经济对跨行业发展、传统行业转型、促进产业重组等都起到了不可估量的作用，占据着数据资源的新生产力代表与垄断相互融合时，宣告了数据寡头的诞生。⑤个人数据在未经同意的情况下被任意迁移，运至寡头的另一产品或是被交换和兜售。伴随着数据的非法采集、不规范处理、违规转移和无效清理，也给个人隐私安全埋下了诸多隐患。诚然，依靠数据技术手段对信息进行收集、整合、排列、分析和决策等，能够在一定程度上规避传统的风险。然而，数据分析的起点来源于收集的大量数据，当数据被恶意篡改时将会导致分析工作走向误区，在决策中造成新的风险。

---

① 何渊. 智能社会的治理与风险行政法的建构与证成 [J]. 东方法学, 2019 (1): 68-83.
② 乌尔里希·贝克. 风险社会：新的现代性之路 [M]. 张文杰, 何博闻, 译. 南京：译林出版社, 2018: 7.
③ 黎四奇. 数据科技伦理法律化问题探究 [J]. 中国法学, 2022 (4): 114-134.
④ 刁生富, 姚志颖. 论大数据思维的局限性及其超越 [J]. 自然辩证法研究, 2017, 33 (5): 87-91, 97.
⑤ 尚海涛. 网络平台私权力的法律规制 [M]. 北京：社会科学文献出版社, 2021: 113.

## 一、识别数据技术加剧风险的不确定性

风险是风险社会的核心内容，风险的不确定性体现了风险社会最本质的特征。在风险领域的框架中，数据的爆炸式增长与利用预示着风险正在逐渐脱离人们的预见范围和控制范围。

一是责任主体的不确定性。万物互联的关系网中，数据在多个主体之间反复流转。如以"去中心化"作为竞争优势的区块链技术，本质是一种不同于传统社会的"信用机制"。这种信用机制是以去中心化、分布式记账等方式加以实现，并最终形成"共识机制"。[1]然而链上的节点使得每一个环节都有招致风险的可能性，每一个身份主体都将可能陷入责任主体的疑云中。这不但会破坏数据主体们在共享数据过程中建立的良好信任机制，还可能使真正的肇事者逃脱法律追究。目前对于区块链的研究仅基于较弱的安全模型，并未涵盖整个生命周期，以及未解决关键的问题，即收集的个人数据因其无法篡改的属性，难以与数据最小化原则相兼容，难以保障数据主体的数据删除权、被遗忘权等权利。链上主体只需将自己的密钥输入区块链平台，就可以获取平台所有的数据资料。位于无差别共享的空间中，准确找出责任主体无疑具有较大的难度。

二是风险来源的不确定性。脱离有形载体的数据其传播效率远远大于传统产业，随之而来的风险层出不穷，管治难度也在持续增加。例如在线打车平台，不仅掌握了大量的双边用户数据，更是熟知城市的交通脉络。[2]拥有庞大的数据网络的网络运营商不仅可以利用算法技术分析用户画像，对用户进行"大数据杀熟"，又可以参照动态数据实时监控城市的出行轨迹，甚至可能将数据对境外披露以致危及国家安全。例如2021年7月国家互联网信息办公室对滴滴出行处以巨额罚款，滴滴出行的数据违规行为主要集中在数据收集阶段违背告知同意、最小必要等原则，违法收集、过度收集个人信息或索取权限；以及在数据存储阶段未采取加密、去标识化等安全技术措施，以明文

---

[1] 张玉洁. 区块链技术的司法适用、体系难题与证据法革新[J]. 东方法学，2019（3）：99-109.
[2] 高一乘，杨东. 应对元宇宙挑战：数据安全综合治理三维结构范式[J]. 行政管理改革，2022（3）：41-50.

形式储存敏感个人信息。网络平台在追求数据红利，实现数据沉淀的同时，往往忽视对个人隐私的保护，数据滥用行为加剧了数据泄露风险。伴随数据的泛滥，个人数据的暴露面也在不断扩大，除了平台内部对数据的滥用，数据也可能受到外部的非法获取或者破坏，因黑客技术具有隐匿性和高速度，往往难以追踪风险来源。

三是损害后果的不确定性。不断深化的数据共享与交流扩大了所承载的个人信息的公开范围，个人数据流出后会去往何方，会被何人所收集并利用，用于何种方面，将会造成何种不利，皆无法像有形财产一般给予具体估量。[1]个人数据的风险具有继发性和广泛性，个人数据无处不在的当下，微小的数据漏洞都有牵扯出"蝴蝶效应"的潜在风险，泄露的数据不断地被下游的数据收集者获取，损害也将会反复发生，个人隐私深陷被无数不确定的非法获取者无限次侵害的困境中。

风险的不确定性致使公众对潜在的安全隐患深感不安，各类风险开始逐渐脱离人们的实际管控。在社会治理的领域，进入风险社会的首要任务就是加强风险预防与风险规避[2]，将风险尽可能限制在人为可控的范围之内。在风险社会的视域下，数据风险作为一项基本问题理应得到关注。

## 二、明确数据开放共享过程的公私主体

个人数据的用途飞速扩展，具有扩展速度快、使用形式丰富、难以预见等特点。通常认为，个人数据是个人信息的载体，个人信息是个人数据所承载的内容。大多数观点认为个人数据权利的核心在于数据主体对其的控制、占有和使用，对于权利主体而言具备自主价值和使用价值。[3]个人数据不仅来源于数据个体的信息，更多地产生于数据流动系统的交互之

---

[1] 阮神裕.民法典视角下个人信息的侵权法保护：以事实不确定性及其解决为中心[J].法学家，2020（4）：29-39，192.

[2] 刘艳红.公共空间运用大规模监控的法理逻辑及限度：基于个人信息有序共享之视角[J].法学论坛，2020，35（2）：5-16.

[3] 谢远扬.信息论视角下个人信息的价值：兼对隐私权保护模式的检讨[J].清华法学，2015，9（3）：94-110.

中，这些数据在反复利用聚集后所产生的价值往往超出独立的原始数据本身，从而赋予个人数据更加广阔的公共利用空间。在大数据时代，传统治理向现代化治理的转型，实现了个人本位向社会本位的转变。大数据技术的出现使个人价值和公共价值深度融合，个人数据经过聚合再分析，聚集性的个人数据处于社会情境下会迸发出巨大的价值。在此过程中，个人数据在涉及多方主体的权益交互中，关系到不同的控制处理主体，既包括公主体，也包括私主体。

（一）公主体

个人数据的公共性是政府将其用于公共用途的正当化基础。政府不仅是最大的个人数据的控制主体，也是个人数据的主导者。政府使用数据的核心过程始终围绕预测、监控、分析和处置，控制和处理数据行为轨迹，风险社会治理是公共部门合法合理使用个人数据的主要方向，政府需通过对个人数据未雨绸缪的提前介入，保持高度的前瞻意识，避免风险恶化为实害结果。

在传统技术背景下，政府的大规模社会管理工作往往会受到各种现实因素制约，成本高昂的同时效率低下。个人数据的广泛运用极大地降低了风险社会管理工作的难度，通过风险的预警预测、公共安全事件的决策、紧急舆情管理、抢险救灾资源配置等方式，从大量碎片化的数据中快速提取有效信息并进行整合，为政府部门的工作提供相应的有效支持，实现个人数据的有序共享与合理使用。政府利用的数据主要包括两种类型——人的行为数据和人的情感数据：行为数据主要被运用于社会普查、规模统计、城市建设、扶贫救灾等方面，如疫情期间的个人行程流调须根据相应的疫情防控法律文件向社会公众公开，以防止重大突发公共卫生事件的发生；而情感数据反映社会公民对某个政府决策或者行为的态度，在民意调查方面发挥着巨大的作用。

个人数据通过政府部门的收集处理，往往涉及许多个人信息和隐私、商业秘密甚至国家秘密，一旦被不法分子窃取或者篡改将会带来严重的后果。政府部门在对大数据的运用中，对个人数据的利用和开发，都要采取适度的标准，不会危害个人数据中的信息安全和个人隐私。基于比例原则的法理基础，只有在存在更高位阶的公共利益时，才能牺牲部分个人数据，否则应当充分尊重公民对个人数据的自主决定权,由个人决定自己涉及隐私的信息能否被开发利用。

(二)私主体

数据是新治理和新经济的关键。大数据持续激发商业模式创新,不断催生新业态,已成为互联网等新兴领域促进业务创新增值、提升企业核心价值的重要驱动力。[①]然而建立良好的秩序远比技术规范的实施要复杂得多,仅仅依靠技术手段和自律规则并不能胜任规制重任,而是必须从法律的层面对企业等行为进行规范。

在市场的驱动下,数据的收集者和控制者开始向私人企业和社会组织转移。网络运营者是网络建设与运行的关键参与者,在保障网络安全中具有基础性作用,应当遵循合法、正当、必要的原则,尽到网络运营者的监督义务和管理义务。[②]网络平台特别是具有绝对优势的信息源和数据库,如谷歌、微软、阿里巴巴等,掌握着海量的个人数据。在隐私方面,个人数据被动授权给网络运营商采集之前,隐私处于相对隔绝的保护壳内,数据主体面临的隐私风险极低。开放是数据利用的前提与基础。个人数据转变为公共数据的进程中,意味着通过技术获取大量原始数据的方式与渠道在逐渐增多,从而导致个人隐私权受到潜在的侵犯。

私主体收集并使用个人数据往往以知情同意作为前提。然而在数据运营商提供服务的同时,仅仅留给用户"非同意即不可用"的狭隘选择空间,如在百度的用户隐私条款中规定:"如果您选择拒绝 Cookie,则您可能无法登录或使用依赖于 Cookie 的百度服务或功能",导致默示同意往往只流于形式。将用户的知情同意作为运营商合法收集与使用个人数据的唯一判定标准存在给运营商提供背书的嫌疑。再者,适用同意规则的执行力度往往因难以把控而阻塞数据的顺畅流通,如在云计算服务中,作为创作者的每个用户都能随时随地加入自己的创作,而为了获取数据主体的明示许可,数据控制者需要反复向每个上传或修改作品的用户确认。以"知情同意"为基础的数据自治

---

① 国发〔2015〕50 号《促进大数据发展行动纲要》。
② 何隽. 大数据知识产权保护与立法:挑战与应对[J]. 中国发明与专利,2018,15(3):29-33.

面临着巨大的合法性危机与现实挑战，伴随着 5G 技术的兴起，过于僵化的知情同意原则非但没有增强数据主体对个人数据的控制力，反而妨碍数据的正常交互和现代化服务的升级。

从我国现有法律体系的利益衡量看，更多地强调对于数据产业以及数据经济的支持和对社会秩序的控制，即采取优先保护国家和社会公共利益的价值立场，在国家主导、行业自律和个人参与的数据模式下，个人数据主体往往处于弱势地位。然而在倡导"权利本位"的当下，传统固化的法律思维应当得到转变，应由数据主体即个人享有充分的数据自决权，构建数据主体的"数据自治"体系，个人数据的多元属性决定了个人数据合理使用制度建立的必要性。

## 三、维护个人数据权益和自主创新之间的平衡

个人数据保护的价值取向理应保持个人数据隐私和数据开放利用之间的平衡；前者受到基于数据法益、个人信息权与隐私权的个人合法权益的理念支撑，后者被数据开放和自主创新所驱动，证立了个人数据利用的合理依据。具有共享性和人格权属性的个人数据也是一种社会资源，因此不能先入为主就以排斥的眼光看待个人数据的商业化。

如果我们在追求一项值得追求的利益时，该利益不可避免地必定附带有一定程度的风险，那么为了这项利益我们应该接受该行为的附带风险。[①]对数据经济价值的挖掘不必以牺牲个人隐私作为代价，与其讨论数据的大规模开发是否有存在的必要，毋宁探究如何在法定许可的范围内合理使用个人数据，以在保护个人数据与隐私的大前提下实现效益的最大化。一旦个人数据被运用到社会关系交往中，法律就应当保护个人数据不受侵害，而不是禁止个人数据被识别。因为即便完全杜绝个人数据的使用，隐私被侵害的风险也不会消失。

（一）欧美对个人数据保护和发展的立法回应

欧盟对个人数据保护的立法理论是坚持维护公民的人格尊严，搭建了以数据保护为主的个人数据控制论，保障数据主体享有对于个人数据的自决权。

---

① 黄荣坚. 刑罚的极限[M]. 台北: 元照出版有限公司, 1998.

美国个人数据保护的立法倾向则是倡导数据自由，提倡数据主体将个人数据转化为财产以促进数据交易流通。

1. 欧盟个人数据保护的立法理论：坚持维护人格尊严

维护公民的人格尊严是欧盟个人数据保护理论的法理基础。2012 年 12 月，由欧洲委员会第 29 届全会通过的《个人数据处理中的个人保护公约》（*Convention for the Protection of Individuals with Regard to the Processing of Personal Data*）奠定了欧盟处理个人数据原则的逻辑起点，即保护公民的基本权利和自由，核心在于数据主体享有对于个人数据的自决权，除法定的特殊情形之外，数据主体自主决定数据是否使用或者是否授权。由此，GDPR 赋予了数据主体如同意权、删除权、被遗忘权等多项新型数据权利。[1] 欧盟从保护人格尊严的基本论调出发，搭建了以数据保护为主的个人数据控制论，充分体现了数据保护的独立性与自治性。

但是，欧盟个人数据的保护并不意味着主体对个人数据享有绝对的控制权或支配权，也存在着与其他权利或利益平衡协调的问题。首先，公民是社会团体中的一员，其人格权的保护依赖于社会交往。[2]在承认公民自治自觉支配个人数据的前提下，在社会交往的背景之下，个人数据的自决权要受到诸如比例原则等社会性保障目的支配下的利益平衡的约束。其次，对数据的控制权必须在其他权利得到充分保障的框架内才能得以行使，因此需要受到其他权利的限制。总之，欧盟的个人数据保护权本质上体现为一组宽泛的原则和详细的行为规范。[3]

2. 美国个人数据保护的立法倾向：强调数据资源价值

在美国，以倡导个人数据的自由流通为侧重点。以隐私控制论（privacy-control）为主导的数据隐私范式鼓励个人数据的商品化，提倡数据主体将个人数据转化为财产以促进数据交易流通。隐私控制论强调数据自由

---

[1] 陈吉利，郑海山. 我国政府数据开放中的商业秘密数据保护路径探讨 [J]. 电子政务，2021（7）：91-100.

[2] 杨芳. 个人信息自决权理论及其检讨：兼论个人信息保护法之保护客体 [J]. 比较法研究，2015（6）：22-33.

[3] 高富平. 个人信息保护：从个人控制到社会控制 [J]. 法学研究，2018，40（3）：84-101.

自治，公民自由决定个人数据的管理和使用。[1]

"信息隐私作为一种公共物品，像干净空气或者国防一样发挥着作用，从宪法的角度看，隐私也是一种公共物品。"[2]更有学者认为隐私是经济学的公共物品，隐私保护需要群体协调（group coordination）[3]，不能被视为完全由个人自主决定的事。其一，隐私事关集体价值，隐私映射出值得被保护的权益这一社会共同价值观，确立隐私标准（norms of privacy）应当在社会绝大多数人对隐私水平认同的前提下，否则个人的隐私难以得到相应保障，同时丧失个人隐私判断的依据；其二，隐私并非数据封闭的壁垒[4]，在绝对隐私的禁锢之下数据不可能实现最优化的使用。丧失公开性与真实性的信息在阻塞数据创新的同时，实际上也无法创设多维度的灵活隐私标准，而合法获取和合理处理个人数据有利于构筑适宜生存的社会环境以及认证网络智能化时代公民的数字身份。

从美国的数据保护模式看，将个人数据权益与必然侵犯隐私相挂钩是对个人数据社会化或商品化的一种错误解读。比如算法个性化推荐服务，通常是依据能够反映网络用户的网络活动轨迹以及偏好并加以收集运用到商业活动中。网络活动轨迹以及偏好具有隐私属性，然而一旦与公民的网络用户身份相分离，便无法准确识别该数据所归属的主体，因此不再属于个人数据的范畴。[5]且数据库的收集和大数据分析技术均在企业计算机系统内部操作，没有公开的行为，不符合侵害个人隐私的行为特征。Cookie 技术作为当前互联网领域普遍采用的一项信息技术，其使用方法仅仅将匿名的数据作为触发相关个性化推荐的算法之一[6]，并不与识别个人身份的隐私信息相挂钩，不符合

---

[1] JANGER E J，SCHWARTZ P M.The Gramm-Leach-Bliley Act，Information Privacy，and the Limits of Default Rules. [J]. Minnesota Law Review，2002，86（6）：1219-1262.

[2] 同上。

[3] FAIRFIELD J A T，ENGEL C. Privacy as a Public Good [J]. 65 Duke Law Journal，2015，65（3）：385-457.

[4] REGAN P M. Privacy as a Common Good in the Digital World [J]. Information，Communication & Society，2002，5（3）：382-405.

[5] 江苏省南京市中级人民法院（2014）宁民终字第 5028 号民事判决书。

[6] 王黎黎.Cookie 技术下知情同意规则适用之研究：兼评劳埃德诉谷歌案 [J]. 警学研究，2022（2）：22-30.

"利用网络公开个人隐私和个人信息的行为"的侵权构成要件。[1]

(二) 我国个人数据保护的法律思考与完善

我国个人数据保护应从数据、系统、算法等各个层面实现多维度的建构，将数据保护覆盖到数据流动的生命周期，同时合理规划数据可携权的本土化方案。

1. 重新建立统一的数据安全保护范式

个人数据的安全建设是一个复合型的、需多方位协作联动的工作，数据安全的保护框架应当从数据层面、系统层面、算法层面等实现多维度的建构，防止数据中的隐私泄露、真实性被篡改、信息被肆意滥用等风险。

大数据时代的网络平台被赋予了新的职能，催化了其作为保护数据安全的公共基础设施的作用。无论是公主体的政务平台还是私主体的经营平台，都应当承担与其处理数据重要性相当的数据安全保障义务。平台作为数据重要的处理者和控制者，其过程应当有效纳入安全监管的范围中，从而提升我国抵御数据风险的治理能力。平台作为数据经济的核心，将不同主体都连接在一起，各类平台应当展开多维度的交流合作和数据共享，有利于缓解数据垄断的难题。且用户隐私数据作为个人数据主体的基础利益之一，应当受到平台统一规则的保护，而非由平台擅自决定评估标准。[2]作为新型基础的平台更需要平衡发展与安全之间的关系，需要权衡利弊并对平台治理的规则进行完善。

内部数据监管和外部数据防护双管齐下。在内部组织架构中，主要由企业组织好业务部门、研发部门、法律部门等多部门的联动参与，打好组织管理和团队建设的基础。同时加强顶层设计，落实具体策略，并对数据安全制度的执行落地进行有效监督。外部由政府行政部门或授权的行业组织对数据合规进行检查，如定期的风险评估反馈、基础的安全认证、数据漏洞的及时上报等。

---

[1] 吴秀尧. 互联网定向广告的法律规制：一个比较法的视角 [J]. 广东社会科学, 2019 (3): 244-253.

[2] 杨东, 高清纯. 数据隐私保护反垄断规制必要性研究 [J]. 北京航空航天大学学报 (社会科学版), 2021, 34 (6): 30-37.

数据的动态流程复杂，面向主体众多，数据的强传播性以及共享性需要极强的算法技术支撑。算法不能借着"技术中立"的原则作恶，而是要根据科学治理的理论基础，充分利用技术手段与安全保护的体系框架相衔接。在规划设计算法时不能仅限于单独的领域，而是要覆盖到整体，整合技术手段，包括数据的加密、数据身份认证、数据的脱敏、数据的清洗、数据风险评估等。在算法技术的链接共享下，平台的经营者和使用者能够实现开放式的数据共享，并且实时反映问题，积极弥补数据使用的不足与漏洞，完善各主体建设协同治理的数据生态。

数据安全治理坚持数据发展和数据安全齐头并进的原则，在多方参与的数据环境下，更需要基础设施、政策、算法技术多维角度的结合，构建数据安全治理的模式。让数据安全成为数据发展的内生动力而非阻碍数据流通的枷锁，风险社会中的数据安全治理必将反作用于数据发展，成为企业、社会乃至国家的核心竞争力。

2. 数据保护覆盖至数据流动生命周期

数据的应用涉及数据的收集、传输、存储、处理、交互和删除等多个环节，每个数据生命周期的环节都面临着不同的数据安全威胁，在各个不同的环节，要杜绝"一刀切"的数据安全防护措施，而是应当依照每个环节的特性分别设置防护措施，以保护各个环节中数据的保密性、完整性和可用性，从而在确保数据安全的前提下提高数据生产的效率和投入产出比，充分挖掘数据的价值。

"法律规制应该关注数据使用限度，而不是数据收集。因此，使用数据来改善最优匹配可以得到鼓励，但是利用数据来促进低效率的信息不平衡会被阻止。"[1]由于个人数据的公共性与共享性，个人数据上凝结着各方主体相互冲突的权益。与非法获取和恶意破坏数据的行为相比，在数据流动化与商业化不可避免的背景下，对个人数据的滥用行为更需要法律进行规制。[2]数据保护的重心由收集转化为使用，不是依赖于简单的知情同意原则和赋权实现等

---

[1] 维克托·迈尔-舍恩伯格，托马斯·拉姆什. 数据资本时代 [M]. 北京：中信出版集团，2018：172.

[2] 劳东燕. 个人数据的刑法保护模式 [J]. 比较法研究，2020（5）：35-50.

## 第五章　隐私标准：推进5G安全技术标准法治体系的价值构建

看似一劳永逸的法益保护，而是通过对数据处理者和控制者的行为规范来实现法益保护，将安全使用数据的责任转移到实际上的数据使用人而非数据的主体，避免潜在的数据滥用风险。

通过对实际控制的个人数据进行梳理，明确数据的类型、属性、分布状况、访问对象、使用方式等，绘制"数据地图"。首先，在"知情同意"原则的基础上，梳理个人数据使用的功能范围，并参照隐私政策与用户签订公平公正的个人协议，不得以格式条款逼迫个人数据主体的授权。如需更改业务或调整适用范围，应及时通知数据主体并获求同意。其次，个人数据进入数据库后，往往通过自动化的工具实现相应的工作[1]，数据暂时被存储在数据库中，数据控制者和使用者在获取数据后，理应对数据采取必要的保密措施，对数据进行分级分类处理，限定特定的使用目的，避免数据的不良扩散或泄露，个人数据在进入流通程序之前，需要对数据进行必要的处理，比如对涉及个人敏感信息的数据及时脱敏，并对数据进行风险评估，确保数据传输后的风险在可控的范围之内，实时记录时间、传输渠道和方式、数据接收方等相关信息。再次，在动态数据传输的过程中，需划分有效的数据共享身份主体与对应的用户权限，严格控制数据的传播范围，保证数据访问控制的有效性，并采取相应的安全技术举措，加强传输数据的审核，一旦发现传输的个人数据中涉及国家秘密、事关公共安全秩序或个人敏感信息应立即删除处理。接着，在数据应用阶段，也是数据生命周期中最复杂的阶段[2]，在不同的数据活动中，数据将呈现出多种形式并在不同的数据主体之间流转，故必须把握好每个应用阶段的数据活动和数据主体，确保能够通过数据溯源明确各主体及其对应的责任。此外，真实的数据会随着时间的变化而变化，需分布式处理数据安全问题，考虑到数据分析安全、数据正当使用、数据加密保护、数据脱敏处理等各个方面，以及明确各方的权利和义务，遵守数据流通和共享的规则，建立个人隐私泄露的问责机制。最后，在数据的删除和销毁阶段，应立即删除超出约定的数据留存期限的相关数据，并确保本地数据和云上存

---

[1] 何渊. 数据法学 [M]. 北京：北京大学出版社，2020：199.
[2] 于莘. 规矩：大数据合规运用之道 [M]. 北京：知识产权出版社，2019：86.

储的数据实现同步销毁。且依照《网络安全法》的规定，对于涉及国家秘密以及安全、经济发展、社会稳定、公众利益的数据，应当留存并向有关部门备案，不能以删除为由作为对抗执法机构调查取证的手段。

3. 合理规划数据可携权的本土化方案

大数据时代，保护用户数据是衡量经营者行为正当性的重要依据，也是反不正当竞争法意义上尊重消费者权益的重要内容。各类网络产品或服务之所以能够迅速产生大范围的影响并形成巨大的经营规模，其中最重要的原因就在于平台能够高效吸引大量用户并聚集用户资源，利用网络的双面性将"注意力经济"最大限度地发挥效益。平台所利用的个人数据主要包括两类：一是用户在登录平台并接受平台服务时主动提供的数据，比如注册用户时所填写的个人资料、姓名、性别、年龄、手机号码、家庭住址等；二是由平台即数据控制者通过算法捕获用户的浏览记录、搜索历史、使用频率等采集到的个人数据，即数据主体被动提供的个人数据。一方面，平台掌握着更多的用户数据，维持已有的用户并不断吸引新用户才是网络平台经营发展的长久之计；另一方面，利用用户被动提供的数据，是网络平台分析整理用户需求、开发特色产品和服务并提升用户体验的重要来源，是企业核心竞争力的重要支撑。为尽可能吸引用户，网络经营者更扩展了经营模式，即向众多第三方应用软件提供 Open API 接口，用户可以通过签署第三方应用软件的服务协议，无须重复注册即可用新浪微博的账户登录第三方平台。网络平台在注重对自身平台的用户数据进行保护的同时，应当实时监督第三方应用软件是否存在非法抓取本平台用户数据的行为，更不应将个人的数据作为利益交换的筹码，放纵不正当竞争行为。

数据可携权设立的初衷一是加强数据主体对个人数据的控制力，将数据的本身承载的信息以及数据流动轨迹把握在自己手中，以便保障数据主体的权利；二是希望突破传统僵化的以知情同意作为收集合法性基础的传统规制路径，促进数据的实际控制者和数据主体之间的良性沟通，以促进数据产业的自由市场发展，改善数据垄断为主导的不良竞争风气。欧盟本就强调数据主体对个人数据的自决权，在此基础上创设数据可携权的核心在于对个人的控制权重新解读，进行更加开放的解释，明确个人数据的流动规则，重新厘清数据主体和数据控制者之间并非对立的关系,通过数据的归属灵活变通。

由此可见,数据可携权进一步明确了个人数据的权利归属。数据主体有权利从数据控制者手中下载获取自己的个人数据,也有权将个人数据自由传输至第三方。数据可携权赋予了数据主体获取个人数据和转移请求的正当性与合理性,提升了数据主体对个人数据的控制能力。而数据控制者只有配合使用的义务,并无数据的控制权。这一权利有利于避免控制者为争夺用户数据产生不良竞争,促进数据的流动。[1]数据可携权有效避免了个人数据的遗漏流失。通过下载数据并在另一软件上进行云备份,能够及时防止个人重要数据的遗失,以免数据主体承担巨大的数据重构的成本。设置个人数据的转出渠道,能够打破"数据巨头"企业长久以来的数据封锁,平衡数字市场中的失衡状态。

数据可携权主要包含了数据接收权、数据转移权和基础条件三方面的内容。其一,数据主体有权通过下载等方式获取个人数据及副本,如社交软件中的聊天记录所涉及的文字、图片和文件等,用户有权下载至自己的电子存储设备中。这表明数据收集者和数据控制者具有妥善保管用户数据的义务,不得随意增添、修改或删除;其二,在技术条件可行的情况下,依据数据主体的要求,一方数据控制者的个人数据应当直接转移至另一方控制者,如将微信中的数据资料转移到其他可接受的社交软件中;其三,数据可携权需要满足两项基础条件:数据主体的同意(based on consent)以及合同约定(based on contract),同时也要受到一定的限制。当涉及公众利益或是需经过官方授权的数据接收和转移时,数据可携权不再适用,且不能对他人的基本权利和社会公共秩序带来不利影响。[2]

在探索数据可携权本土化路径的过程中,需坚守以中国的现实土壤作为根基,再行讨论法律移植的可行性。数据可携权要求处理数据的控制者承担一项极强的法定义务,然而由于目前我国互联网经营市场鱼龙混杂,数据企

---

[1] 金晶. 欧盟《一般数据保护条例》:演进、要点与疑义[J]. 欧洲研究,2018,36(4):1-26.
[2] 高富平,余超. 欧盟数据可携权评析[J]. 大数据,2016,2(4):102-107.

业的规模和资源参差不齐，中小数据企业并无满足可携权的技术支撑以及成本。如果以同等标准要求中小企业，只会削弱其原本低成本的经济优势，给网络运营者施加过度的责任，给当前的数据发展平添负担。且数据转移存在一定的风险性，不安全的转移行为只会加剧风险。因此数据可携权的构建需要循序渐进，可先引入数据接收权，即增强数据主体对个人数据的控制力，使得数据主体实时认识到自己被收集使用的数据的范围、内容以及时间，自我审查是否有侵犯个人隐私的风险或者泄露的可能性，并及时备份。数据接收权的设立与删除权、访问权等相结合，形成了个人数据权利的闭环体系，从而使个人的控制充分覆盖数据流动的全生命周期中。不宜过快适用数据转移权，转移权的设立给企业增加了众多义务却没有相应的利益回报，以营利为核心的企业难以将此项权利运用到企业运营的实践中去。尤其是对于中小企业，很可能以技术条件缺乏为由规避履行转移义务。故转移权在调节市场竞争中作用甚微，甚至会给中小企业带来诸多问题，可操作性较小，往往会被架空成为空中楼阁。若给网络运营者施加过多且失衡的义务和责任，往往会不利于网络产业的发展。①

综上所述，出于个人数据权益保护和社会自主创新之间的考量，应当在借鉴欧盟数据可携权的前提下采取渐进式路径。尽管通说认为公民个人才是个人数据的主体，但受到自身技术和力量的限制，公民个人无法把握数据，数据自决权的效果在现实中少有体现。设立数据接收权开辟了用户掌握个人数据的新途径，个人数据回到用户手中可以发挥再利用价值，有利于数据流通的良性循环。再者，为了避免抑制个人数据的开发，暂缓引入数据转移权，否则可能会阻碍数据技术的创新。同时也要考虑政府对可携权实现监管的可能性，将数据创新和利用纳入法治的轨道，在增进人民利益和社会福祉方面实现效益的最大化。

---

① 吕炳斌. 论网络用户对"数据"的权利：兼论网络法中的产业政策和利益衡量[J]. 法律科学（西北政法大学学报），2018，36（6）：56—66.

# 附录　关于 5G 安全技术较为关键的国家标准和行业标准

## 一、网络关键设备安全通用要求
（GB 40050—2021）

| | |
|---|---|
| 中国标准分类号（CCS）：C71 | 国际标准分类号（ICS）：33.040.01 |
| 发布日期：2021-02-20 | 实施日期：2021-08-01 |
| 主管部门：工业和信息化部 | 归口部门：工业和信息化部 |

发布单位：国家市场监督管理总局、国家标准化管理委员会

### 1　范围

本文件规定了网络关键设备的通用安全功能要求和安全保障要求。

本文件适用于网络关键设备，为网络运营者采购网络关键设备时提供依据，还适用于指导网络关键设备的研发、测试、服务等工作。

### 2　规范性引用文件

下列文件中的内容通过文中的规范性引用而构成本文件必不可少的条款。其中，注日期的引用文件，仅该日期对应的版本适用于本文件；不注日期的引用文件，其最新版本（包括所有的修改单）适用于本文件。

GB/T 25069　信息安全技术　术语

### 3　术语和定义

GB/T 25069 界定的以及下列术语和定义适用于本文件。

## 3.1

**部件 component**

由若干装配在一起的零件组成,能够实现特定功能的模块或组件。

## 3.2

**恶意程序 malicious program**

被专门设计用来攻击系统,损害或破坏系统的保密性、完整性或可用性的程序。

注：常见的恶意程序包括病毒、蠕虫、木马、间谍软件等。

## 3.3

**漏洞 vulnerability**

可能被威胁利用的资产或控制的弱点。

［来源：GB/T 29246—2017,2.89,有修改］

## 3.4

**敏感数据 sensitive data**

一旦泄露、非法提供或滥用可能危害网络安全的数据。

注：网络关键设备常见的敏感数据包括口令、密钥、关键配置信息等。

## 3.5

**健壮性 robustness**

描述网络关键设备或部件在无效数据输入或者在高强度输入等环境下,其各项功能可保持正确运行的程度。

［来源：GB/T 28457—2012,3.8,有修改］

## 3.6

**私有协议 private protocol**

专用的、非通用的协议。

## 3.7

**网络关键设备 critical network device**

支持联网功能,在同类网络设备中具有较高性能的设备,通常应用于重要网络节点、重要部位或重要系统中,一旦遭到破坏,可能引发重大网络安全风险。

注：具有较高性能是指设备的性能指标或规格符合《网络关键设备和网络安全专用产品目录》中规定的范围。

## 3.8

**异常报文　abnormal packet**

各种不符合标准要求的报文。

## 3.9

**用户　user**

对网络关键设备进行配置、监控、维护等操作的使用者。

## 3.10

**预装软件　pre-installed software**

设备出厂时安装或提供的、保障设备正常使用必需的软件。

注：不同类型设备的预装软件存在差异。路由器、交换机的预装软件通常包括引导固件、系统软件等，服务器的预装软件通常包括带外管理软件等。

# 4 缩略语

下列缩略语适用于本文件。

| | |
|---|---|
| HTTP | 超文本传输协议（Hypertext Transfer Protocol） |
| IP | 网间互联协议（Internet Protocol） |
| MAC | 媒体访问控制（Media Access Control） |
| SNMP | 简单网络管理协议（Simple Network Management Protocol） |
| SSH | 安全外壳协议（Secure Shell） |
| TCP | 传输控制协议（Transmission Control Protocol） |
| UDP | 用户数据报协议（User Datagram Protocol） |

# 5 安全功能要求

## 5.1 设备标识安全

网络关键设备的标识应满足以下安全要求。

a) 硬件整机和主要部件应具备唯一性标识。

注1：路由器、交换机常见的主要部件：主控板卡、业务板卡、交换网板、风扇模块、电源、存储系统软件的板卡、硬盘或闪存卡等。服务器常见的主要部件：中央处理器、硬盘、内存、风扇模块、电源等。

注 2：常见的唯一性标识方式：序列号等。

b） 应对预装软件、补丁包/升级包的不同版本进行唯一性标识。

注 3：常见的版本唯一性标识方式：版本号等。

## 5.2 冗余、备份恢复与异常检测

网络关键设备的冗余、备份恢复与异常检测功能应满足以下安全要求。

a） 设备整机应支持主备切换功能或关键部件应支持冗余功能，应提供自动切换功能，在设备或关键部件运行状态异常时，切换到冗余设备或冗余部件以降低安全风险。

注：路由器、交换机常见的支持冗余功能的关键部件：主控板卡、交换网板、电源模块、风扇模块等。服务器常见的支持冗余功能的关键部件：硬盘、电源模块、风扇模块等。

b） 应支持对预装软件、配置文件的备份与恢复功能，使用恢复功能时支持对预装软件、配置文件的完整性检查。

c） 应支持异常状态检测，产生相关错误提示信息。

## 5.3 漏洞和恶意程序防范

网络关键设备应满足以下漏洞和恶意程序防范要求。

a） 不应存在已公布的漏洞，或具备补救措施防范漏洞安全风险。

b） 预装软件、补丁包/升级包不应存在恶意程序。

c） 不应存在未声明的功能和访问接口（含远程调试接口）。

## 5.4 预装软件启动及更新安全

网络关键设备的预装软件启动及更新功能应满足以下安全要求。

a） 应支持启动时完整性校验功能，确保系统软件不被篡改。

b） 应支持设备预装软件更新功能。

c） 应具备保障软件更新操作安全的功能。

注 1：保障软件更新操作安全的功能包括用户授权、更新操作确认、更新过程控制等。例如，仅指定授权用户可实施更新操作，实施更新操作的用户需经过二次鉴别，支持用户选择是否进行更新，对更新操作进行二次确认或延时生效等。

d） 应具备防范软件在更新过程中被篡改的安全功能。

注 2：防范软件在更新过程中被篡改安全功能包括采用非明文的信道传输更新数据、

支持软件包完整性校验等。

e) 应有明确的信息告知用户软件更新过程的开始、结束以及更新的内容。

## 5.5 用户身份标识与鉴别

网络关键设备的用户身份标识与鉴别功能应满足以下安全要求。

a) 应对用户进行身份标识和鉴别，身份标识应具有唯一性。

注1：常见的身份鉴别方式：口令、共享密钥、数字证书或生物特征等。

b) 使用口令鉴别方式时，应支持首次管理设备时强制修改默认口令或设置口令，或支持随机的初始口令，支持设置口令生存周期，支持口令复杂度检查功能，用户输入口令时，不应明文回显口令。

c) 支持口令复杂度检查功能，口令复杂度检查包括口令长度检查、口令字符类型检查、口令与账号无关性检查中的至少一项。

注2：不同类型的网络关键设备口令复杂度要求和实现方式不同。常见的口令长度要求示例：口令长度不小于8位；常见的口令字符类型示例：包含数字、小写字母、大写字母、标点符号、特殊符号中的至少两类；常见的口令与账号无关性要求示例：口令不包含账号等。

d) 应支持启用安全策略或具备安全功能，以防范用户鉴别信息猜解攻击。

注3：常见的防范用户鉴别信息猜解攻击的安全策略或安全功能包括默认开启口令复杂度检查功能、限制连续的非法登录尝试次数或支持限制管理访问连接的数量、双因素鉴别（例如口令+证书、口令+生物鉴别等）等措施，当出现鉴别失败时，设备提供无差别反馈，避免提示"用户名错误""口令错误"等类型的具体信息。

e) 应支持启用安全策略或具备安全功能，以防止用户登录后会话空闲时间过长。

注4：常见的防止用户登录后会话空闲时间过长的安全策略或安全功能包括登录用户空闲超时后自动退出等。

f) 应对用户身份鉴别信息进行安全保护，保障用户鉴别信息存储的保密性，以及传输过程中的保密性和完整性。

## 5.6 访问控制安全

网络关键设备的访问控制功能应满足以下安全要求。

a) 默认状态下应仅开启必要的服务和对应的端口，应明示所有默认开启的服务、对应的端口及用途，应支持用户关闭默认开启的服务和对应的端口。

b) 非默认开放的端口和服务，应在用户知晓且同意后才可启用。

c) 在用户访问受控资源时，支持设置访问控制策略并依据设置的控制策略进行授权和访问控制，确保访问和操作安全。

注1：受控资源指需要授予相应权限才可访问的资源。

注2：常见的访问控制策略包括通过 IP 地址绑定、MAC 地址绑定等安全策略限制可访问的用户等。

d) 提供用户分级分权控制机制。对涉及设备安全的重要功能，仅授权的高权限等级用户使用。

注3：常见的涉及设备安全的重要功能包括补丁管理、固件管理、日志审计、时间同步等。

## 5.7 日志审计安全

网络关键设备的日志审计功能应满足以下安全要求。

a) 应提供日志审计功能，对用户关键操作行为和重要安全事件进行记录，应支持对影响设备运行安全的事件进行告警提示。

注1：常见的用户关键操作包括增/删账户、修改鉴别信息、修改关键配置、文件上传/下载、用户登录/注销、用户权限修改、重启/关闭设备、编程逻辑下载、运行参数修改等。

b) 应提供日志信息本地存储功能，支持日志信息输出。

c) 日志审计功能应记录必要的日志要素，为查阅和分析提供足够的信息。

注2：常见的日志要素包括事件发生的日期和时间、主体、类型、结果、源 IP 地址等。

d) 应具备对日志在本地存储和输出过程进行保护的安全功能，防止日志内容被未经授权的查看、输出或删除。

注3：常见的日志保护安全功能包括用户授权访问控制等。

e) 应提供本地日志存储空间耗尽处理功能。

注 4：本地日志存储空间耗尽时常见的处理功能包括剩余存储空间低于阈值时进行告警、循环覆盖等。

f) 不应在日志中明文或者弱加密记录敏感数据。

注 5：常见的弱加密方式包括信息摘要算法（MD5）、Base64 等。

## 5.8 通信安全

网络关键设备应满足以下通信安全要求。

a) 应支持与管理系统（管理用户）建立安全的通信信道/路径，保障通信数据的保密性、完整性。

b) 应满足通信协议健壮性要求，防范异常报文攻击。

注 1：网络关键设备使用的常见的通信协议包括 IPv4/IPv6、TCP、UDP 等基础通信协议，SNMP、SSH、HTTP 等网络管理协议，路由协议、工业控制协议等专用通信协议，以及其他网络应用场景中的专用通信协议。

c) 应支持时间同步功能。

d) 不应存在未声明的私有协议。

e) 应具备抵御常见重放类攻击的能力。

注 2：常见的重放类攻击包括各类网络管理协议的身份鉴别信息重放攻击、设备控制数据重放攻击等。

## 5.9 数据安全

网络关键设备应满足以下数据安全要求。

a) 应具备防止数据泄露、数据非授权读取和修改的安全功能，对存储在设备中的敏感数据进行保护。

b) 应具备对用户产生且存储在设备中的数据进行授权删除的功能，支持在删除前对该操作进行确认。

注：用户产生且存储在设备中的数据通常包括日志、配置文件等。

## 5.10 密码要求

本文件凡涉及密码算法的相关内容，按国家有关规定实施。

## 6 安全保障要求

### 6.1 设计和开发

网络关键设备提供者应在网络关键设备的设计和开发环节满足以下要求。

a) 应在设备设计和开发环节识别安全风险，制定安全策略。

注：设备设计和开发环节的常见安全风险包括开发环境的安全风险、第三方组件引入的安全风险、开发人员导致的安全风险等。

b) 应建立设备安全设计和开发操作规程，保障安全策略落实到设计和开发的整个过程。

c) 应建立配置管理程序及相应配置项清单，配置管理系统应能跟踪内容变更，并对变更进行授权和控制。

d) 应采取措施防范设备被植入恶意程序。

e) 应采取措施防范设备被设置隐蔽的接口或功能模块。

f) 应采取措施防范第三方关键部件、固件或软件可能引入的安全风险。

g) 应采用漏洞扫描、病毒扫描、代码审计、健壮性测试、渗透测试和安全功能验证的方式对设备进行安全性测试。

h) 应对已发现的安全缺陷、漏洞等安全问题进行修复，或提供补救措施。

### 6.2 生产和交付

网络关键设备提供者应在网络关键设备的生产和交付环节满足以下要求。

a) 应在设备生产和交付环节识别安全风险，制定安全策略。

注1：生产和交付环节的常见安全风险包括自制或采购的组件被篡改、伪造等风险，生产环境存在的安全风险、设备被植入的安全风险、设备存在漏洞的安全风险、物流运输的风险等。

b) 应建立并实施规范的设备生产流程，在关键环节实施安全检查和完整性验证。

c) 应建立和执行规范的设备完整性检测流程，采取措施防范自制或采购的组件被篡改、伪造等风险。

d) 应对预装软件在安装前进行完整性校验。

e) 应为用户提供验证所交付设备完整性的工具或方法，防范设备交付过程中完整性被破坏的风险。

注 2：验证所交付设备完整性的常见工具或方法包括防拆标签、数字签名/证书等。

f) 应为用户提供操作指南和安全配置指南等指导性文档，以说明设备的安装、生成和启动的过程，并对设备功能的现场调试运行提供详细的描述。

g) 应提供设备服务与默认端口的映射关系说明。

h) 应声明设备中存在的通过设备外部接口进行通信的私有协议并说明其用途，私有协议不应存在所声明范围之外的用途。

i) 交付设备前，发现设备存在已知漏洞应当立即采取补救措施。

## 6.3 运行和维护

网络关键设备提供者应在网络关键设备的运行和维护环节满足以下要求。

a) 应识别在运行环节存在的设备自身安全风险（不包括网络环境安全风险），以及对设备进行维护时引入的安全风险，制定安全策略。

b) 应建立并执行针对设备安全事件的应急响应机制和流程，并为应急处置配备相应的资源。

c) 在发现设备存在安全缺陷、漏洞等安全风险时，应采取修复或替代方案等补救措施，按照有关规定及时告知用户并向有关主管部门报告。

d) 在对设备进行远程维护时，应明示维护内容、风险以及应对措施，应留存不可更改的远程维护日志记录，记录内容应至少包括维护时间、维护内容、维护人员、远程维护方式及工具。

注 1：常见的远程维护包括对设备的远程升级、配置修改、数据读取、远程诊断等操作。

e) 在对设备进行远程维护时，应获得用户授权，并支持用户中止远程维护，应留存授权记录。

注 2：常见的获得用户授权的方式包括鉴别信息授权、书面授权等。

f) 应为用户提供对补丁包/升级包的完整性、来源真实性进行验证的方法。

g) 应为用户提供对废弃（或退役）设备中关键部件或数据进行不可逆销毁处理的方法。

h) 应为用户提供废弃（或退役）设备回收或再利用前的关于数据泄漏等安全风险控制方面的注意事项。

i) 对于维修后再销售或提供的设备或部件，应对设备或部件中的用户数据进行不可逆销毁。

j) 应在约定的期限内，为设备提供持续的安全维护，不应以业务变更、产权变更等原因单方面中断或终止安全维护。

k) 应向用户告知设备生命周期终止时间。

## 参 考 文 献

［1］GB/T 18018—2019 信息安全技术 路由器安全技术要求

［2］GB/T 18336—2015（所有部分） 信息技术 安全技术 信息技术安全评估准则

［3］GB/T 20011—2005 信息安全技术 路由器安全评估准则

［4］GB/T 21028—2007 信息安全技术 服务器安全技术要求

［5］GB/T 21050—2019 信息安全技术 网络交换机安全技术要求

［6］GB/T 25063—2010 信息技术安全 服务器安全测评要求

［7］GB/T 28457—2012 SSL 协议应用测试规范

［8］GB/T 29246—2017 信息技术 安全技术 信息安全管理体系 概述和词汇

［9］GB/T 33008.1—2016 工业自动化和控制系统网络安全 可编程序控制器（PLC） 第 1 部分：系统要求

［10］GB/T 36470—2018 信息安全技术 工业控制系统现场测控设备通用安全功能要求

［11］YD/T 1359—2005 路由器设备安全技术要求——高端路由器（基于 IPv4）

［12］YD/T 1439—2006　路由器设备安全测试方法——高端路由器（基于 IPv4）

［13］YD/T 1629—2007　具有路由功能的以太网交换机设备安全技术要求

［14］YD/T 1630—2007　具有路由功能的以太网交换机设备安全测试方法

［15］YD/T 1906—2009　IPv6 网络设备安全技术要求——核心路由器

［16］YD/T 2042—2009　IPv6 网络设备安全技术要求——具有路由功能的以太网交换机

［17］YD/T 2043—2009　IPv6 网络设备安全测试方法——具有路由功能的以太网交换机

［18］YD/T 2045—2009　IPv6 网络设备安全测试方法——核心路由器

［19］3GPP TS 33.117　Catalogue of general security assurance requirements

［20］ITU-T X.805　Security architecture for systems providing end-to-end communications

［21］国家互联网信息办公室等. 网络关键设备和网络安全专用产品目录［Z］. 2017-06-01

# 二、信息安全技术　网络安全管理支撑系统技术要求（GB/T 38561—2020）

标准号：GB/T 38561—2020　　　　　标准类别：安全
发布日期：2020-03-06　　　　　　　中国标准分类号：L 80
实施日期：2020-10-01　　　　　　　国际标准分类号：35.040
归口部门：全国网络安全标准化技术委员会
执行单位：全国网络安全标准化技术委员会
主管部门：国家标准化管理委员会

## 1　范围

本标准规定了网络安全管理支撑系统的技术要求，包括系统功能要求、自身安全性要求和安全保障要求。

本标准适用于网络安全管理工作的支撑系统的规划、设计、开发和测试。

## 2　规范性引用文件

下列文件对于本文件的应用是必不可少的。凡是注日期的引用文件，仅注日期的版本适用于本文件。凡是不注日期的引用文件，其最新版本（包括所有的修改单）适用于本文件。

GB/Z 20986—2007　信息安全技术　信息安全事件分类分级指南

## 3　术语和定义

GB/Z 20986—2007 界定的以及下列术语和定义适用于本文件。

### 3.1

**网络安全管理支撑系统** cybersecurity management support system

基于组织的安全目标、对象、流程等，支撑组织开展网络安全管理工作的系统。

**3.2**

对象 object

网络安全管理中的实体。

注：主要包括硬件资产、软件资产、数据资产、组织人员等。

## 4 缩略语

下列缩略语适用于本文件。

CPU：中央处理器（Central Processing Unit）

DB：数据库（Data Base）

FTP：文件传输协议（File Transfer Protocol）

HTTP：超文本传输协议（HyperText Transfer Protocol）

IP：互联网协议（Internet Protocol）

MAC：媒体访问控制（Media Access Control 或 Medium Access Control）

SNMP：简单网络管理协议（Simple Network Management Protocol）

## 5 概述

网络安全管理支撑系统（以下简称支撑系统）是支撑组织开展网络安全管理工作的系统，实现对组织的安全目标、对象、流程等进行信息化管理。本标准将支撑系统的技术要求分为系统功能要求、自身安全性要求和安全保障要求三类。

系统功能要求主要包括安全目标管理、应急预案管理、对象管理、信息安全事件监测、运行监测、流程处理、统计分析、考核管理、发布与展示、采集与处理、数据交换、备份与恢复等。

自身安全性要求主要包括身份鉴别、访问控制、权限管理、数据安全、安全审计等。

安全保障要求主要包括配置管理保障、开发、测试保障、交付与运维保障、指导性文档、脆弱性分析、生命周期支持等。

## 6 系统功能要求

### 6.1 安全目标管理

支撑系统具备组织安全目标管理功能，应满足以下要求：

a) 新增、删除、查询和修改安全目标；
b) 对安全目标进行分类管理；
c) 对安全目标进行发布与展示。

### 6.2 应急预案管理

支撑系统具备应急预案管理功能，应满足以下要求：

a) 新增、删除、查询和修改应急预案信息；
b) 对应急预案进行分类、分级管理。

### 6.3 对象管理

支撑系统具备对象管理功能，应满足以下要求：

a) 修改、删除和查询对象的信息；
b) 支持自动和人工方式采集对象的信息；
c) 对硬件资产、软件资产、数据资产、组织人员等信息进行管理，其中：

  1) 对硬件资产信息进行管理，包括但不限于 IP 地址、MAC 地址、硬件型号等；

   注1：硬件资产主要包括计算机、网络设备、安全设备、存储设备、安防设备及办公设备等。

  2) 对软件资产信息进行管理，包括但不限于软件版本、安装位置、安装时间等；

   注2：软件资产主要包括安全系统、操作系统、工具软件、业务系统、网站等。

  3) 对数据资产信息进行管理，包括但不限于文件位置、文件发布者等；

   注3：数据资产主要包括数据库文件、文档文件、音视频文件、图片等。

  4) 对组织人员信息进行管理，包括但不限于账号、权限等。

   注4：组织人员主要包括管理人员、使用人员等。

### 6.4 信息安全事件监测

支撑系统具备信息安全事件监测功能，应满足以下要求：

a) 参照 GB/Z 20986—2007，对信息安全事件进行分类、分级管理；
b) 具备自动和人工两种方式采集信息安全事件；
c) 对信息安全事件进行处置管理，包括事件告警和流程处置等。

### 6.5 运行监测

支撑系统具备运行监测管理功能，应满足以下要求：

a) 对接入的安全系统的基本信息、运维情况等进行管理；
b) 对安全系统的运行状态进行监测与日志记录，并提供异常日志的查询和导出；
c) 对安全系统的运行指标进行监测，并进行有效性评估。

### 6.6 流程处理

支撑系统具备流程处理功能，对信息安全事件、对象、运行监测等数据进行处置，应满足以下要求：

a) 支持告警流程处理；
b) 支持告警的自动触发功能；
c) 支持对产生的告警进行清除、确认和转换流程等处理；
d) 支持自动和人工方式发起流程；
e) 流程支持签收、反馈、审核/审批、归档等处理；
f) 配置流程模板、内容模板与回执模板等。

### 6.7 统计分析

支撑系统具备统计分析功能，应满足以下要求：

a) 根据组织、部门、类型、状态等，对硬件、软件、数据和人员等资产进行统计；
b) 根据组织、部门、类型、威胁级别等，对信息安全事件数据进行统计；
c) 根据组织、部门、正常率等，对运行监测数据进行统计；
d) 根据组织、部门、类型、状态、等级等，对告警数据进行统计；
e) 根据组织、部门、类型、状态等，对流程数据进行统计；

f) 对软硬件资产、信息安全事件进行关联分析；

g) 对数据进行综合性分析，提供安全报告，为决策提供数据支持。

## 6.8 考核管理

支撑系统具备考核管理功能，应满足以下要求：

a) 考核项的配置和修改；

b) 支持对考核项进行人工和自动评测；

c) 输出完整的考核报告，并提供报告导出。

## 6.9 发布与展示

支撑系统具备发布与展示功能，对应急预案、信息安全事件、运行监测等进行发布和安全态势展示，应满足以下要求：

a) 发布内容包括但不限于安全目标、通知通报及法律法规等；

b) 安全态势展示内容包括但不限于对象、信息安全事件、运行监测等，可采用地图展示、趋势图和比重图等表现形式。

## 6.10 采集与处理

支撑系统具备采集与处理功能，应满足以下要求：

a) 对信息安全事件数据和运行监测数据等进行采集；

b) 对第三方系统的检查结果数据、评估结果数据等进行采集，并支持多种数据采集方式和协议，包括但不仅限于 DB、HTTP、FTP 和 SNMP 等；

c) 对采集的数据进行处理和存储。

## 6.11 数据交换

支撑系统具备数据交换功能，应满足以下要求：

a) 支持各级支撑系统之间进行数据交换；

b) 数据交换的内容包括但不限于系统状态信息、安全策略信息和统计数据等。

## 6.12 备份与恢复

支撑系统具备数据备份与恢复功能，应满足以下要求：

a) 恢复六个月内所有的数据，包括但不限于信息安全事件、运行监测、告警、流程、统计和考核等数据；

b) 已存储的记录数据不被覆盖和删除，并在存储资源耗尽前告警。

## 7 自身安全性要求

### 7.1 身份鉴别

支撑系统身份鉴别应：

a) 在用户注册时，使用用户名和用户标识符标识用户身份。
b) 在用户登录时，使用受控的口令或具有相应安全强度的其他机制进行用户身份鉴别。
c) 采用至少两种身份鉴别机制，身份鉴别机制包括但不限于："用户名+口令"鉴别方式、数字证书鉴别方式、生物特征鉴别方式。
d) 采用"用户名+口令"的鉴别方式时，保证口令复杂度；并设定用户登录尝试阈值，当用户的不成功登录尝试超过阈值时，锁定管理员账号，并生成审计日志。

### 7.2 访问控制

支撑系统访问控制应：

a) 根据管理员用户角色和权限允许或禁止其对系统功能及数据资产等进行访问；
b) 对于越权访问的非法操作及尝试记录并告警。

### 7.3 权限管理

支撑系统权限管理应：

a) 采用三权分立的管理模式，管理员角色至少分为系统管理员、安全管理员、安全审计员三种，不同角色权限不应交叉；
b) 限定不同的管理员角色仅能通过特定的命令或界面执行操作；
c) 通过系统管理员负责用户账号的管理；
d) 通过安全管理员负责对用户账号进行授权；
e) 通过安全审计员负责对管理员和用户的操作进行日志记录，并对审计记录进行备份、整理。

### 7.4 数据安全

支撑系统数据安全应：

a) 对支撑系统的数据传输进行通信保护，确保各组件之间传输的数据（如数据采集、策略下发等）不被泄露或篡改；

b) 具有数据安全备份与恢复功能，并支持在数据存储空间达到阈值时能够向管理员告警；

c) 检查支撑系统内存储数据的完整性和有效性；

d) 具有纠错报警和容错保护的能力，对录入数据、相关参数等进行有效性和完整性检查，并进行损坏恢复。

## 7.5 安全审计

支撑系统在安全审计方面应：

a) 对用户操作行为进行日志记录，日志记录应记录用户名、操作行为发生的日期和时间、功能模块、操作内容等，能进行组合查询、排序、数据输出，系统日志由安全审计员管理；

b) 对支撑系统自身各功能模块的工作状态进行检测，工作状态异常时告警。

# 8 安全保障要求

## 8.1 配置管理保障

配置管理保障应满足以下要求：

a) 针对不同用户提供唯一的授权标识；

b) 根据不同用户提供相应的配置管理文档。

## 8.2 开发

支撑系统开发应满足以下要求：

a) 描述系统的安全功能；

b) 描述所有安全功能接口的目的与使用方法；

c) 描述每个安全功能接口相关的所有参数；

d) 描述安全功能接口相关的安全功能实施行为；

e) 描述由安全功能实施行为处理而引起的直接错误消息；

f) 提供系统设计文档。

## 8.3 测试保障

在提供支撑系统的同时，提供该系统的测试文档，测试文档应包括：

a) 确定待测系统功能，描述测试目标；
b) 测试计划、测试过程描述、测试结果以及测试预期结果与测试结果的对比；
c) 在测试过程中记录测试每一项功能的实际情况。

## 8.4 交付与运维保障

提供安装和运维指南，详尽描述支撑系统的安装、配置和启动运行所必需的基本步骤。

## 8.5 指导性文档

提供支撑系统管理员指南，应包括：

a) 管理员使用的管理功能和接口；
b) 支撑系统的安全管理方法；
c) 管理员应进行控制的功能和权限；
d) 管理员在操作过程中的安全参数，并给出合适的参数值；
e) 管理员在操作过程中的安全配置指令；
f) 管理员在操作过程中的所有配置选项。

## 8.6 脆弱性分析

脆弱性分析应包括：

a) 执行脆弱性分析，并提供执行脆弱性分析相关文档；
b) 对被确定的脆弱性，明确记录采取的措施。

## 8.7 生命周期支持

生命周期支持应满足以下要求：

a) 建立一个生命周期模型对系统的开发和维护进行必要控制，并提供生命周期定义文档描述用于开发和维护系统的模型；
b) 提供开发安全文档，并描述为实现系统的开发所采取的必要的安全措施；
c) 提供在开发和维护过程中执行安全措施的证据。

# 三、移动智能终端安全能力技术要求
# （YD/T 2407—2021）

标准号：YD/T 2407—2021　　　中国标准分类号：M36
发布日期：2021-12-02　　　　　国际标准分类号：33.060
实施日期：2022-04-01　　　　　归口单位：中国通信标准化协会
全部代替标准：YD/T 2407—2013　主管部门：工业和信息化部
行业分类：信息传输、软件和信息技术服务业

## 1　范围

本标准规定了移动智能终端安全能力的技术要求，包括移动智能终端的硬件安全能力、操作系统安全能力、外围接口安全能力、应用层安全要求和用户数据保护安全能力等，并对安全能力进行了分级。

本标准适用于各种制式的移动智能终端，个别条款不适用于特殊行业、专业应用，其他终端也可参考使用。

## 2　规范性引用文件

下列文件对于本文件的应用是必不可少的。凡是注日期的引用文件，仅所注日期的版本适用于本文件。凡是不注日期的引用文件，其最新版本（包括所有的修改单）适用于本文件。

YD/T 3082—2016　　移动智能终端上的个人信息保护技术要求
YD/T 3228—2017　　移动应用软件安全评估方法

## 3　术语、定义和缩略语

### 3.1　术语和定义

下列术语和定义适用于本文件。

#### 3.1.1

**移动智能终端　smart mobile terminal**

能够接入移动通信网，具有能够提供应用软件开发接口的操作系统，具有安装、加载和运行应用软件能力的终端。

### 3.1.2

安全能力　security capability

在移动智能终端上可实现的，能够防范安全威胁的技术手段。

### 3.1.3

用户　user

使用移动智能终端资源的对象，包括人或第三方应用软件。

### 3.1.4

用户数据　user data

移动智能终端上存储的用户个人信息，包括由用户在本地生成的数据、为用户在本地生成的数据、在用户许可后由外部进入用户数据区的数据等。

### 3.1.5

授权　authorization

在用户身份经过认证后，根据预先设置的安全策略，授予用户相应权限的过程。

### 3.1.6

数字签名　digital signature

附在数据单元后面的数据，或对数据单元进行密码变换得到的数据。允许数据的接收者验证数据的来源和完整性，保护数据不被篡改、伪造，并保证数据的不可否认性。

### 3.1.7

代码签名　code signature

利用数字签名机制，由具有签名权限的实体对代码全部或部分功能进行签名的机制。

### 3.1.8

移动智能终端操作系统　operating system of smart mobile terminal

运行在移动智能终端上的系统软件，控制、管理移动智能终端上的硬件和软件，提供用户操作界面、应用软件编程接口和其他系统服务的应用软件。

### 3.1.9

**移动智能终端应用软件 smart mobile terminal application**

移动智能终端内，能够利用移动智能终端操作系统提供的开发接口，实现某项或某几项特定任务的计算机软件或者代码片段。包含移动智能终端预置应用软件，以及互联网信息服务提供者提供的可以通过网站、应用商店等移动应用分发平台下载、安装、升级的应用软件。

### 3.1.10

**移动智能终端预置应用软件 smart mobile terminal pre-installed application**

移动智能终端内，在主屏幕和辅助屏界面（不包含进入界面后，通过菜单进入或者调起的功能）有用户交互入口并且可独立使用的移动智能终端应用软件。

### 3.1.11

**恶意吸费 malicious charge**

在用户不知情或未授权的情况下由终端上应用软件造成的用户经济损失。

### 3.2 缩略语

下列缩略语适用于本文件。

| | | |
|---|---|---|
| CNNVD | 中国国家信息安全漏洞库 | China National Vulnerability Database of Information Security |
| CNVD | 国家信息安全漏洞共享平台 | China National Vulnerability Database |
| LAWMO | 锁定/擦除管理对象 | Lock and Wipe Management Object |
| NFC | 近场通信 | Near Field Communication |
| WLAN | 无线局域网 | Wireless Local Area Network |

## 4 移动智能终端安全能力框架及目标

### 4.1 移动智能终端安全能力框架

移动智能终端安全能力主要由硬件安全能力、操作系统安全能力、应用层安全要求、外围接口安全能力和用户数据保护安全能力五部分构成，具体如图 1 所示。

外围接口安全能力涉及操作系统和硬件，用户数据保护安全能力涉及硬件、操作系统和应用软件 3 个层面。

| 应用层安全要求 | |
|---|---|
| 操作系统安全能力 | 用户数据保护安全能力 |
| 硬件安全能力 | 外围接口安全能力 |

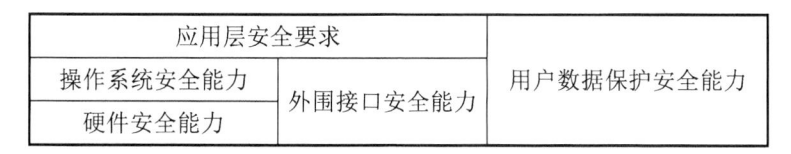

**图 1　移动智能终端安全能力框架**

## 4.2　移动智能终端安全目标

### 4.2.1　硬件安全目标

移动智能终端硬件安全目标是保证移动通信终端内部应用处理器、通信处理器、存储和外设接口安全，确保芯片内系统软件、终端参数、安全数据、用户数据不被篡改或非法获取。

### 4.2.2　操作系统安全目标

操作系统包含常规智能操作系统自身及操作系统组件和服务，以及镶嵌在智能操作系统中提供相应开放接口供应用软件（框架应用软件，如免安装应用等）使用的框架。

操作系统安全目标是操作系统无损害用户利益和危害网络和终端安全的行为，以及提供操作系统对系统资源调用的监控、保护和提醒，确保涉及安全的系统行为总是在受控的状态下，不会出现用户在不知情情况下某种行为的执行，或者用户不可控行为的执行。

### 4.2.3　外围接口安全目标

外围接口包括无线外围接口和有线外围接口。外围接口的安全目标是确保用户对外围接口的连接及数据传输的可知和可控。

### 4.2.4　应用层安全目标

应用层安全目标是要保证移动智能终端对要安装在其上的应用软件可进行来源的识别，对已经安装或加载在其上的应用软件可以进行敏感行为的控制。另外，还要确保预置在移动智能终端中的应用软件无损害用户利益和危害网络或终端安全的行为。

### 4.2.5 用户数据保护安全目标

用户数据保护安全目标是要保证用户数据的安全存储，确保用户数据不被非法访问、获取和篡改，同时能够通过备份方式保证用户数据的可靠恢复。

## 5 移动智能终端安全能力技术要求

### 5.1 基本要求

移动智能终端应通过给用户提示和让用户确认的方式来防范安全威胁，当操作系统自身或者第三方应用调用相关功能时，操作系统应具备给用户提示和让用户确认的能力；预置多操作系统的移动智能终端，每一个操作系统在运行过程中都应具备给用户提示和让用户确认的能力。

给用户的提示和明示可以是图标、文字、语音或其他明显的提示方式，对于用户主动设置为允许或主动触发的操作，认为是在用户知情的情况下执行的操作。

在操作执行期间，提示应足够引起用户的注意，且提示信息应易于用户理解。

用户确认应使用户有选择的权利，即用户应能确认也能取消。

用户确认如无特别说明，则认为以下三种确认方式均可：

——应用软件每一次调用行为发生时进行确认；

——应用软件首次调用行为发生时确认，本确认在一定时间内有效，确认应针对每一个调用行为单独确认；

——应用软件首次安装或调用行为发生时确认，本确认对该软件长期有效，确认应针对每一个调用行为单独确认。

5.3 和 5.4 节所提及的给用户提示和用户确认，均指由系统自身或者第三方应用调用相关功能时，操作系统所应具备的能力；对于第三方应用通过调用操作系统提供的人—机接口执行的操作，认为是在用户知情的情况下执行的操作，已经给用户提示并得到用户的确认。对于移动通信网络连接、无线局域网络连接、无线外围接口的开启操作需具备任何情况下都应给用户提示并经用户确认的能力。

若操作系统可安装的第三方应用软件均为单一来源，且此来源内的应用软件符合标准 YD/T 3228—2017《移动应用软件安全评估方法》的 3 级要求，则操作系统认为已经具备给用户相关提示和确认的能力。

## 5.2 移动智能终端硬件安全能力要求

### 5.2.1 安全运行区域

移动智能终端硬件集成专用的安全运行区域，安全运行区域有专享的存储空间、该存储空间不与非安全运行区域共享,通过硬件隔离防止篡改或非法获取。

### 5.2.2 安全启动

移动智能终端安全启动代码应进行完整性验证,当验证通过后执行安全启动过程。

### 5.2.3 防止物理攻击

移动智能终端密码模块应具有抵抗物理攻击能力,防止敏感信息泄露。攻击手段包括旁路攻击和故障注入攻击等。

### 5.2.4 安全属性

移动智能终端运行在安全环境下,敏感输入输出接口或敏感参数应具有安全属性,其配置不可更改或仅可进行授权更改。

### 5.2.5 根密钥生成与保护

移动智能终端安全区域根密钥应随机生成,随机数熵值应满足移动智能终端安全要求，且不低于 128 比特。

根密钥仅在移动智能终端安全运行区域使用，无法被外部获取。

### 5.2.6 安全处理单元

移动智能终端硬件集成专用安全处理单元,通过物理隔离防止篡改或非法获取。具备硬件实现的密码模块，实现密码算法相关功能。

## 5.3 移动智能终端操作系统安全能力要求

### 5.3.1 安全调用控制能力

#### 5.3.1.1 通信类功能受控机制

##### 5.3.1.1.1 拨打电话

应用软件调用执行拨打电话操作时，应在用户确认的情况下，拨打操作才能执行。

应用软件调用执行拨打电话开通呼叫转移业务时，移动智能终端应提示用户业务内容,且在用户确认的情况下方可执行操作。

#### 5.3.1.1.2 三方通话

应用软件调用执行三方通话操作时,应在用户确认的情况下,三方通话操作才能执行。

#### 5.3.1.1.3 发送短信

应用软件调用执行发送短信操作时,应在用户确认的情况下,发送短信操作才能执行。

#### 5.3.1.1.4 发送彩信

应用软件调用执行发送彩信操作时,应在用户确认的情况下,发送彩信操作才能执行。

#### 5.3.1.1.5 发送邮件

应用软件调用执行发送邮件操作时,应在用户确认的情况下,邮件发送操作才能执行。

#### 5.3.1.1.6 移动通信网络数据连接

移动智能终端通信网络数据连接,应满足以下安全能力要求:
a) 移动智能终端应提供开关,可开启/关闭移动通信网络数据连接;
b) 应用软件调用开启移动通信网络数据连接功能时,应给用户相应的提示,当用户确认后连接方可开启;
c) 当移动通信网络的数据连接处于已连接状态,移动智能终端应在用户主界面上给用户相应的状态提示;
d) 移动智能终端应提供数据传输控制能力,应用软件调用移动通信网络传送数据应在用户确认的情况下执行;
e) 当移动通信网络正在传送数据时,移动智能终端应在用户主界面上给用户相应的状态提示。

上述 c)和 e)的两种状态提示应不同。

#### 5.3.1.1.7 WLAN 网络连接

移动智能终端 WLAN 网络连接应满足以下安全能力要求:
a) 移动智能终端应提供开关,可开启/关闭 WLAN 网络连接;
b) 应用软件调用开启 WLAN 网络连接功能时,应给用户相应的提示,当用户确认后连接方可开启；

c） 当 WLAN 网络连接处于已连接状态，移动智能终端应在用户主界面上给用户相应的状态提示；

d） 当 WLAN 网络正在传送数据时，移动智能终端应在用户主界面上给用户相应的状态提示。

上述 c）和 d）的两种状态提示应不同。

#### 5.3.1.2 本地敏感功能受控机制

##### 5.3.1.2.1 定位功能

应用软件调用定位功能时，移动智能终端应在用户确认的情况下才能调用。调用后，移动智能终端应在用户主界面上给用户相应的状态提示。

##### 5.3.1.2.2 通话录音功能

通话录音是指在通话状态下录取线路上双方的话音。当应用软件调用启动通话录音时，应在用户确认的情况下才能开启。

##### 5.3.1.2.3 本地录音功能

应用软件调用启动本地录音功能时，应在用户确认的情况下才能启动录音操作。

##### 5.3.1.2.4 后台截屏/录屏功能

后台截屏/录屏是指应用软件后台运行时截取或录制前台屏幕内容。当应用软件调用执行后台截屏/录屏时，应在用户确认的情况下才能启动截屏/录屏操作。

##### 5.3.1.2.5 拍照/摄像功能

对于具备摄像头的移动智能终端，当应用软件启动摄像头功能时，移动智能终端应给用户相应的提示，在用户确认的情况下方可执行拍照/摄像等操作。

##### 5.3.1.2.6 接收短信功能

移动智能终端应提供接收短信控制能力，应用软件调用接收短信功能应在用户确认的情况下执行。

##### 5.3.1.2.7 对用户数据的操作

移动智能终端操作系统应提供对用户数据保护的功能，具体要求如下：

a） 当应用软件需要调用对电话本数据、通话记录、上网记录、短信数据、彩信数据、日程表数据、媒体影音数据（如照片、视频和音频），生物特征识别信息（如指纹识别、人脸识别等）、设备唯一可识别信息（如不可重置的设备标识符）、应用软件列表的读操作时，移动智能终端应提示用户该应用将读取这些用户数据，且在用户确认的情况下方可执行。

b) 当应用软件调用对电话本数据、通话记录、短信数据、彩信数据、日程表数据进行修改（包含写和删除）操作时，移动智能终端应在用户确认的情况下方可执行；

c) 移动智能终端操作系统应支持对设备唯一可识别信息（如不可重置的设备标识符）进行去标识化保护能力。

#### 5.3.1.3 安全调用目的统一明示

移动智能终端操作系统在提供安全调用控制能力时，应同步提供调用目的的明示能力。

### 5.3.2 操作系统的更新

移动智能终端应提供操作系统的更新保护功能，具体要求如下：

a) 当移动智能终端提供操作系统的更新机制（包含系统、驱动和系统服务的安装更新和非安装更新）时，应在执行更新安装操作前提示用户，并在用户确认后执行相关操作；

b) 当移动智能终端提供自动更新功能时，应提供操作系统自动更新开关，且自动更新功能不应默认开启；

c) 移动智能终端应提供操作系统更新包下载可控机制。如无相关机制，则移动智能终端应具备未安装的操作系统更新包的删除能力；

d) 当移动智能终端提供操作系统的更新机制时，应保证执行授权的操作系统更新；

e) 当移动智能终端不能保证操作系统安全的更新时，应在说明书中提示用户可能带来的安全风险。

### 5.3.3 多操作系统要求

#### 5.3.3.1 多操作系统隔离要求

如移动智能终端预置多个独立操作系统，可分别调用系统资源，应采取隔离机制对多系统之间的接口和数据进行保护，防止操作系统间进行非授权通信。

**5.3.3.2　框架型操作系统安全要求**

框架型操作系统是指在移动智能终端或应用软件上，提供控制和管理应用软件的能力，并为在其上运行的应用软件提供相应开发接口的框架，主要形态有桌面型框架操作系统和应用型框架操作系统。

本节仅适用于桌面型框架操作系统。桌面型框架操作系统应具备独立的操作系统安全能力，包括但不限于 5.3 内要求。

**5.3.4　操作系统漏洞要求**

a) 移动智能终端操作系统应具备通过补丁或软件升级的方式消除重要安全漏洞的能力，发现系统漏洞应及时进行修补。

b) 保证不含有当前操作系统版本发布日期 6 个月前 CNVD 与 CNNVD 发布的高危及以上漏洞。

**5.3.5　操作系统个人信息和敏感行为要求**

**5.3.5.1　操作系统个人信息保护要求**

移动智能终端操作系统不应存在未明确告知收集使用个人信息的目的、方式和范围，并获得用户同意前，读取并传送用户个人信息的行为，以及采集和读取生物特征识别信息的行为。

**5.3.5.2　操作系统敏感行为安全要求**

移动智能终端操作系统中，可安装的系统组件不应有未向用户明示且未经用户同意，擅自调用终端通信功能，以及擅自收集或泄露用户个人信息的如下行为。

a) 不应有未向用户明示且未经用户同意，开启通话录音、本地录音、后台截屏/录屏、拍照/摄像、接收短信和定位，采集和传送生物特征识别信息（如指纹识别、人脸识别等），读取和传送用户本机号码、电话本数据、通话记录、短信数据、上网记录、日程表数据，读取媒体影音数据（如照片、视频和音频），读取生物特征识别信息（如指纹识别、人脸识别等），读取设备唯一可识别信息（如不可重置的设备标识符），读取应用软件列表的行为。

b) 不应有未向用户明示且未经用户同意，擅自调用终端通信功能，包括在用户无确认情况下拨打电话、发送短信、发送彩信，通过移动通信网络数据连接、WLAN 网络连接、无线外围接口传送数据，以及开启移动通信网络、WLAN 和无线外围接口并传输数据的行为。

### 5.3.6 防不良信息骚扰要求

移动智能终端在接收到通信信息时，应在遵守个人信息保护要求下，对不良信息具有基本的识别、提醒和处置能力。

a) 移动智能终端应支持通过本地配置或接入远程云服务形式，实现内容违法类、恶意骚扰类和商业营销类不良信息进行识别。移动智能终端应支持对识别后的不良短信息、不良语言电话和不良 URL 进行提醒。

b) 移动智能终端完成对不良信息的识别和提醒后，应支持采取一定的保护措施阻断不良信息带来的安全威胁进行处置。

## 5.4 移动智能终端外围接口安全能力要求

### 5.4.1 无线外围接口安全能力要求

#### 5.4.1.1 无线外围接口开启/关闭受控机制

对于具备蓝牙、NFC 功能的移动智能终端应具备开关，可开启/关闭蓝牙、NFC 等终端所支持的无线连接方式。

当应用软件调用开启无线外围接口时，移动智能终端应给用户相应的提示，当用户确认后连接方可开启。

#### 5.4.1.2 无线外围接口连接建立的确认机制

当通过无线外围接口（仅适用于蓝牙）与不同设备进行第一次连接时，移动智能终端能够发现该连接并给用户相应的提示，当用户确认建立连接时，连接才可建立。

示例：蓝牙配对机制。

#### 5.4.1.3 无线外围接口连接状态提示

当移动智能终端的无线外围接口蓝牙已开启，移动终端宜在用户主界面上给用户相应的状态提示。

当移动智能终端通过无线外围接口蓝牙建立数据连接，移动智能终端应在用户主界面上给用户相应的状态提示。

当移动智能终端的无线外围接口 NFC 已开启,移动终端宜在用户主界面上给用户相应的状态提示。

当移动智能终端通过无线外围接口 NFC 建立数据连接,移动智能终端应给用户相应的提示(图标、声音或振动等)。

如果移动智能终端提供了无线外围接口的开启状态提示和数据连接状态提示,则两种状态提示应不同。

#### 5.4.1.4 无线外围接口数据传输的受控机制

当移动智能终端与其他设备已经通过无线外围接口(蓝牙或 NFC)实现连接,此时通过无线外围接口进行文件数据传输时,移动智能终端应给用户相应的提示。

### 5.4.2 有线外围接口安全能力要求

#### 5.4.2.1 有线外围接口连接建立的确认机制

对于仅用于充电或仅用于数据连接的有线外围接口,当通过该接口建立连接时,移动智能终端应给用户相应的提示。

对于既可进行充电,又可进行数据连接的有线外围接口,当连接充电器时应给用户相应的提示,当连接于既可进行充电又可进行数据连接的设备时,用户应能够选择是否建立数据连接模式或者能够保证数据传输授权可控。

#### 5.4.2.2 USB 存储模式的安全机制

如果移动智能终端支持内置式 USB 存储模式(U 盘模式),则应提供访问控制方式。

### 5.5 移动智能终端应用层安全要求

#### 5.5.1 应用软件安全配置能力要求

移动智能终端可提供机制对所安装的第三方应用软件的调用行为进行配置,包括对拨打电话、发起三方通话、发送短信、接收短信、发送彩信、开启移动通信网络数据连接开关、开启 WLAN 网络连接开关、开启无线外围接口开关、调用移动通信网络数据连接、调用 WLAN 网络连接、调用无线外围接口、开启通话录音、开启本地录音、后台截屏/录屏、拍照/摄像、读取用户本机号码、读取电话本数据、读取通话记录、读取短信数据、读取上网记录、读取日程表数据、读取定位信息、读取媒体影音数据（如照片、视频和音频）、读取生物特征识别信息（如指纹识别、人脸识别等）、读取设备唯一可识别信息（如不可重置的设备标识符）、读取应用软件列表、修改用户电话本数据、修改通话记录、修改短信数据、修改日程表数据的行为进行配置。

对以上调用行为进行控制至少有允许调用和禁止调用两种状态。推荐允许调用、每次调用时询问用户和禁止调用 3 种状态。对于应用软件升级前后共有的调用行为，移动智能终端应保证其安全配置状态在升级前后一致，若无法保证一致，应保证升级后的安全配置状态为拒绝或每次调用时询问。如果移动智能终端可支持对以上调用行为中 3 种或 3 种以上进行配置，即认为满足应用软件安全配置能力要求。

### 5.5.2　应用软件调用行为记录能力要求

移动智能终端应支持记录并统计应用软件调用行为，且用户可查看记录结果。

a) 移动智能终端应支持记录非自研预置应用软件和第三方应用软件调用移动通信网络产生的流量数据，和敏感信息的调用行为，包括定位、拍照/摄像、后台截屏/录屏、通话录音、本地录音、读取短信、读取电话本、读取媒体影音数据（如照片、视频和音频），读取生物特征识别信息（如指纹识别、人脸识别等）、读取设备唯一可识别信息（如不可重置的设备标识符）的调用行为。

b) 移动智能终端应支持记录非自研预置应用软件和第三方应用软件拨打电话、发起三方通话、发送短信、接收短信、发送彩信、读取传感器信息、读取彩信、读取通话记录、读取日程表、读取上网记录、读取应用软件列表、修改短信、修改彩信、修改电话本、修改通话记录、修改日程表、修改上网记录的调用行为。

### 5.5.3　应用软件安全认证机制要求

### 5.5.3.1　非认证签名要求

如果移动智能终端支持对未经认证签名的软件下载和应用，在进行应用软件安装时移动智能终端应能够识别应用软件的签名状态，并能够根据签名状态给用户相应的提示。

#### 5.5.3.2 认证签名要求

如果移动智能终端采用认证签名机制,在此情况下,未经过认证签名的应用软件仅当用户进行确认后才能执行下一步操作。

### 5.5.4 应用软件自启动监控能力

如果移动智能终端具备第三方应用自启动软件的能力,应可以浏览和配置应用软件是否自启动。

### 5.5.5 预置应用软件安全要求

#### 5.5.5.1 个人信息保护

预置应用软件不应存在未明确告知用户收集使用个人信息的目的、方式和范围,读取并传送用户个人信息的行为。

#### 5.5.5.2 收集用户数据

预置应用软件不应有未向用户明示且未经用户同意,擅自收集用户数据的行为,包括在用户无确认情况下开启通话录音、本地录音、后台截屏/录屏、拍照/摄像、定位和接收短信,读取用户本机号码、电话本数据、通话记录、短信数据、上网记录、日程表数据、定位信息、读取媒体影音数据(如照片、视频和音频),采集和读取生物特征识别信息(如指纹识别、人脸识别等)、读取设备唯一可识别信息(如不可重置的设备标识符)、应用软件列表的行为。

#### 5.5.5.3 修改用户数据

预置应用软件不应有未向用户明示且未经用户同意,擅自修改用户数据的行为,包括在用户无确认情况下修改(包含写和删除)用户电话本数据、通话记录、短信数据、日程表数据的行为。

#### 5.5.5.4 数据录入保护

支付类预置应用软件输入认证/支付密码等敏感信息时,需采取技术措施防止密码被截获,并不得在移动智能终端界面上以明文显示。

#### 5.5.5.5 数据加密传输

预置应用软件通过网络传输终端上的个人信息时,应满足以下安全能力要求:

a) 预置应用软件应采用密文方式传输金融支付类,信息通信类,账户设置类，传感采集类和设备信息类信息；

b） 预置应用软件应采用密文方式传输用户个人摄录的媒体影音类信息。

注：个人信息类型定义见 YD/T 3082—2016《移动智能终端上的个人信息保护技术要求》。

#### 5.5.5.6 组件访问控制

软件组件是指软件自包含的、可编程的、通过接口实现复用的软件单元。预置应用软件应对其内部包含敏感个人信息的组件及对外接口进行保护，任何未经授权的第三方应用软件不可访问或调用。

#### 5.5.5.7 应用软件签名

a） 预置应用软件应包含签名信息，且签名信息真实有效。

b） 如果移动智能终端采用认证签名机制，在此情况下，预置应用软件应使用第三方数字证书对其进行签名。

#### 5.5.5.8 升级更新要求

a） 预置应用软件或插件更新应在用户授权的情况下进行，不应直接更新；

b） 预置应用软件提供自动更新功能时，应提供自动更新开关，且自动更新功能应默认关闭；

c） 预置应用软件应提供更新包下载可控机制。如无相关机制，则应具备未安装的应用更新包的删除能力；

d） 预置应用软件用户数据库等热更新（应用或插件部分内容更新，无需重启应用软件或资源包）应提示用户并在用户同意后进行更新；

e） 当预置应用软件升级行为不能保证终端系统、其他应用软件、软件本身的安全时，应提示用户可能带来的安全风险；

f） 当预置应用软件升级失败时，应保证应用软件能回到更新前的版本且能正常使用。

注：热更新是通过动态下发代码（包含 apk、jar、dex、动态链接库及其他动态库文件）的形式，在不发布新版本的情况下，进行应用的更新，该过程无须重启应用软件或资源包。

#### 5.5.5.9 调用终端通信功能
##### 5.5.5.9.1 流量耗费
预置应用软件不应有未向用户明示且未经用户同意，擅自调用终端通信功能，造成用户流量消耗的行为，包括在用户无确认情况下通过移动通信网络数据连接、WLAN 网络连接、无线外围接口传送数据的行为。

##### 5.5.5.9.2 费用损失
预置应用软件不应有未向用户明示且未经用户同意，擅自调用终端通信功能，造成用户费用损失的行为，包括在用户无确认情况下拨打电话、发送短信、发送彩信、开启移动通信网络或 WLAN 连接并收发数据的行为。

##### 5.5.5.9.3 信息泄露
预置应用软件不应有未向用户明示且未经用户同意，擅自调用终端通信功能，造成用户数据泄露的行为，包括在用户无确认情况下读取并传送用户本机号码、电话本数据、通话记录、短信数据、上网记录、日程表数据、定位信息、图片、音频、视频等用户个人信息的行为。

#### 5.5.5.10 应用软件漏洞要求
应保证不含有预置应用软件版本发布日期 6 个月前 CNVD 与 CNNVD 公布的高危及以上漏洞。

### 5.6 移动智能终端用户数据安全保护能力要求
#### 5.6.1 移动智能终端的密码保护
移动智能终端密码保护功能，应满足以下安全能力要求。

a) 移动智能终端应支持开机时的密码保护和开机后锁定状态下的密码保护，例如口令、图案、生物特征识别等多种形态的密码。其中，口令密码为必选的保护形式，其他形式为可选。

b) 移动智能终端在锁定状态下，用户应不可访问锁定状态前，系统内已存储的用户数据（至少包括电话本、短信、多媒体数据）。

#### 5.6.2 文件类用户数据的授权访问
移动智能终端提供文件类用户数据的授权访问能力，当第三方应用访问被保护的用户数据时，应在用户确认的情况下才能访问。文件类用户数据包括图片、视频、音频和文档等。

### 5.6.3 用户数据的加密存储

移动智能终端提供用户私密数据的加密存储能力，未经授权的实体应不能读取或还原出用户私密数据的真实内容。

### 5.6.4 用户数据的彻底删除

移动智能终端提供用户数据彻底删除功能，以保证被删除的用户数据不可再恢复出来。一般的删除功能仅会删除数据在存储器件中放置位置的索引，而该区域内实际存储的数据没有完全清空，在数据被删除之后，非法软件通过读取该区域的内容，仍有可能从读取到的数据中恢复被删除的私密数据。彻底删除功能应把该区域内实际存储的数据彻底删除。

### 5.6.5 用户数据的远程保护

移动智能终端应提供用户数据的远程保护能力，以便用户在手机遗失或其他情况下，终端中的用户数据不被泄露。远程保护能力包括远程锁定移动智能终端和远程销毁用户数据。移动智能终端提供的远程保护功能也应具备安全设置，确保远程保护功能仅在达到了用户预设条件的情况下才会启动。

### 5.6.6 用户数据的转移备份

移动智能终端应具备用户数据（至少包括电话本、短信、多媒体数据）的转移及备份能力。

用户数据的转移备份包括本地备份和远程备份两种：本地备份是通过移动智能终端的外围接口实现的数据备份；远程备份是通过无线网络实现的用户数据在服务器侧的备份。本地备份适用于支持外围接口的移动智能终端。移动智能终端应至少支持一种备份方式。

## 6 移动智能终端功能限制性要求

移动智能终端应真实传送信息，不得通过对传送信息的处理或传送虚假信息使信息接收者错误识别特定通信主体等，不得预置可改变通信系统提示信号的应用软件。

移动智能终端不得预置国家法律法规禁止的信息内容（包括但不限于预置图片、文字、菜单、音视频、应用等），也不得预置为传播发布国家法律法规禁止信息内容提供服务的应用软件。

## 7 移动智能终端安全能力分级

### 7.1 概述

移动智能终端所支持的安全能力划分为五个等级，第五级是最高等级。移动智能终端可选支持到不同的等级。达到相应等级的移动智能终端可在说明书上进行明确的标识，预置多操作系统的移动智能终端，每一操作系统所支持的安全能力等级可分别进行标识，参见附录 A 的内容。

### 7.2 安全能力分级

根据移动智能终端所支持的安全能力的程度，将移动智能终端安全能力自低到高划分为五个等级。在每一等级定义了移动智能终端在相应等级对应的安全能力的最小集合，也就是移动智能终端必须支持该集合中的所有安全能力才能标识为该级别，例如：达到第五级的移动智能终端应支持本标准第 5 章和第 6 章所定义的所有安全能力及功能限制性要求。具体的等级划分详见表 1。

**表 1 移动智能终端安全能力分级**

| | 安全能力 | 一级 | 二级 | 三级 | 四级 | 五级 |
|---|---|---|---|---|---|---|
| 1 | 5.2.1 安全运行区域 | | | | √ | √ |
| 2 | 5.2.2 安全启动 | | | | √ | √ |
| 3 | 5.2.3 防止物理攻击 | | | | | √ |
| 4 | 5.2.4 安全属性 | | | | | √ |
| 5 | 5.2.5 根密钥生成与保护 | | | | √ | √ |
| 6 | 5.2.6 安全处理单元 | | | | | √ |
| 7 | 5.3.1.1.1 拨打电话 | √ | √ | √ | √ | √ |
| 8 | 5.3.1.1.2 三方通话 | | √ | √ | √ | √ |
| 9 | 5.3.1.1.3 发送短信 | √ | √ | √ | √ | √ |
| 10 | 5.3.1.1.4 发送彩信 | | | | | √ |
| 11 | 5.3.1.1.5 发送邮件 | | | | | √ |

续表

| | 安全能力 | 安全能力等级 ||||| 
|---|---|---|---|---|---|---|
| | | 一级 | 二级 | 三级 | 四级 | 五级 |
| 12 | 5.3.1.1.6a）移动通信网络数据连接—开关 | √ | √ | √ | √ | √ |
| 13 | 5.3.1.1.6b）移动通信网络数据连接—应用调用时的确认 | | √ | √ | √ | √ |
| 14 | 5.3.1.1.6c）移动通信网络数据连接—连接状态提示 | | √ | √ | √ | √ |
| 15 | 5.3.1.1.6d）移动通信网络数据连接—数据传送时的确认 | | | √ | √ | √ |
| 16 | 5.3.1.1.6e）移动通信网络数据连接—数据传送状态提示 | | | √ | √ | √ |
| 17 | 5.3.1.1.7a）WLAN 网络连接—开关 | √ | √ | √ | √ | √ |
| 18 | 5.3.1.1.7b）WLAN 网络连接—应用调用时的确认 | | √ | √ | √ | √ |
| 19 | 5.3.1.1.7c）WLAN 网络连接—连接状态提示 | | √ | √ | √ | √ |
| 20 | 5.3.1.1.7d）WLAN 网络连接—数据传送状态提示 | | | √ | √ | √ |
| 21 | 5.3.1.2.1 定位功能 | | √ | √ | √ | √ |
| 22 | 5.3.1.2.2 通话录音功能 | | √ | √ | √ | √ |
| 23 | 5.3.1.2.3 本地录音功能 | | √ | √ | √ | √ |
| 24 | 5.3.1.2.4 后台截屏/录屏功能 | | √ | √ | √ | √ |
| 25 | 5.3.1.2.5 拍照/摄像功能 | | √ | √ | √ | √ |
| 26 | 5.3.1.2.6 接收短信功能 | | √ | √ | √ | √ |
| 27 | 5.3.1.2.7a）对用户数据的操作—读 | | √ | √ | √ | √ |
| 28 | 5.3.1.2.7b）对用户数据的操作—修改 | | | | | |
| 29 | 5.3.1.2.7c）对用户数据的操作—设备标识符 | | | √ | √ | √ |
| 30 | 5.3.1.3 安全调用目的统一明示 | | | | | √ |
| 31 | 5.3.2a）操作系统的更新—更新受控 | √ | √ | √ | √ | √ |
| 32 | 5.3.2b）操作系统的更新—自动更新 | √ | √ | √ | √ | √ |
| 33 | 5.3.2c）操作系统的更新—下载 | √ | √ | √ | √ | √ |
| 34 | 5.3.2d）操作系统的更新—授权更新 | | | √ | √ | √ |

续表

| | 安全能力 | 安全能力等级 | | | | |
|---|---|---|---|---|---|---|
| | | 一级 | 二级 | 三级 | 四级 | 五级 |
| 35 | 5.3.2e）操作系统的更新—风险提示 | √ | √ | √ | √ | √ |
| 36 | 5.3.3.1 多操作系统隔离要求 | | | | √ | √ |
| 37 | 5.3.3.2 框架型操作系统安全要求 | √ | √ | √ | √ | √ |
| 38 | 5.3.4a）操作系统漏洞要求—修复能力 | | | √ | √ | √ |
| 39 | 5.3.4b）操作系统漏洞要求—基本要求 | | | | | √ |
| 40 | 5.3.5.1 操作系统个人信息保护要求 | √ | √ | √ | √ | √ |
| 41 | 5.3.5.2a）操作系统敏感行为安全要求—敏感行为 | √ | √ | √ | √ | √ |
| 42 | 5.3.5.2b）操作系统敏感行为安全要求—通信功能 | √ | √ | √ | √ | √ |
| 43 | 5.3.6a）防不良信息骚扰要求—识别和提醒 | | | √ | √ | √ |
| 44 | 5.3.6b）防不良信息骚扰要求—处置 | | | | √ | √ |
| 45 | 5.4.1.1 无线外围接口开启/关闭受控机制 | √ | √ | √ | √ | √ |
| 46 | 5.4.1.2 无线外围接口连接建立的确认机制 | √ | √ | √ | √ | √ |
| 47 | 5.4.1.3 无线外围接口连接状态标识 | √ | √ | √ | √ | √ |
| 48 | 5.4.1.4 无线外围接口数据传输的受控机制 | | | | √ | √ |
| 49 | 5.4.2.1 有线外围接口连接建立的确认机制 | | | √ | √ | √ |
| 50 | 5.4.2.2 USB 存储模式的安全机制 | | | √ | √ | √ |
| 51 | 5.5.1 应用软件安全配置能力要求 | | | | √ | √ |
| 52 | 5.5.2a）应用软件调用行为记录——基础要求 | √ | √ | √ | √ | √ |
| 53 | 5.5.2b）应用软件调用行为记录——增强要求 | | | | | √ |
| 54 | 5.5.3.1 非认证签名要求 | √ | √ | √ | √ | √ |

续表

| | 安全能力 | 安全能力等级 ||||||
|---|---|---|---|---|---|---|
| | | 一级 | 二级 | 三级 | 四级 | 五级 |
| 55 | 5.5.3.2 认证签名要求 | | | √ | √ | √ |
| 56 | 5.5.4 应用软件自启动程序监控能力 | | | √ | √ | √ |
| 57 | 5.5.5.1 个人信息保护 | √ | √ | √ | √ | √ |
| 58 | 5.5.5.2 收集用户数据 | √ | √ | √ | √ | √ |
| 59 | 5.5.5.3 修改用户数据 | √ | √ | √ | √ | √ |
| 60 | 5.5.5.4 数据录入保护 | | | | √ | √ |
| 61 | 5.5.5.5a) 数据加密传输—敏感数据 | | | √ | √ | √ |
| 62 | 5.5.5.5b) 数据加密传输—多媒体数据 | | | | | √ |
| 63 | 5.5.5.6 组件访问控制 | | | | | |
| 64 | 5.5.5.7a) 应用软件签名—签名信息 | √ | √ | √ | √ | √ |
| 65 | 5.5.5.7b) 应用软件签名—认证签名 | | | √ | √ | √ |
| 66 | 5.5.5.8a) 升级更新要求—更新受控 | √ | √ | √ | √ | √ |
| 67 | 5.5.5.8b) 升级更新要求—自动更新 | √ | √ | √ | √ | √ |
| 68 | 5.5.5.8c) 升级更新要求—下载 | √ | √ | √ | √ | √ |
| 69 | 5.5.5.8d) 升级更新要求—热更新 | | | | √ | √ |
| 70 | 5.5.5.8e) 升级更新要求—风险提示 | | | √ | √ | √ |
| 71 | 5.5.5.8f) 升级更新要求—失败回滚 | | | √ | √ | √ |
| 72 | 5.5.5.9.1 流量耗费 | √ | √ | √ | √ | √ |
| 73 | 5.5.5.9.2 费用损失 | √ | √ | √ | √ | √ |
| 74 | 5.5.5.9.3 信息泄露 | √ | √ | √ | √ | √ |
| 75 | 5.5.5.10 应用软件漏洞要求 | | | | | √ |
| 76 | 5.6.1a) 移动智能终端的密码保护—开机及锁定密码保护 | √ | √ | √ | √ | √ |
| 77 | 5.6.1b) 移动智能终端的密码保护—锁定状态数据保护 | | | | √ | √ |
| 78 | 5.6.2 文件类用户数据的授权访问 | | | | | √ |

续表

| | 安全能力 | 安全能力等级 ||||||
|---|---|---|---|---|---|---|
| | | 一级 | 二级 | 三级 | 四级 | 五级 |
| 79 | 5.6.3 用户数据的加密存储 | | | | | √ |
| 80 | 5.6.4 用户数据的彻底删除 | | | √ | √ | √ |
| 81 | 5.6.5 用户数据的远程保护 | | √ | √ | √ | √ |
| 82 | 5.6.6 用户数据的转移备份 | | | √ | √ | √ |
| 83 | 6 移动智能终端功能限制性要求 | √ | √ | √ | √ | √ |

# 附 录 A
## （资料性附录）
## 安全能力等级标识

本附录给出了移动智能终端在说明书/包装盒上进行相应等级标注的形式，推荐终端厂商按照本附录的要求给用户提供相应的标注。

移动智能终端安全能力等级标识：该标识标明了移动智能终端所达到的安全能力级别，按照安全能力分级要求分为 5 个等级。标识的图案如图 A.1 所示。

| 一级 | 二级 | 三级 | 四级 | 五级 |

注：图中黑色星星的个数代表所达到的级别，黑色星星越多代表越安全，最高级别为五级。

图 A.1 移动智能终端安全能力等级标识

# 四、信息安全技术　网络身份服务安全技术要求（GB/T 42573—2023）

中国标准分类号：L 80　　　　　　国际标准分类号：35.030
发布日期：2023-05-23　　　　　　实施日期：2023-12-01
主管部门：国家标准化管理委员会　归口部门：全国网络安全标准化技术委员会
发布单位：国家市场监督管理总局、国家标准化管理委员会

## 1　范围

本文件确立了面向自然人的网络身份服务的参与方和模型，规定了网络身份服务安全级别和安全技术要求。

本文件适用于面向自然人的网络身份服务的设计、开发、部署和应用。

## 2　规范性引用文件

下列文件中的内容通过文中的规范性引用而构成本文件必不可少的条款。其中，注日期的引用文件，仅该日期对应的版本适用于本文件；不注日期的引用文件，其最新版本（包括所有的修改单）适用于本文件。

GB/T 15843（所有部分）　信息技术　安全技术　实体鉴别
GB/T 22239　信息安全技术　网络安全等级保护基本要求
GB/T 25069　信息安全技术　术语
GB/T 35273　信息安全技术　个人信息安全规范
GB/T 37036（所有部分）　信息技术　移动设备生物特征识别
GB/T 37092　信息安全技术　密码模块安全要求
GB/T 40660　信息安全技术　生物特征识别信息保护基本要求

## 3　术语和定义

GB/T 25069 界定的以及下列术语和定义适用于本文件。

## 3.1

身份服务提供方　identity service provider

在网络中提供身份服务的实体。

## 3.2

用户　user

使用网络身份服务的自然人

注：申请方、声称方、订户代表了用户在不同场景下的不同角色。

## 3.3

依赖方　relying party

依赖身份鉴别结果以确定是否与用户建立信任关系的实体。

## 3.4

身份核验　identity proofing

收集用户身份信息，并验证用户身份信息的真实性的过程。

## 3.5

身份鉴别　identity authentication

验证用户所声称身份的过程。

## 3.6

身份联合　identity federation

依赖不在同一个安全域的身份服务提供方给出用户身份鉴别结果的过程。

## 3.7

网络身份服务　identity service in network

在网络中为用户提供身份核验、身份鉴别和身份联合服务的活动。

## 3.8

订户　subscriber

接受身份服务提供方提供的身份服务的合法用户。

## 3.9

申请方　applicant

请求成为订户的自然人。

**3.10**

声称方 claimant

宣称自己是订户的自然人。

[来源：GB/T 25069—2022，3.535，有修改]

**3.11**

用户标识 user identification

用于标识用户的一种字符串或模式。

[来源：GB/T 25069—2022，3.734，有修改]

**3.12**

远程递交材料身份核验 remote identity proofing

申请方通过在线或离线方式非现场提供身份证明材料进行身份核验的过程。

**3.13**

本人远程身份核验 in-person over remote channel identity proofing

申请方通过在线方式并亲自操作进行身份核验的过程。

示例：通过视频方式实时验证。

**3.14**

本人现场身份核验 in-person identity proofing

申请方通过亲自到现场的方式进行身份核验的过程。

**3.15**

鉴别器 authenticator

用户拥有或掌握的可用于鉴别其身份的功能组件或方法。

注：鉴别器包含实体凭证或凭证生成方法，参与并执行特定的鉴别协议。

**3.16**

声明 claim

在不给出证据的情况下所做的宣称或说明。

**3.17**

断言 assertion

身份服务提供方生成的对用户身份鉴别的结果。

注：包括断言主体（被鉴别身份的用户标识符）、断言发放者、断言接收者、签发时间等信息，也可包含用户属性信息等，表明了声称方为订户。

**3.18**

断言引用　assertion reference

和断言关联的，包含身份服务提供方标识的数据对象。

**3.19**

持有型断言　bearer assertion

可将断言持有者看作断言主体的断言类型。

注：不能保证断言的持有者就是断言中的主体。

**3.20**

密钥拥有型断言　holder-of-key assertion

可通过断言的持有者拥有的密钥证明其为断言主体的断言类型。

**3.21**

网络身份服务系统　identity service system in network

支撑网络身份服务的软硬件集合。

## 4 缩略语

下列缩略语适用于本文件。

AAL：鉴别保证级（Authentication Assurance Level）

FAL：联合保证级（Federation Assurance Level）

IAL：身份保证级（Identity Assurance Level）

OTP：动态口令（One Time Password）

## 5 网络身份服务概述

### 5.1 参与方

网络身份服务参与方包括用户、身份服务提供方和依赖方（三方交互示意图见图1）。申请方、声称方、订户代表了用户在不同场景下的不同角色。

a) 用户的主要职责包括：
- 向身份服务提供方提交身份信息和身份证明文件；

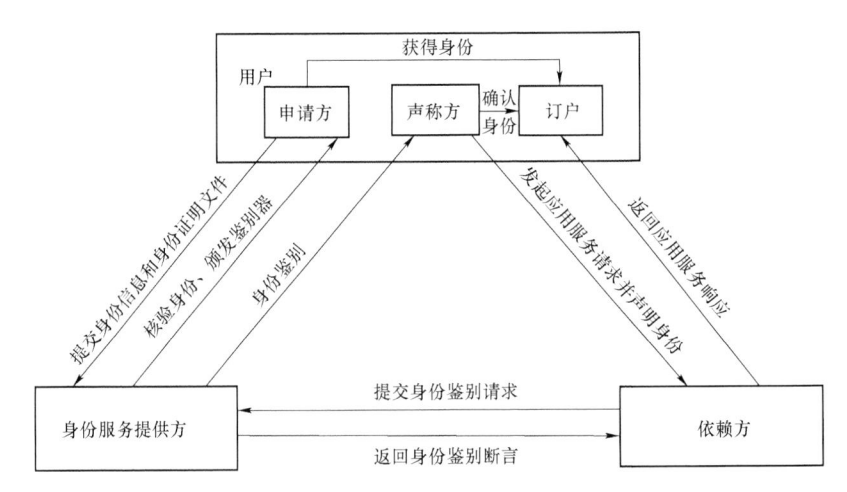

图 1 网络身份服务参与方交互示意图

- 接受身份服务提供方的身份核验；
- 向依赖方发起应用服务请求并声明身份；
- 接受身份服务提供方的身份鉴别；
- 接收依赖方对应用服务请求的响应。

b） 身份服务提供方的主要职责包括：

- 对申请方的身份进行核验；
- 身份核验成功后向申请方颁发鉴别器；
- 接收来自依赖方的身份鉴别请求，并鉴别声称方身份；
- 向依赖方提供身份鉴别断言。

c） 依赖方的主要职责包括：

- 接收声称方的网络应用服务请求及身份声明；
- 向身份服务提供方提交身份鉴别请求；
- 接收身份服务提供方提供的身份鉴别断言；
- 向订户返回应用服务响应。

## 5.2 身份服务模型

网络身份服务模型见图 2。网络身份服务分为身份核验服务、身份鉴别服务、身份联合服务三类。

a） 身份核验服务，流程如下。

1） 申请方提交身份信息和身份证明文件，进行登记；

(a) 身份核验服务　　(b) 身份鉴别服务　　(c) 身份联合服务

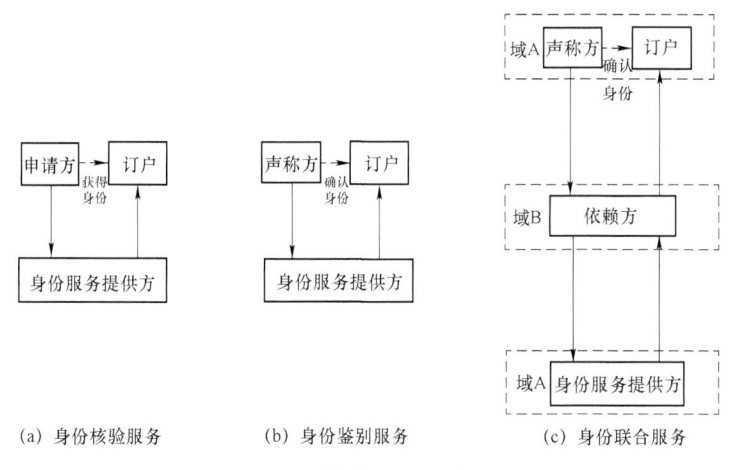

图 2　网络身份服务模型

  2) 身份服务提供方核验身份信息和身份证明文件，核验通过后，向申请方颁发鉴别器，申请方获得身份成为身份服务提供方的订户。

b) 身份鉴别服务，流程如下。

  1) 通过鉴别协议，使用鉴别器证明声称方是绑定到特定鉴别器的订户；

  2) 对声称方进行身份鉴别，身份鉴别成功后，确认该声称方为订户。

c) 身份联合服务，发生在依赖方与身份服务提供方在不同安全域的情形，身份服务提供方对声称方进行身份鉴别后，将有关身份鉴别结果的断言或断言引用返回给依赖方，流程如下。

  1) 声称方向依赖方发起应用服务请求并声明身份；

  2) 依赖方向不同域的身份服务提供方发起身份鉴别请求；

  3) 身份服务提供方对声称方进行身份鉴别，向依赖方返回断言或断言引用，声称方身份得到确认；

  4) 依赖方向订户返回应用服务响应。

  一般情况下，身份服务提供方同时提供身份核验服务和身份鉴别服务，可提供身份联合服务。

### 5.3 服务安全级别

本文件分别针对身份核验服务、身份鉴别服务、身份联合服务分别规定了 4 个要求逐级递增的安全级别，高安全级别在低安全级别的基础上进一步提出了更高的安全要求。各安全级别主要的区别简要描述如下，具体的安全要求见第 6 章。

a) 身份核验服务包括下列内容。

1) IAL-1，阐明了身份核验服务最低级别的安全要求：
   - 唯一性：身份在特定语境中是唯一的；
   - 收集属性类别：收集的用户属性能够唯一标识用户。

2) IAL-2，在 IA-1 的基础上主要增加了收集属性类别、实名核验、远程递交材料身份核验等方面的要求：
   - 收集属性类别：收集的用户属性能与现实世界的自然人唯一关联，且拥有联系方式；
   - 是否实名：对用户实名核验；
   - 核验方法：核验收集的身份属性的真实性，至少采用远程递交材料身份核验等方式进行核验。

3) IAL-3，在 IAL-2 的基础上主要增加了环境属性等属性收集要求、本人远程身份核验等方面的要求：
   - 收集属性类别：在 IAL-2 的基础上要求收集用户登录环境信息，根据业务需求收集必要的经济属性、社会属性；
   - 核验方法：核验收集的身份属性的真实性，至少采用本人远程身份核验或本人现场身份核验的方式进行核验。

4) IAL-4，阐明了身份核验最高级别的安全要求，在 IAL-3 的基础上主要增加了收集属性类别、身份证明文件的数量要求、本人现场身份核验等方面的要求：
   - 收集属性类别：在 IAL-3 的基础上建议收集生物特征属性、行为属性等更多种类的身份属性；
   - 核验方法：相较于 IAL-3 要求核验更多数量的权威来源身份证明文件，至少采用本人现场身份核验的方式进行核验。

b) 身份鉴别服务包括下列内容。
1) AAL-1，阐明了身份鉴别服务最低级别的安全要求，支持使用单因素鉴别方式来证明声称方是绑定到特定鉴别器的订户；
2) AAL-2，在 AAL-1 的基础上要求使用多因素鉴别方式；
3) AAL-3，在 AAL-2 的基础上增加了对鉴别器中密码技术使用要求、动态鉴别要求：
   - 鉴别因素：要求多因素鉴别方式中至少使用密码软件鉴别器或密码设备鉴别器来实现；
   - 动态鉴别：具备基于网络环境的风险控制措施。
4) AAL-4，阐明了身份鉴别最高级别的安全要求，相较于 AAL-3，要求至少使用密码设备鉴别器，且提高了动态鉴别要求：
   - 鉴别因素：要求多因素鉴别方式中至少使用密码设备鉴别器来实现；
   - 动态鉴别：具备基于网络环境的风险控制措施，建议具备基于用户行为的风险控制措施。

c) 身份联合服务包括下列内容。
1) FAL-1，阐明了身份联合服务最低级别的安全要求：
   - 断言签名：身份服务提供方到依赖方的断言由身份服务提供方进行签名；
   - 断言类型：允许使用持有型断言或密钥拥有型断言。
2) FAL-2，在 FAL-1 的基础上主要增加了断言加密要求。
3) FAL-3，在 FAL-2 的基础上主要提高了断言类型要求、断言主体假名化要求：
   - 断言类型：要求使用密钥拥有型断言；
   - 断言主体假名化：建议断言主体假名化，依赖方和身份服务提供方可协商确定对不同的依赖方是否使用不同的用户假名。
4) FAL-4，阐明了身份联合最高级别的安全要求，在 FAL-3 的基础上主要提高断言假名化要求，要求断言主体假名化，对不同的依赖方生成不同的用户假名。

服务安全级别的选取可基于风险评估的方式来确定。风险评估要素主要包括两方面。一方面，评估网络身份服务安全无法保证时可能导致的风险，风险类型主要包括：对个人的声誉、生活、财产带来影响或损失，对组织的声誉、财产带来影响或损失，造成个人或组织的敏感信息泄露，对社会秩序、经济秩序或公共利益造成危害，对国家安全造成危害等；另一方面，评估风险的影响程度，如个人财产损失程度可分为小额损失、巨额损失等。综合考虑风险及风险的影响程度，确定服务安全级别。针对三类服务可分别选择各自的 IAL、AAL、FAL，且服务安全级别可不同。第 6 章将针对三类服务分别给出每个级别的安全技术要求，安全技术要求参见附录 A。

## 6  服务安全技术要求

### 6.1  身份核验服务

#### 6.1.1  用户标识要求

##### 6.1.1.1  唯一性要求

用户标识的唯一性要求如下：

a) 应确保每个用户在身份服务提供方内拥有唯一的标识；
b) 应确保每个用户在同一依赖方内拥有唯一的标识；
c) 可在不同依赖方内为同一用户分配不同的标识。

##### 6.1.1.2  实名要求

实名要求如下：

a) IAL-1：不要求实名，可使用匿名、假名或实名；
b) IAL-2、IAL-3、IAL-4：应进行实名核验，应具备提供实名、匿名或假名的能力。若提供匿名或假名，具备追溯匿名者或假名者的真实身份的能力。

#### 6.1.2  用户属性收集要求

用户属性类型包括法定属性、通信属性、社会属性、经济属性、生物特征属性、环境属性、行为属性等，常见用户属性的类型见附录 B，用户属性收集要求如下。

a) 应遵循最小化原则收集满足业务功能需要的用户属性。

b) 个人信息的收集和存储应符合 GB/T 35273 的规定。

c) 用户属性的类型要求如下：

1) IAL-1：身份服务提供方收集的用户属性能够唯一标识用户，不需对身份的真实性进行验证；

2) IAL-2：身份服务提供方应收集真实且可被核验的法定属性和通信属性；

3) IAL-3：在 IAL-2 的基础上，还应收集环境属性，应根据业务需求仅收集必要的经济属性、社会属性；

4) IAL-4：在 IAL-3 的基础上，还宜收集生物特征属性、行为属性。

注：当收集的用户属性为实名认证的手机号时，由于通过该手机号能关联到用户的法定属性（如姓名、身份证号），则该手机号既是通信属性，也是法定属性。

### 6.1.3 用户身份核验要求

用户身份核验要求包括下列内容。

a) 身份核验方法要求如下：

1) IAL-1：不作要求；

2) IAL-2：法定属性应通过至少一种权威第三方提供的法定身份证明文件进行核验，通信属性应通过发送验证信息等方式进行核验（如向手机号发送确认信息），核验过程应至少采用远程递交材料身份核验的方式；

3) IAL-3：法定属性应通过至少一种权威第三方提供的法定身份证明文件进行核验，通信属性应通过发送验证信息等方式进行核验（如向手机号发送确认信息），经济属性应通过权威第三方提供的证明文件进行核验，社会属性应通过权威第三方提供的证明文件或质询第三方等方式进行核验，核验过程应采用本人远程身份核验或本人现场身份核验的方式；

4) IAL-4：法定属性应通过至少两种权威第三方提供的法定身份证明文件进行核验，通信属性应通过发送验证信息等方式进行核验（如向手机号发送确认信息），经济属性应通过权威第三方提供的证明文件进行核验，社会属性应通过权威第三方提供的证明文件或质询第三方等方式进行核验，核验过程应采用本人现场身份核验的方式。

b) 通信保护要求如下：

1) IAL-1：可采用密码技术保证通信过程数据的完整性，可采用密码技术保证通信过程重要的数据的机密性，可采用密码技术对通信实体进行鉴别；

2) IAL-2：可采用密码技术保证通信过程数据的完整性，宜采用密码技术保证通信过程重要的数据的机密性，宜采用密码技术对通信实体进行鉴别；

3) IAL-3：宜采用密码技术保证通信过程数据的完整性，应采用密码技术保证通信过程重要的数据的机密性，应采用密码技术对通信实体进行鉴别；

4) IAL-4：应采用密码技术保证通信过程数据的完整性，应采用密码技术保证通信过程重要的数据的机密性，应采用密码技术对通信实体进行双向鉴别。

### 6.1.4 记录和存储要求

身份服务提供方应对身份核验服务的必要信息进行记录和存储，包括但不限于：收集的用户身份信息和身份证明文件、身份核验产生的过程信息、核验结果等数据，并保护重要的数据的机密性和完整性。

### 6.1.5 风险缓解技术要求

身份核验服务面临的常见风险及缓解措施见附录 C 的 C.1。

风险缓解技术要求如下：

a) IAL-1、IAL-2：应阐明能够缓解的风险，以及采取的风险缓解措施，并提供可以证明每个缓解措施有效性的证据；

b) IAL-3：应阐明能够缓解的风险，以及采取的风险缓解措施，提供可以证明每个缓解措施有效性的证据，并提供检测方法；

c) IAL-4：应阐明能够缓解的风险，以及采取的风险缓解措施，提供可以证明每个缓解措施有效性的证据，提供检测方法，并接受检测以证明其缓解风险措施的有效性。

### 6.1.6 个人信息保护要求

身份核验服务中，个人信息保护要求如下：

a) 身份核验服务中个人信息的收集应符合 GB/T 35273 中个人信息的收集要求；

b) 收集的用户身份信息和身份证明文件、身份核验产生的过程信息、核验结果等个人信息的存储应符合 GB/T 35273 中个人信息的存储要求；

c) 对个人信息的核验、访问、展示等使用环节，应符合 GB/T 35273 中个人信息的使用要求；

d) 身份核验服务中若涉及生物特征识别信息，还应符合 GB/T 40660 的规定。

### 6.1.7 系统安全保护要求

网络身份服务系统具备相应的保护能力：

a) IAL-1、IAL-2：网络身份服务系统应至少符合 GB/T 22239 规定的第一级安全要求；

b) IAL-3：网络身份服务系统应至少符合 GB/T 22239 规定的第二级安全要求；

c) IAL-4：网络身份服务系统应至少符合 GB/T 22239 规定的第三级安全要求。

## 6.2 身份鉴别服务

### 6.2.1 鉴别器要求

#### 6.2.1.1 概述

适用于身份鉴别服务的鉴别器通常包括以下几种类型（见附录 D）：

——记忆秘密鉴别器；

——查询秘密鉴别器；

——带外鉴别器；

——生物特征鉴别器；

——单因素 OTP 设备鉴别器；

——多因素 OTP 设备鉴别器；

——单因素密码软件鉴别器；

——多因素密码软件鉴别器；

——单因素密码设备鉴别器；

——多因素密码设备鉴别器。

单因素鉴别实现的方式包括但不限于使用如下鉴别器：

——记忆秘密鉴别器；

——查询秘密鉴别器；

——带外鉴别器；

——单因素 OTP 设备鉴别器；

——单因素密码软件鉴别器；

——单因素密码设备鉴别器。

多因素鉴别实现的方式包括但不限于使用如下鉴别器：

——记忆秘密鉴别器和查询秘密鉴别器；

——记忆秘密鉴别器和带外鉴别器；

——记忆秘密鉴别器和单因素 OTP 设备鉴别器；

——记忆秘密鉴别器和单因素密码软件鉴别器；

——记忆秘密鉴别器和单因素密码设备鉴别器；

——生物特征鉴别器；

——多因素 OTP 设备鉴别器；

——多因素密码软件鉴别器；

——多因素密码设备鉴别器。

注：生物特征用于身份鉴别通常分为两种情况：第一种情况，生物特征作为多因素鉴别器的鉴别因素之一，例如，多因素密码设备鉴别器中使用生物特征激活密钥；第二种情况，作为生物特征鉴别器使用，该情况下，生物特征与设备关联，鉴别因素包括生物特征（自身属性）和关联设备（所拥有的）两种因素，属于多因素鉴别。

#### 6.2.1.2 绑定

鉴别器绑定要求如下：

a) 应维护鉴别器的绑定记录，包括当前绑定的或绑定过的鉴别器；

b) 应记录关于绑定的信息，包括但不限于绑定日期；

c) 应确保在身份核验和鉴别器绑定的整个过程中是同一个用户；

d) 应支持用户在已有鉴别器的基础上，申请绑定新的鉴别器；

e) AAL-2 及以上的安全级别，宜为用户身份绑定两种或两种以上类型的鉴别器。

#### 6.2.1.3 使用

鉴别器使用要求如下：

a) AAL-1：应至少支持单因素鉴别方式，可使用任一种鉴别器进行身份鉴别；

b) AAL-2：应使用多因素鉴别方式，不应将生物特征鉴别器作为唯一可选的多因素鉴别方式，以避免强制个人同意收集其生物特征信息；

c) AAL-3：应使用多因素鉴别方式，其中一种鉴别因素至少使用密码软件鉴别器或密码设备鉴别器来实现，且所采用的密码模块应达到 GB/T 37092 二级及以上安全要求；

d) AAL-4：应使用多因素鉴别方式，其中一种鉴别因素至少使用密码设备鉴别器来实现，且所采用的密码模块应达到 GB/T 37092 三级及以上安全要求，多因素鉴别方式宜包含生物特征鉴别因素，包括但不限于人脸、声纹、指纹、虹膜等。

#### 6.2.1.4 更新

鉴别器更新要求如下：

a) 应在现有鉴别器到期前一段合适的时间要求用户更新鉴别器；

注：身份鉴别服务级别越高，提醒用户更新鉴别器的频次越多，例如：AAL-1 和 AAL-2 设置为到期前一周提醒一次，AAL-3 和 AAL-4 设置为到期前一个月、一周、一天分别提醒一次。

b) 应与初始鉴别器颁发程序保持一致；

c) 更新成功后，应撤销被替代的鉴别器。

#### 6.2.1.5 失窃、损坏和复制

鉴别器失窃、损坏和复制要求如下：

a) 应采取安全措施防止鉴别器中的秘密信息被提取；

b) 应支持鉴别器的挂起和重新激活；

c) 应支持对用户身份进行重新核验,并绑定新的鉴别器。

#### 6.2.1.6 到期

鉴别器到期要求如下:

a) 到期的鉴别器不应再用于身份鉴别;
b) 当用户使用到期的鉴别器时,应告知鉴别器已到期;
c) 应对到期的鉴别器进行合理处置。

#### 6.2.1.7 撤销

鉴别器撤销要求如下:

a) 定期检查身份是否存在、身份是否满足资格要求、鉴别器风险状态等信息,当身份不存在,或用户提出撤销请求,或确定身份不再满足资格要求时,或鉴别器更新后,应及时撤销与该身份绑定的鉴别器;

注:身份鉴别服务级别越高,检查频率越高,例如:AAL-1 和 AAL-2 设置为每半年检查一次,AAL-3 设置为每个月检查一次,AAL-4 设置为每周检查一次。

b) 撤销的鉴别器不应再用于身份鉴别;
c) 当鉴别器被撤销时,应对鉴别器进行合理处置,如回收后销毁、彻底清除鉴别器相关数据等。

### 6.2.2 鉴别要求

#### 6.2.2.1 鉴别协议要求

鉴别协议要求如下:

a) 应建立安全的通信连接,通信保护要求如下:

1) AAL-1:可采用密码技术保证通信过程数据的完整性,可采用密码技术保证通信过程重要的数据的机密性,可采用密码技术对通信实体进行鉴别;

2) AAL-2:可采用密码技术保证通信过程数据的完整性,宜采用密码技术保证通信过程重要的数据的机密性,宜采用密码技术对通信实体进行鉴别;

3) AAL-3:宜采用密码技术保证通信过程数据的完整性,应采用密码技术保证通信过程重要的数据的机密性,应采用密码技术对通信实体进行鉴别；

4) AAL-4：应采用密码技术保证通信过程数据的完整性，应采用密码技术保证通信过程重要的数据的机密性，应采用密码技术对通信实体进行双向鉴别。

b) 应采用动态信息（例如，随机数、挑战码）、时间戳等方式以防重放攻击。

c) 使用密码技术进行身份鉴别时，应符合 GB/T 15843（所有部分）的规定。

d) 应限制一定时间内身份鉴别的尝试次数，例如，1 min 之内的尝试次数不高于 5 次。

e) 应具备防止恶意登录的安全机制，例如，滑动图块、文字点选等机制。

f) 移动设备生物特征识别要求应符合 GB/T 37036（所有部分）的规定。

#### 6.2.2.2 动态鉴别要求

动态鉴别要求如下：

a) AAL-1、AAL-2：不作要求；

b) AAL-3：应具备基于网络环境（例如，IP 地址、终端设备、登录地点等）的风险控制措施，发现异常或在业务关键操作时，应及时通过多渠道向用户发送通知，并对用户身份重新鉴别；

c) AAL-4：应具备基于网络环境的风险控制措施，宜具备基于用户行为（例如，用户登录时间、时长、浏览习惯等）的风险控制措施，发现异常或在业务关键操作时，应及时通过多渠道向用户发送通知，并对用户身份重新鉴别。

### 6.2.3 会话管理要求

身份鉴别成功后，身份服务提供方和用户之间可启动会话。当会话持续活跃超过一定时间或一段时间内不活跃时，应对用户身份重新鉴别，重新鉴别要求如下：

a) AAL-1：宜在 7 d 内进行重新鉴别；

b) AAL-2：宜在持续 12 h 活跃后或 30 min 不活跃后，进行重新鉴别；

c) AAL-3：宜在持续 12 h 活跃后或 10 min 不活跃后，进行重新鉴别；

d) AAL-4：宜在持续 12 h 活跃后或 5 min 不活跃后，进行重新鉴别。

#### 6.2.4 记录和存储要求

身份服务提供方应对身份鉴别的必要信息进行记录和存储，包括但不限于：使用的身份鉴别协议、身份鉴别方法、鉴别器相关数据及身份鉴别产生的过程信息、鉴别结果等数据，并保护重要的数据的机密性和完整性。

#### 6.2.5 风险缓解技术要求

身份鉴别服务面临的常见风险及缓解措施见 C.2。

风险缓解技术要求如下：

a) AAL-1、AAL-2：应阐明能够缓解的风险，以及采取的风险缓解措施，并提供能证明每个缓解措施有效性的证据；

b) AAL-3：应阐明能够缓解的风险，以及采取的风险缓解措施，提供能证明每个缓解措施有效性的证据，并提供检测方法；

c) AAL-4：应阐明能够缓解的风险，以及采取的风险缓解措施，提供能证明每个缓解措施有效性的证据，提供检测方法，并接受检测以证明其缓解风险措施的有效性。

#### 6.2.6 个人信息保护要求

身份鉴别服务中，个人信息保护要求如下：

a) 应仅要求用户提供完成身份鉴别服务必要的个人信息，身份鉴别服务中个人信息的收集应符合 GB/T 35273 中个人信息的收集要求；

b) 身份鉴别服务收集的鉴别器相关数据、身份鉴别产生的过程信息、鉴别结果等个人信息的存储应符合 GB/T 35273 中个人信息的存储要求；

c) 使用鉴别器完成身份鉴别时，涉及的个人信息使用应符合 GB/T 35273 中个人信息的使用要求；

d) 身份鉴别服务中若涉及生物特征识别信息，还应符合 GB/T 40660 的规定。

#### 6.2.7 系统安全保护要求

网络身份服务系统应具备相应的保护能力：

a) AAL-1、AAL-2：网络身份服务系统应至少符合 GB/T 22239 规定的第一级安全要求；

b) AAL-3：网络身份服务系统应至少符合 GB/T 22239 规定的第二级安全要求；

c) AAL-4：网络身份服务系统应至少符合 GB/T 22239 规定的第三级安全要求。

## 6.3 身份联合服务

### 6.3.1 身份联合服务建立要求

身份联合服务建立模式包括手动注册模式、动态注册模式、基于权威机构的模式、基于代理的模式等类型（见附录 E），身份联合服务建立模式的要求如下。

a) 应使用安全的方法交换用于建立身份联合服务关系的密钥信息，包括公钥或共享的对称密钥。使用的对称密钥对于一对身份服务提供方和依赖方应是唯一的。

b) 身份联合服务关系中，应建立身份服务提供方和依赖方预期可达到的以及可接受的 IAL、AAL、FAL 的级别。

c) 动态注册模式中，身份服务提供方可对依赖方使用的属性类型及其他信息进行限定，依赖方可对期望接受的身份服务提供方进行限定。

d) 动态注册模式中，身份服务提供方应提供相应的配置信息（例如，IP 地址、端口），以减少系统管理员的人工配置操作。

e) 动态注册模式中，身份服务提供方可对正在动态注册中的依赖方的属性使用密码技术进行验证。

f) 基于权威机构的模式中，权威机构应对身份服务提供方生成的断言进行审查，确定其符合相应的断言要求（见 6.3.2、6.3.3、6.3.4、6.3.5）。

g) 基于权威机构的模式中，权威机构应审查确保依赖方遵守身份服务提供方的有关个人信息保护的要求。

h) 基于权威机构的模式中，权威机构应审查确保身份服务提供方和依赖方使用安全的联合协议。

### 6.3.2 断言传递要求

身份联合服务中，身份服务提供方将身份鉴别断言传递给依赖方时，应采用前端通道模式或后端通道模式。

a) 前端通道模式流程如下（见图3）：

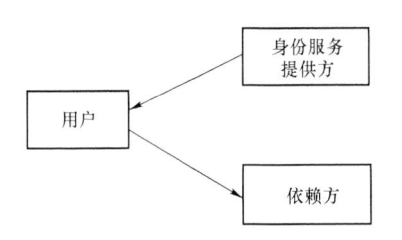

图3 前端通道模式流程

1) 身份服务提供方对用户成功进行身份鉴别后，生成断言并传递给用户；
2) 用户将断言传递给依赖方。

b) 后端通道模式其流程如下（见图4）：

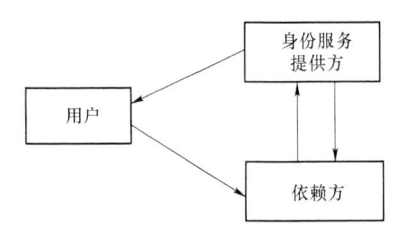

图4 后端通道模式流程

1) 身份服务提供方对用户成功进行身份鉴别后，生成断言和断言引用，并将断言引用传递给用户；
2) 用户将断言引用传递给依赖方；
3) 当收到断言引用后，依赖方向身份服务提供方发起断言请求；
4) 身份服务提供方将断言发送给依赖方。

### 6.3.3 断言内容要求

断言内容要求如下。

a) 可只包含鉴别结果，也可同时包含用户身份信息。

b) 应至少包含如下内容：

1) 主体：用户的标识符；

2) 发放者：发出断言的身份服务提供方的标识符；

3) 接收者：接收断言的依赖方的标识符；

4) 签发时间：身份服务提供方发出断言的时间戳；

5) 截止时间：断言何时失效的时间戳；

6) 断言标识符：唯一标识此断言的值；

7) 签名：身份服务提供方对断言的数字签名或消息鉴别码；

8) 鉴别时间：身份服务提供方最近一次对用户进行身份鉴别的时间戳。

c) 可包含如下内容：

1) 密钥绑定：用户拥有的密钥标识符或公钥；

2) 属性和属性引用：用户属性信息；

3) 属性元数据：描述用户属性的附加信息。

### 6.3.4 断言类型要求

断言可分为持有型断言和密钥拥有型断言。使用持有型断言时，不需要验证断言的持有者为断言主体。使用密钥拥有型断言时，需要采用密码技术验证断言的持有者为断言主体。

断言类型要求如下：

a) FAL-1、FAL-2：可使用持有型断言或密钥拥有型断言；

b) FAL-3、FAL-4：应使用密钥拥有型断言。

### 6.3.5 断言保护要求

#### 6.3.5.1 断言标识

断言应被唯一标识，确保依赖方能够区分。依赖方可基于签发时间、断言标识符等区分断言。

#### 6.3.5.2 断言签名

断言签名要求如下：

a) 签名内容应覆盖所有重要字段，包括但不限于标识符、发放者、接收者、主体和截止时间。

b) 应由身份服务提供方进行签名,并由依赖方对身份服务提供方的签名进行验证,以保证断言的完整性。

c) 断言签名可通过以下方式实现:
   1) 使用身份服务提供方的签名私钥,生成断言的数字签名;
   2) 使用身份服务提供方和依赖方共享的秘密信息,生成断言的消息鉴别码。

d) 使用数字签名作为断言签名时,依赖方可在运行时以安全的方式获取用于验证数字签名的公钥。

e) 使用消息鉴别码时,身份服务提供方应和不同依赖方共享不同的秘密信息。

#### 6.3.5.3 断言加密

可使用依赖方的公钥或依赖方和身份服务提供方共享的对称密钥,对断言进行加密,防止非授权用户获取断言信息,要求如下:

a) FAL-1:不作要求;

b) FAL-2、FAL-3、FAL-4:应对断言加密。

#### 6.3.5.4 接收者限制

接收者限制要求如下:

a) 身份服务提供方应确保依赖方能识别自身是否为断言的预期接收方;

b) 依赖方应检查断言的接收方是否包含自身的标识符。

#### 6.3.5.5 断言主体假名化

如果同一用户在多个依赖方处具有相同的用户标识符,那么这些依赖方可以通过该标识符关联到该用户在身份服务提供方的身份信息,断言主体假名化可避免这种情况。断言主体假名化要求如下:

a) FAL-1、FAL-2:不作要求;

b) FAL-3:宜将断言主体假名化,当使用假名时,假名应不包含关于用户的身份信息,确保依赖方无法关联到用户的真实身份;

c) FAL-4:应将断言主体假名化,假名应不包含关于用户的身份信息,确保依赖方无法关联到用户的真实身份,断言主体应使用假名,且应对不同的依赖方生成不同的用户假名。

### 6.3.6 通信保护要求

通信保护要求如下：

a) FAL-1：可采用密码技术保证通信过程数据的完整性，可采用密码技术保证通信过程重要的数据的机密性，可采用密码技术对通信实体进行鉴别；

b) FAL-2：可采用密码技术保证通信过程数据的完整性，宜采用密码技术保证通信过程重要的数据的机密性，宜采用密码技术对通信实体进行鉴别；

c) FAL-3：宜采用密码技术保证通信过程数据的完整性，应采用密码技术保证通信过程重要的数据的机密性，应采用密码技术对通信实体进行鉴别；

d) FAL-4：应采用密码技术保证通信过程数据的完整性，应采用密码技术保证通信过程重要的数据的机密性，应采用密码技术对通信实体进行双向鉴别。

### 6.3.7 会话管理要求

会话管理要求如下：

a) 身份联合服务中，身份服务提供方和用户之间的会话、依赖方和用户之间的会话独立管理，不应假定会话间具有关联性；

b) 当依赖方的会话到期且需要对用户身份重新鉴别时，身份服务提供方的会话可能未到期，身份服务提供方可根据该会话生成新的断言传递给依赖方，并告知依赖方最近一次用户身份鉴别时间，依赖方可根据该时间决定是否需要对用户身份重新鉴别；

c) 当依赖方规定了可接受的身份服务提供方鉴别用户身份的最长期限，若到期后用户未通过身份鉴别，则身份服务提供方应对用户身份重新鉴别后再生成断言。

### 6.3.8 记录和存储要求

身份服务提供方应对身份联合的必要信息进行记录和存储，包括但不限于：断言接收者、签发时间、截止时间、断言类型、签名和加密信息及其他身份联合服务产生的相关数据，并保护重要的数据的机密性和完整性。

### 6.3.9 风险缓解技术要求

身份联合服务面临的常见风险及缓解措施见 C.3。

风险缓解技术要求如下：

a) FAL-1、FAL-2：应阐明能够缓解的风险，以及采取的风险缓解措施，并提供可以证明每个缓解措施有效性的证据；

b) FAL-3：应阐明能够缓解的风险，以及采取的风险缓解措施，提供可以证明每个缓解措施有效性的证据，并提供检测方法；

c) FAL-4：应阐明能够缓解的风险，以及采取的风险缓解措施，提供可以证明每个缓解措施有效性的证据，提供检测方法，并接受检测以证明其缓解风险措施的有效性。

### 6.3.10 个人信息保护要求

身份联合服务中，个人信息保护要求如下：

a) 身份服务提供方为依赖方提供的用户属性、断言等个人信息应符合 GB/T 35273 中个人信息的共享要求；

b) 身份联合服务中产生的相关个人信息的存储应符合 GB/T 35273 中个人信息的存储要求；

c) 身份联合服务中涉及的个人信息使用应符合 GB/T 35273 中个人信息的使用要求；

d) 身份服务提供方应审查确保依赖方遵守身份服务提供方的有关个人信息保护的要求，包括但不限于收集、存储、使用等要求。

### 6.3.11 系统安全保护要求

网络身份服务系统应具备相应的保护能力：

a) FAL-1、FAL-2：网络身份服务系统应至少符合 GB/T 22239 规定的第一级安全要求；

b) FAL-3：网络身份服务系统应至少符合 GB/T 22239 规定的第二级安全要求；

c) FAL-4：网络身份服务系统应至少符合 GB/T 22239 规定的第三级安全要求。

## 参 考 文 献

［1］GB/T 36633　信息安全技术　网络用户身份鉴别技术指南

［2］GB/T 40651　信息安全技术　实体鉴别保障框架

［3］ISO/IEC TS 29003 Information Technology—Security Techniques—Identity Profing

［4］ISO/IEC 29115　Security Technique—Entity Authentication Assurance Framework

［5］NIST SP 800-63-3　Digital Identity Guidelines

［6］NIST SP 800-63A Digital Identity Guidelines—Enrollment and Identity Proofing

［7］NIST SP 800-63B　Digital Identity Guidelines—Authentication and Lifecycle Management

［8］NIST SP 800-63C　Digital Identity Guidelines—Federation and Assertions

［9］GPG No.45 Identity Proofing and Verification of an Individual

# 后 记

尽管 6G 已在全球范围内提上了议程，但这并不意味着 5G 发展已完全成熟。相反，部分涉 5G 的安全问题已成为数字经济发展的阻碍，无论是供应链与攻击面防范难度的进一步升级，还是供应商与市场竞争的规制不足，都反映出安全约束和法治监管仍需持续发力。

本书深入探讨了 5G 安全技术的现状、面临的挑战，以及构建 5G 安全技术标准法治体系的思路。在这个过程中，作者深感强化 5G 安全法治监管任重道远，需要更多研究者关注和参与。首先，随着 5G 技术的不断发展和广泛应用，新的安全风险和问题也在不断涌现。因此，5G 安全技术标准体系的建设是一个动态的过程，需要不断更新和完善。其次，5G 安全涉及多个主体，包括政府、企业、用户等。这些主体在 5G 安全中的角色和责任各不相同，需要协调配合，形成合力。最后，5G 安全技术标准体系的法治化，是保障 5G 安全的重要手段。这需要法律、技术、管理等多方面的配合。作者希望本书能够为相关立法、标准制定和监管工作提供参考，更希望以此推动 6G 安全技术标准体系法治化的进程。从研究伊始，作者就深刻认识到，5G 安全是一个极其复杂且涉及广泛的领域。在这个领域，既有技术的飞速发展，也有社会、经济、法律等多个层面的交织。因此，作者一直在努力探索，试图以更全面、更深入的视角去理解和阐释 5G 安全及其法治化。

在研究过程中，作者深入阅读了大量的文献资料，并进行了实证研究和案例分析。也访谈了多位行业专家和学者，他们的真知灼见对我们启发很大。然而，本书的研究只是 5G 安全技术标准体系法治化研究的起点。随着 6G 的到来，新的安全问题和挑战也会不断出现。因此，希望本书能够引起更多人对 5G 乃至 6G 安全技术标准体系法治化研究的关注和思考。作者相信，随着研究的不断深入，5G 安全技术的保障体系将更加完善。

# 后 记

　　书稿的三位作者，董宏伟与徐济铭长期耕作于实务界，长于对策设计；张亚楠长期扎根于理论界，长于深邃思考。三位作者相互协力，促成了本书的最终成稿，幸之幸之！团队的精心打磨从根本上保证了本书的质量。

　　本书写作具体分工如下：董宏伟负责全书约 16 万字的撰写，徐济铭负责全书约 5.5 万字的撰写，张亚楠负责全书约 7.5 万字的撰写，全书由董宏伟、张亚楠统稿定稿。书稿最终得以出版，需感谢江苏省社会科学基金的资助，感谢国家计算机网络应急技术处理协调中心江苏分中心各位领导、同事的关心与支持，感谢分中心科技委的鼎力支持，此处就不一一列明。感谢东南大学法学院博士生周午凡、南京审计大学法学院硕士生朱慧珺的辛勤付出，周午凡在梳理国内现有 5G 技术标准等方面做了大量工作，朱慧珺则对全书的格式、引注及精修付出了大量汗水，本书得以出版，有你们浓墨重彩的一笔。此外，三位作者的家人给予了大量的支持与关爱。你们，是作者最为强大的坚实后盾！

作者